rororo

Claudia Szczesny-Friedmann geht in diesem Buch den grundlegenden Strategien nach, welchen wir im Umgang mit unseren Mitmenschen folgen: Kooperation und Konkurrenz. «Tauben», so zeigt das noch recht junge Gebiet der Evolutionspsychologie, sind kooperativ eingestellt und neigen zu Vorsicht und Rücksicht. «Falken» sind auf Kampf geeicht und darauf, die überlegene Position zu erringen. Die Kenntnis der unterschiedlichen Verhaltensweisen hilft uns, unser eigenes Verhaltensrepertoire zu erweitern, um flexibel und den Umständen angemessen reagieren zu können. «Tauben» können lernen, dem Impuls zu widerstehen, im Konfliktfall zu fliehen oder sich zu unterwerfen, während «Falken» bei der Durchsetzung ihrer Interessen die Rücksicht auf andere im Blick haben sollten. Die Autorin zeigt, wie wir unser Verhalten ändern können, um zu mehr Selbstbewusstsein und einem fairen Umgang miteinander zu finden.

Claudia Szczesny-Friedmann hat Psychologie, Soziologie und Philosophie studiert und arbeitet als Journalistin und Autorin. Bei Rowohlt sind von ihr erschienen: «Du machst mich noch verrückt. Psychoterror in Beziehungen» (1999) und «Die neue Großfamilie. Notlösung oder Zukunftsmodell» (1996).

Claudia Szczesny-Friedmann

TAUBE
ODER
FALKE

Warum wir sind, wie wir sind –
und was wir daran ändern können

Rowohlt Taschenbuch Verlag

Die Originalausgabe erschien unter dem Titel
«Wie du mir. Zu Risiken und Nebenwirkungen im Umgang
mit Menschen. Ein evolutionspsychologischer Ratgeber»
bei der SCOVENTA Verlagsgesellschaft mbH.

Veröffentlicht im Rowohlt Taschenbuch Verlag,
Reinbek bei Hamburg, Februar 2012
Copyright © 2009 by SCOVENTA Verlagsgesellschaft mbH
Umschlaggestaltung ZERO Werbeagentur, München
(Abbildung: Sam Posnick/Getty Images; FinePic, München)
Satz Legacy PostScript, InDesign,
bei Pinkuin Satz und Datentechnik, Berlin
Druck und Bindung Druckerei C. H. Beck, Nördlingen
Printed in Germany
ISBN 978 3 499 62782 8

Inhaltsverzeichnis

Einleitung

1 Der kooperative Modus

2 Der Kampfmodus

3 Der Prestigemodus

Dass sie dem jugendlichen Menschen verheimlicht, wel-che Rolle die Sexualität in seinem Leben spielen wird, ist nicht der einzige Vorwurf, den man gegen die Erziehung erheben muss. Sie sündigt außerdem darin, dass sie ihn nicht auf die Aggression vorbereitet, deren Objekt er zu werden bestimmt ist. Indem sie die Jugend mit so unrich-tiger psychologischer Orientierung ins Leben entlässt, be-nimmt sich die Erziehung nicht anders, als wenn man Leute, die auf eine Polarexpedition gehen, mit Sommer-kleidern und Karten der oberitalienischen Seen ausrüs-ten würde.

Sigmund Freud, Das Unbehagen in der Kultur, 1930

Einleitung

Warum gibt es Gewinner und Verlierer?

Warum gehen manche Menschen voller Zuversicht durchs Leben, während andere unter den gleichen Umständen ängstlich und verzagt sind? Warum scheint den einen alles zuzufliegen, während andere sich noch so große Mühe geben können, ohne ihre Ziele je zu erreichen? Warum haben die einen ein geradezu unerschütterliches Selbstvertrauen, während andere beständig an ihrem eigenen Wert zweifeln? Kurz: Warum gibt es Gewinner und Verlierer?

Die evolutionäre Psychologie, welche die Erkenntnisse von Charles Darwin konsequent weiterentwickelt und auf den Menschen anwendet, gibt neue Antworten auf diese Fragen. Menschliches Verhalten, Denken und Fühlen sind aus dieser Perspektive ebenso ein Produkt der Evolution wie unsere Hände, Lungen und Augen. Wenn wir uns verlieben, mit dem Kollegen streiten, bei einem Wettbewerb unser Bestes zu geben versuchen, uns ängstigen oder vor Scham in den Boden versinken wollen, dann sind Verhaltensprogramme aktiviert, die sich im Laufe der Menschheitsgeschichte herausgebildet haben. Die evolutionäre Psychologie sieht die menschliche Seele als eine Kollektion von Problemlösungsstrategien, die unseren Vorfahren einen Anpassungsvorteil erbracht haben. Das menschliche Gehirn beherbergt also einen Geist aus dem Steinzeitalter. Die mentalen Strukturen, über die wir immer noch verfügen, weil sie in der Vergangenheit Probleme effizient lösten, erzeugen deshalb nicht unbedingt adaptives Verhalten in der Gegenwart.

In einer wesentlichen Hinsicht sind wir also noch nicht in der Moderne angekommen. Auch laufen diese Programme oft unterhalb der Bewusstseinsschwelle ab, was ein Grund dafür ist, dass wir bisweilen nicht wissen, was wir tun. Dabei dreht sich alles um zwischenmenschliche Beziehungen. Eines der wichtigsten Probleme, welches unsere Vorfahren zu lösen hatten, bestand nämlich darin, sich in der sozialen Welt zurechtzufinden. Unser psychischer Apparat ist deswegen weitgehend sozialer Natur. Er hat sich herausgebildet, um uns dabei zu helfen, das Leben zu bestehen – miteinander und gegeneinander.

Sie werden feststellen, dass manche Hypothesen und Forschungsergebnisse der evolutionären Psychologie unbequem sind, wenn nicht gar unmoralisch erscheinen, weil sie sich nicht mit unseren Idealvorstellungen und ethischen Maximen decken. Ich jedenfalls war bei meinen Streifzügen durch das Gebiet der evolutionären Psychologie mehr als einmal regelrecht schockiert. Zwar sind wir eine Spezies mit einer ausgeprägten Fähigkeit zur Kooperation, was die technischen und kulturellen Errungenschaften erst ermöglicht hat, über die allein der Mensch verfügt. Aber wir sind auch das aggressivste Tier auf diesem Planeten, und überdies Meister in der Kunst des Täuschens, Lügens und Betrügens. Da ist Selbsterkenntnis der erste Schritt zur Besserung. Wozu soll es führen, wenn wir beharrlich nur an das Gute im Menschen glauben wollen und jedes Mal verstört sind, wenn wir einen Beweis für das Gegenteil erhalten? Man kann eine Blinddarmentzündung schließlich auch nicht behandeln, wenn man sich auf den Standpunkt stellt, dass es so etwas eigentlich nicht geben dürfte.

Erfolg ist aus evolutionärer Perspektive immer sozialer Erfolg. Ob wir die Ziele, die wir uns setzen, erreichen oder nicht, hängt nämlich ganz wesentlich von unseren sozialen Beziehungen ab. Unsere Mitmenschen können uns unterstützen und fördern, aber auch nachhaltig behindern, einschränken und ausbeuten. Wenn der Nutzen, den wir aus Beziehungen ziehen, größer ist als die Kosten, die uns entstehen, so zählen wir zu den Gewinnern. Wenn wir es jedoch sind, welche stets die Rechnung bezahlen, dann gehören wir zu den Verlierern.

Menschen wie auch alle sozial lebenden Tiere verfolgen zwei grundlegende, einander diametral entgegengesetzte Strategien im Umgang mit ihren Artgenossen: Konkurrenz, Streben nach Vormachtstellung auf der einen Seite, und Kooperation auf der anderen Seite. Veranlagung und Erziehung scheinen jeweils eine Ausrichtung zu begünstigen, sodass wir es in der Regel mit Menschen zu tun haben, die entweder stärker der Konkurrenz oder der Kooperation zuneigen. Ich werde die einen Falken, die anderen Tauben nennen.

Tauben zählen Friedfertigkeit, Verlässlichkeit, Fairness und Vertrauenswürdigkeit zu ihren Vorzügen; groß ist jedoch das Risiko, dass sie von anderen ausgenutzt, überfahren und übervorteilt werden. Auch sind sie eher zurückhaltend und vorsichtig, was dazu führt, dass sie ihre eigenen Fähigkeiten und Möglichkeiten unterschätzen. Falken haben einige Trümpfe in der Hand: Sie verstehen es, ihre Interessen durchzusetzen und sich durch geschicktes Taktieren Vorteile zu verschaffen. Es besteht für sie jedoch die Gefahr, als unfaire Mitspieler entlarvt zu werden oder auf jemanden zu treffen, der ihnen überlegen ist und mit dem sie deshalb besser gemeinsame Sache gemacht hätten. Auch ihre große Risikobereitschaft kann Falken zum Verhängnis werden.

Nicht nur beim Menschen, auch bei Tieren lassen sich diese zwei Persönlichkeitstypen deutlich voneinander unterscheiden. Je nach Perspektive und Untersuchungskontext wird dabei für Tauben und Falken eine ganze Reihe weiterer Bezeichnungen verwendet, wie sensibel/robust, high reactors/low reactors, scheu/kühn, friedfertig/aggressiv oder ängstlich/furchtlos. Innerhalb der Arten ist die Zahl derer, die dem Spektrum der Tauben zuzuordnen sind, fast immer gleich hoch: 15–20 Prozent. Deshalb ist anzunehmen, dass es sich für in Gruppen lebende Tiere als vorteilhaft erwiesen hat, wenn einige von ihnen besonders zu Vorsicht und Rücksicht neigen. Selbstverständlich ist es ebenso gut, auch einige in der Gruppe zu haben, die nicht in jeder Situation eine Gefahr oder verhängnisvolle Folgen wittern. Falken sind bereit, Risiken einzugehen, alles Neue zu erforschen oder für die Gruppe und ihr Gebiet zu kämpfen. Wenn man jedoch einseitig auf Falken setzt, also auf die durchsetzungsfähigeren, aggressiveren Mitglieder einer Gruppe, dann steigt das Konfliktpotenzial in einem Maße, dass auch die Lebens- und Überlebenschancen der Falken davon beeinträchtigt werden.

Tauben wie Falken müssen sich in drei Formen sozialen Miteinanders bewähren: im kooperativen Modus, im Kampfmodus und im Prestigemodus.

Kooperation ist die Fähigkeit zur Zusammenarbeit, deren Grundlage ein wechselseitiges Geben und Nehmen ist. Hilfst du mir, so helfe ich dir – und umgekehrt. Es ist ein System, von dem theoretisch gesehen alle gleichermaßen profitieren. In der Praxis hat jedoch derjenige den größeren Erfolg, der etwas mehr bekommt, als ihm zusteht oder er zu geben bereit ist. Deshalb haben Menschen (aber auch Tiere) die Fähigkeit entwickelt, andere zu belügen, zu betrügen und zu täuschen. Parallel dazu hat sich die Fähigkeit entwickelt, die Manipulationsversuche anderer zu durchschauen. Das Nachsehen im kooperativen Modus haben jene, die unter allen Umständen fair bleiben (Folgen einer Erziehung, die vom moralischen Standpunkt aus als gelungen bezeichnet wird) oder die Ausbeutungstaktiken der anderen nicht erkennen.

Eine andere Strategie, das zu bekommen, was man haben möchte, besteht darin, mit anderen, die das Gleiche wollen, zu kämpfen. In der Frühzeit der Menschheit nahm die Konkurrenz um die verfügbaren Ressourcen die Form von physischen Auseinandersetzungen und Drohgebärden an, die den Rivalen einschüchtern sollten. Als zivilisierte Menschen haben wir es heute im Kampfmodus eher mit psychologischen Methoden der Kriegsführung zu tun. In beiden Fällen ist die Situation des Unterlegenen prekär: Da ihm der Zugang zu dem, was er haben möchte, größtenteils verwehrt wird und er stets mit Angriffen ‹von oben› rechnen muss, lebt er in einem Zustand permanenter Anspannung. Er läuft deshalb Gefahr, körperlich oder seelisch zu erkranken, während dem Überlegenen nicht nur Erfolg, sondern auch ein langes Leben beschieden sind.

Erfreulicherweise haben Menschen noch eine weitere Strategie entwickelt, um sich an die Spitze zu setzen. Statt Rivalen einzuschüchtern, versucht der Einzelne, sie durch seine besonderen Qualitäten zu beeindrucken. Es geht im Prestigemodus darum, (positive) Aufmerksamkeit zu erringen und sich auf diese Weise Status und Privilegien zu sichern. Schönheit, Charme, die Fähigkeit, Werkzeuge herzustellen oder das Talent, Gedichte zu verfassen, eine besondere Begabung zu singen oder zu tanzen oder mathematische Probleme zu lösen: Dies alles und vieles mehr kann im Prestigemodus Voraussetzung dafür sein, Erfolg zu haben. Das Nachsehen haben jene, die zu schüchtern sind, um auf sich aufmerksam zu machen, oder die nicht geübt in der Kunst der Selbstdarstellung sind.

Kooperativer Modus, Kampfmodus und Prestigemodus werden hier zum besseren Verständnis deutlich voneinander abgegrenzt. Im wirklichen Leben kommen sie jedoch selten in Reinkultur vor. Ebenso verfolgen nur wenige Menschen eine reine Tauben- oder Falkenstrategie. Wenn es für die Gruppe oder Gemeinschaft von Vorteil ist, sowohl Tauben als auch Falken zu ihren Mitgliedern zu zählen, so ist es für den Einzelnen am aussichtsreichsten, wenn er beide Strategien beherrscht und sie an die jeweiligen Umstände angepasst einsetzt. Dies ist die Voraussetzung für Gesundheit und Erfolg. Aber auch wer bislang sehr einseitig gewesen ist, kann größere Flexibilität erlangen. Wie inzwischen erwiesen ist, sind Gene und Kindheit kein Schicksal. Das neuronale Netzwerk unseres Gehirns besitzt lebenslang eine hohe Plastizität. Wir können uns deshalb auch als Erwachsene noch verändern. Das notwendige Rüstzeug dafür besteht aber in der Kenntnis der Verhaltensmöglichkeiten, welche eine Tauben- oder eine Falkenstrategie im jeweiligen Modus bereitstellt. Die Gegenüberstellung der Extrempositionen – Falke versus Taube – soll dabei der Verdeutlichung dienen.

Jedes Kapitel ist in drei Abschnitte gegliedert. Im ersten Abschnitt werden die wissenschaftlichen Erkenntnisse vorgestellt, welche die Grundlage dieses Buches bilden. Diese werden im zweiten Abschnitt dann ergänzt durch Alltagsbeobachtungen, in denen Sie sich und andere wiedererkennen können. Schließlich werden im dritten Abschnitt die Schlussfolgerungen dargestellt, die man nun ziehen kann – in Form ganz konkreter Ratschläge.

Vielleicht haben Sie ja alles schon gewusst, was ich Ihnen in diesem Buch sagen will. Vielleicht geht es Ihnen aber auch wie mir und Sie finden bei der evolutionären Psychologie wertvolle Navigationshilfen auf Ihrem Weg durchs Leben.

1 Der kooperative Modus

1.1 Wissenschaftliche Erkenntnisse

Eine Hand wäscht die andere

Beziehungen zu haben ist ein Schlüssel zum Erfolg. Mehr noch: Wir sind existenziell auf andere Menschen angewiesen, um das Leben zu bestehen. Ob es um Liebe geht oder um Krieg, um die Herstellung von Kühlschränken oder die Veröffentlichung von Gedichten, Menschen müssen zusammenarbeiten, um diese Aufgaben zu bewältigen. Unsere Mitmenschen können uns zudem Rat und Hilfe geben, uns unterstützen, wenn wir in Not sind, wichtige Informationen oder lebensnotwendige Ressourcen mit uns teilen. Das soziale Netzwerk, in dessen Mittelpunkt wir leben, schützt uns vor Isolation und Vereinsamung, fördert unser berufliches und soziales Fortkommen und erfüllt überdies eine Pufferfunktion in Stresssituationen: Je tragfähiger unsere sozialen Beziehungen sind, desto höher ist unsere Lebenserwartung, desto besser ist unser Gesundheitszustand, desto eher erholen wir uns von Krankheiten und Krisen, und desto geringer ist die Wahrscheinlichkeit, seelisch zu erkranken.

Verbindliche Beziehungen werden geknüpft, indem man einander Dienste und Gefälligkeiten erweist. Durch wechselseitiges Geben und Nehmen entstehen Bindungen, auf die der Einzelne im Bedarfsfall zurückgreifen kann. Dabei erfordert jede Leistung eine Gegenleistung. Wer nimmt, der geht damit die Verpflichtung ein, bei nächster Gelegenheit zu geben – wobei der Wert der einen Leistung in etwa dem Wert der anderen entsprechen soll. Eine Einladung beispielsweise erfordert eine Gegeneinladung, und wenn ihnen jemand dabei behilflich gewesen ist, einen Job zu finden, so hat er ein Anrecht darauf, dass Sie ihm auch seinen Weg ebnen, falls dies einmal nötig sein sollte. Nicht immer erfolgt die Rückzahlung in derselben Währung: Ein Kochrezept kann gegen Petersilie aus dem Gemüsegarten getauscht werden, die Vermittlung eines zuverlässigen Handwerkers gegen die Adresse eines guten Tierarztes, die Bereitschaft, zuzuhören, kann mit der Bereitschaft abgegolten werden, als Babysitter einzuspringen. Der kooperative Modus funktioniert also nach dem Prinzip der Gegenseitigkeit, und Menschen sind mit der Fähigkeit ausgestattet, Schuld- und Verdienstkonten für jede einzelne ihrer sozialen Beziehungen zu führen und auf eine ausgeglichene Bilanz zu achten: unser Sinn für Fairness und Gerechtigkeit.

Kooperation oder reziproker Altruismus sind auch im Tierreich bekannt. Da sind zum Beispiel die Vampirfledermäuse. Sie tragen ihren Namen, weil sie vom Blut anderer Tiere leben. Tagsüber verstecken sie sich und nachts saugen sie das Blut von Rindern und Pferden. Nicht immer sind sie dabei erfolgreich. Vor allem die jüngeren, unerfahrenen Fledermäuse gehen bisweilen leer aus. Das ist deshalb dramatisch, weil Vampirfledermäuse nur drei Tage ohne Nahrung überleben können. Dennoch kommt es selten zum Tod durch Verhungern, weil die Vampirfledermäuse sich gegenseitig helfen. Der Biologe G. S. Wilkinson entdeckte, dass die Fledermäuse regelmäßig einen Teil des Blutes, das sie gesaugt haben, wieder von sich geben und an die erfolglosen Jäger ihrer Kolonie abtreten. Dies geschieht aber nicht willkürlich. Die Fledermäuse spenden Blut nur denjenigen, mit denen sie in der Vergangenheit viel zusammen gewesen waren und die ihnen ebenfalls Blut abgaben, wenn es erforderlich war.

Kooperatives Verhalten zahlt sich nämlich nur aus, wenn auch der andere kooperativ ist. Wenn jemand sich Vorteile verschafft, die Gegenleistung aber schuldig bleibt, dann hat der Geber das Nachsehen. Da der wechselseitige Austausch in den meisten Fällen nicht gleichzeitig stattfindet, ist Kooperation anfällig für Betrug. Wenn ich Ihnen heute einen Gefallen erweise, muss ich darauf vertrauen, dass Sie mir diesen Gefallen irgendwann in Zukunft erwidern. Helfe ich Ihnen in Zeiten der Not, muss ich darauf vertrauen, dass Sie mir später ebenfalls helfen. Falls Sie mir dann jedoch Ihre Hilfeleistung verweigern, war meine Hilfsbereitschaft umsonst oder hat unter Umständen sogar meine eigenen Lebenschancen beeinträchtigt. Es gehört deshalb zur mentalen Ausstattung des Menschen (wie auch beispielsweise der Vampirfledermäuse), das Betrugsrisiko abzuschätzen: die Wahrscheinlichkeit, etwas zurückzubekommen, ist umso größer, je länger man sich kennt und je weiter in die Zukunft hinein eine Beziehung angelegt ist. Einem Freund Geld zu leihen, mit dem man vermutlich auch viele Jahre später noch Kontakt haben wird, ist weitaus weniger riskant als einem Fremden, dem man vielleicht nie wieder begegnen wird.

Wahre Nächstenliebe, so haben wir gelernt, erwartet keine Gegenleistung. Doch wer wahrhaft selbstlos ist, macht sich zum Objekt der Ausbeutung durch andere. Um dies zu verhindern, hat uns die Natur nach Ansicht des Evolutionsbiologen Robert Trivers mit der Fähigkeit ausgestattet, bei mangelnder Gegenseitigkeit moralische Entrüstung zu empfinden. Der Ärger über eine ausgebliebene Gegenleistung hindert einen kooperativen Menschen daran, einem

Empfänger, der sich als unwürdig erwiesen hat, weiterhin entgegenzukommen. Gleichzeitig dient der Ärger dazu, den anderen zu größerer Kooperationsbereitschaft zu ‹erziehen›. Wir leben in einer sozialen Welt, in der unser Ruf darüber entscheidet, ob andere sich mit uns befreunden oder ob sie uns meiden. Wer als jemand gilt, der andere ausnützt, riskiert, seine Reputation als guter Kooperationspartner zu verlieren und beim nächsten Mal übergangen oder sogar ausgeschlossen zu werden.

Auch Tiere können sich moralisch entrüsten. Vor allem unter Menschenaffen und ganz besonders unter Schimpansen und Bonobos gehört wechselseitiges Geben und Nehmen zu den herausragenden Kennzeichen ihres Soziallebens. Dabei müssen die ausgetauschten Güter nicht unbedingt die gleichen sein: Nahrung kann gegen Nahrung, aber auch gegen Dienstleistungen wie Fußpflege oder gegen Sex getauscht werden. Wenn eine Gruppe von Schimpansen sich Nahrung teilt, dann geht es in der Regel friedlich zu. Nur gelegentlich kommt es zu einem aggressiven Schlagabtausch. Opfer der Aggression sind jene Schimpansen, die in der Vergangenheit wenig von ihrem Futter abzugeben bereit waren. Wenn die offensichtlich erwartete Gegenleistung für großzügiges Teilen ausbleibt, dann neigen Schimpansen zu Strafmaßnahmen – häufig erst nach langen persönlichen Erfahrungen mit einem Mitglied ihrer Gruppe. Auch wir kennen alle den Schnorrer, der, immer wenn es ans Bezahlen der gemeinsamen Mahlzeit geht, gerade kein Geld dabeihat. Einmal lassen wir es ihm durchgehen. Vielleicht sind wir sogar noch ein zweites Mal spendabel – aber dann machen wir unserem Ärger Luft oder verzichten auf die Gesellschaft des Schnorrers.

Wie du mir, so ich dir

Das Problem des reziproken Altruismus ist von dem Mathematiker Robert Axelrod und dem Evolutionsbiologen William D. Hamilton spieltheoretisch analysiert worden. Spieltheorie ist eine abstrakte Form, strategisches Denken im stark vereinfachten Rahmen eines Spiels darzustellen. Eines der bekanntesten dieser Spiele heißt das «Gefangenen-Dilemma». Es ist ein Spiel mit zwei Spielern, von denen jeder zwei Entscheidungsmöglichkeiten hat, nämlich zu kooperieren oder nicht zu kooperieren. Jeder muss seine Wahl treffen, ohne zu wissen, wie der andere sich verhalten wird. Das Dilemma liegt darin, dass es für jeden Spieler vorteilhafter ist, eine egoistische Strategie zu verfolgen, also nicht zu kooperieren, dass es jedoch für jeden Spieler ungünstiger ist, wenn beide sich egoistisch statt kooperativ verhalten. Die Situation wird folgendermaßen verdeutlicht: Zwei Gefangene werden verdächtigt, gemeinsam eine Straftat begangen zu haben. Die Höchststrafe für das Verbrechen beträgt fünf Jahre. Der Richter macht jedem der beiden Gefangenen das Angebot, straffrei davonzukommen, falls er gesteht und damit den anderen belastet. Falls beide schweigen, erhalten beide aufgrund von Indizienbeweisen eine Strafe von zwei Jahren, falls beide gestehen, eine Strafe von fünf Jahren. Die beiden Gefangenen sind voneinander isoliert und können sich deshalb nicht über ihr Vorgehen abstimmen. Jeder von ihnen hat zwei Möglichkeiten: zu schweigen oder zu gestehen, also (aus der Sicht des jeweils anderen Gefangenen) zu kooperieren und sich damit eine Haftstrafe von zwei Jahren einzuhandeln, oder den anderen zu verraten und damit im besten Fall ohne Strafe davonzukommen. Wenn die Gefangenen sich gegenseitig verraten, so ist der Ausgang denkbar ungünstig: Beide müssen fünf Jahre lang im Gefängnis sitzen.

Wenn dieses Spiel über wenige Runden gespielt wird, so erweist sich die egoistische Strategie, also Verrat, als vorteilhaft, vor allem dann, wenn der Gegenspieler kooperiert. Rücksichtslosigkeit führt zum Erfolg. Das Gegenstück zur Strategie der bedingungslosen Durchsetzung eigener Interessen ist die unbedingte Kooperation. Falls der Mitspieler ebenfalls kooperationsbereit ist, ist diese Strategie durchaus erwägenswert, weil sie das Risiko herabsetzt, fünf Jahre eingesperrt zu werden, und moralisch gesehen Pluspunkte bringt. Es besteht jedoch die Gefahr der Ausbeutung, falls der Partner die aggressive Strategie anwendet.

Nehmen Sie, übertragen auf eine Alltagssituation, beispielsweise eine Wohngemeinschaft. Da haben sich zwei, drei oder mehr Menschen in einer Wohnung zusammengetan, was ein gewisses Maß an gegenseitiger Rücksichtnahme und Kooperationsbereitschaft erfordert. Im Gegensatz zur Familie, die hierarchisch strukturiert ist, sind Rechte und Pflichten auf die Mitglieder einer Wohngemeinschaft theoretisch gleich verteilt. In der Praxis kommt es jedoch immer wieder vor, dass einer sich davor drückt, seinen Anteil an Arbeit – die gemeinsame Küche aufzuräumen, den Mülleimer hinunterzutragen – zu leisten. Diesen Anteil müssen dann die anderen Mitglieder übernehmen, und wenn sie gutwillig sind, wird daraus bald eine feste Gewohnheit. Sie tragen die Kosten (eine höhere Arbeitsbelastung), der Drückeberger (der gerade jetzt keine Zeit hat oder einfach nicht so pingelig ist wie die anderen) erzielt den Gewinn.

Eine aggressive, auf Ausbeutung zielende Strategie ist jedoch nur kurzfristig von Vorteil. Robert Axelrod und William D. Hamilton konnten zeigen, dass der Schlüssel zur

Entwicklung der Kooperation darin liegt, das Spiel so oft zu wiederholen, dass keiner der Spieler weiß, wann das Spiel endet – wie es im Leben meist der Fall ist. Nun erweist sich die Strategie als überlegen, die man tit-for-tat genannt hat, frei übersetzt: wie du mir, so ich dir. Dabei ist folgendermaßen vorzugehen: Man kooperiert im ersten Zug, in jedem weiteren Zug spielt man dann jedoch den Zug, den der Gegenspieler beim letzten Mal benutzt hat. Freundlichkeit wird mit Freundlichkeit beantwortet, jede Form der Grenzüberschreitung mit Gegenaggression. Diese Strategie ist kooperationsbereit, wehrt sich aber auch gegen Ausbeutungsversuche. Gleichzeitig ist sie nicht nachtragend, sondern beantwortet erneute Kooperationsbereitschaft mit Kooperation. Tit-for-tat gewinnt nicht, indem es den anderen besiegt. Es ermuntert den Mitspieler vielmehr zu einem Verhalten, das beiden zum Vorteil gereicht.

Die Psychologen Robert Kurzban und Daniel Houser haben entdeckt, dass in einer beliebigen Gruppe etwa 60 Prozent der Menschen die Tit-for-tat-Strategie anwenden – sie sind kooperativ, aber nur, wenn ihr Gegenüber es auch ist. 20 Prozent sind sogenannte free rider, Trittbrettfahrer, die nur auf ihren eigenen Vorteil achten, und weitere 20 Prozent sind bedingungslos kooperativ – unabhängig davon, was ihr Partner tut. Es liegt auf der Hand, dass sie sich von Trittbrettfahrern leicht ausbeuten lassen.

Was dein ist, ist auch mein

Kooperation ist ein System, von dem theoretisch gesehen alle gleichermaßen profitieren. In der Praxis hat jedoch derjenige den größeren Erfolg, der etwas mehr bekommt, als ihm zusteht oder er zu geben bereit ist. Wer andere jedoch ganz offensichtlich auszubeuten versucht, der muss damit rechnen, bestraft oder aus dem sozialen Verkehr ganz ausgeschlossen zu werden. Deshalb haben Menschen (aber auch Tiere) die Fähigkeit entwickelt, andere zu belügen, zu betrügen und zu täuschen.

Wer die Bilanz zwischen Geben und Nehmen zu seinen Gunsten frisieren will, der kann beispielsweise den Wert der eigenen Leistung höher ausgeben, als er tatsächlich ist – auf diese Weise bleibt der andere, der die ‹geringere› Leistung erbracht hat, etwas schuldig. Möglich ist das, weil der Aufwand, der hinter einer bestimmten Leistung steht, nicht immer offensichtlich ist. Man kann also maßlos übertreiben und so eine Gegenleistung einfordern, die weit kostspieliger ist als der ursprünglich geleistete Einsatz. Auch hinsichtlich der Fähigkeiten, die erforderlich sind, um eine bestimmte Leistung zu erbringen, kann man bluffen: Man kann versuchen, so zu tun, als ob die Anforderungen weit höher wären, als sie es tatsächlich sind. Auf diese Weise werden die Kosten niedrig gehalten, der Nutzen maximiert.

Was ist mehr wert: dass ich für Sie eingekauft habe oder dass Sie mein Auto in die Waschanlage gefahren haben? Wenn ich Sie überzeugen kann, dass mein Einkauf weitaus größere Kosten und Mühen verursacht hat als Ihre Autofahrt, die Sie überdies dazu benutzt haben, noch ein paar Erledigungen auf eigene Faust zu tätigen, dann bleiben Sie in der Rolle des Schuldners – auch wenn mein Aufwand in Wirklichkeit geringer war als Ihrer. Der Empfänger einer Gefälligkeit kann auch so tun, als hätte er eigentlich gar nichts Wertvolles bekommen, woraus folgt, dass er auch nichts zurückzugeben braucht. Man kann auch die Motive des Wohltäters so umdeuten, dass aus einem Geber ein eigennütziger Mensch wird: Damit, dass er mich in seinem Auto nach Hause gebracht hat, wollte er sich eigentlich nur wichtig machen – mit seinem neuen Auto protzen – mich einwickeln, damit ich ihn zu meiner Geburtstagsparty einlade. Alle diese Unterstellungen entbinden den Schuldner von seiner Pflicht, Gegenleistungen zu erbringen.

Menschen haben also die Fähigkeit entwickelt, andere zu belügen und zu betrügen, um sich Vorteile zu verschaffen. Parallel dazu hat sich aber auch die Fähigkeit entwickelt, die Manipulationsversuche anderer zu durchschauen. In dem Wechselspiel zwischen Täuschung und Verdacht, Betrug und Entlarvung liegt nach Meinung moderner Evolutionstheoretiker sogar der Ursprung der spezifischen mentalen Ausstattung des Homo sapiens und seiner nächsten Verwandten. Das, was im Allgemeinen als soziale Intelligenz bezeichnet wird, wird von ihnen deshalb Machiavellistische Intelligenz genannt, nach dem berüchtigten Machtexperten Niccolò Machiavelli. Dieser schrieb im 15. Jahrhundert: «Zwischen dem Leben, wie es ist und wie es sein sollte, ist ein so gewaltiger Unterschied, dass, wer das, was man tut, aufgibt für das, was man tun sollte, eher seinen Untergang als seine Erhaltung bewirkt. Ein Mensch, der immer nur das Gute tun wollte, muss zugrunde gehen unter so vielen, die nicht gut sind.» (Niccolò Machiavelli. *Discorsi,* S. 93)

Im Yerkes-Primatenzentrum in Atlanta, Georgia, wurde eine Gruppe von sechs heranwachsenden Schimpansen beobachtet. Nur einem von ihnen – dem Weibchen Belle – wurde gezeigt, wo im Gehege das Futter verscharrt worden war. Belle leitete die fünf anderen Schimpansen in der ersten Zeit zielstrebig zum Versteck, und die Schimpansen teilten sich das Futter redlich. Dann begann Rock – das dominante Männchen der Gruppe –, Belle zu treten und zu beißen, sobald sie das Versteck verraten hatte, denn Rock wollte alles Futter für sich allein haben. Zwischen Belle und ihm entwickelten sich in der Folge immer raffiniertere Formen der Täuschung und Gegentäuschung. Zunächst verriet Belle das Futterversteck nicht, solange Rock in der Nähe war. Meistens setzte sie sich direkt darauf, was Rock bald erriet. Er schubste sie beiseite und nahm sich Obst und Gemüse. Belle blieb nun auf dem Weg zum Versteck sitzen und wartete, bis Rock in die entgegengesetzte Richtung blickte, bevor sie sich zum Futter begab. Bald lernte Rock, Belle im entscheidenden Moment nicht aus den Augen zu lassen. Belle wiederum ging dazu über, Rock freiwillig ein Stück Obst oder Gemüse zu überlassen, um sich dann mit dem Rest aus dem Staub zu machen ...

Man geht heute davon aus, dass sich die Intelligenz von Primaten und Menschen als Reaktion auf die Herausforderungen des Soziallebens entwickelt hat – und nicht etwa ein Instrument zur Bewältigung der nicht sozialen Umwelt ist. Unsere Erfahrung bestätigt dies: Tagein und tagaus sind wir damit beschäftigt, Täuschungsmanöver aufzudecken oder zu kaschieren, Lügengespinste zu entwirren oder selbst zu lügen. Man sucht Ausflüchte dafür, warum man zu einer Verabredung zu spät gekommen ist, man färbt seine Haare, um Jugendlichkeit vorzutäuschen, und trägt eine Brille aus Fensterglas, um den Eindruck von Kompetenz zu erwecken. Man präsentiert eine Vase, die man schon lange entsorgen wollte, als wertvolles Geschenk und behauptet, einen Kuchen selbst gebacken zu haben, der in Wirklichkeit vom Konditor stammt. Man lächelt einem Angestellten freundlich zu, dessen Entlassungspapiere man gerade unterschrieben hat, und gratuliert dem Chef, den man für einen Vollidioten hält, zu seiner Weitsicht. Umgekehrt registriert man, dass die Intellektuelle zwar einen eindrucksvollen Stapel anspruchsvoller Bücher auf dem Wohnzimmertisch herumliegen lässt, die «Bunte» und «Gala» aber in ihrem Schlafzimmer versteckt; man achtet auf Anzeichen dafür, dass der Partner einen betrügt oder dass der Zahnarzt Reparaturen vornehmen will, die nur ihm selbst etwas nützen. Man teilt sich im Restaurant die Rechnung mit einem Freund und überschlägt im Kopf die Mehrkosten, die man dabei übernommen hat; man hegt den Verdacht, dass die Kopfschmerzen, die eine Freundin just in dem Moment überfallen haben, als sie uns beim Umzug helfen sollte, nicht ‹echt› sind. Auch ein Großteil dessen, was wir als ‹Nachrichten› bezeichnen, handelt entweder vom Betrug oder von seiner Entlarvung.

Die Entwicklung der menschlichen Sprache hat die Fähigkeit zur Täuschung zweifellos potenziert. Bereits im Tierreich ist jede Art der Kommunikation nicht so sehr ein Mittel, andere zu informieren als vielmehr ein Mittel, andere zu manipulieren. Mit dem Sprachvermögen ist dem Menschen jedoch ein Instrument in die Hand gegeben, mit Hilfe dessen er ohne großen Aufwand Überzeugungsarbeit in eigener Sache zu leisten vermag. Die sogenannte Wirklichkeit ist schließlich weitgehend Verhandlungssache. Wem es gelingt, seine Sicht der Dinge als objektive Wahrheit durchzusetzen, der kann seine Interessen ungehindert verfolgen. Dazu ein Beispiel aus der Weltliteratur: Tom Sawyer ist von seiner Tante Polly dazu verdonnert worden, den Gartenzaun zu streichen, als ausgerechnet Ben Rogers des Weges kommt, vor dem Tom sich am wenigsten lächerlich machen möchte. Da hat er die erlösende Idee: Er tut vor Ben so, als sei es ein seltenes Privileg, Zäune zu streichen, das nur von wenigen Auserwählten wahrgenommen werden kann. Tom bringt Ben so weit, dass er schließlich sogar dafür bezahlt, die Arbeit Tom Sawyers erledigen zu dürfen. Ein solches Kunststück ist nur mit sprachlichen Mitteln zu bewerkstelligen.

Wer nicht weiß, dass er eine Maske trägt, der trägt sie am vollkommensten

Aus evolutionärer Sicht ist der Mensch ein sehr soziales, aber eigennütziges Wesen. Keiner von uns wäre jetzt am Leben, wenn unsere Vorfahren nicht auf ihren eigenen Vorteil bedacht gewesen wären – Individuen, die so selbstlos waren, dass sie sich von jedem ausbeuten ließen, hatten im survival of the fittest keine Chancen gehabt. Außerdem attestiert uns die Evolutionsbiologie einen grundsätzlichen Mangel an Aufrichtigkeit. Die Verständigung untereinander dient häufig dem Ziel, andere zu belügen, zu betrügen und zu täuschen. Doch damit nicht genug. Der Mensch ist nicht nur ein Meister der Täuschung, sondern auch der Selbsttäuschung, wobei die Selbsttäuschung im Dienste der Täuschung stehen soll. Die Argumentation ist folgende: Wenn ich mir meiner Absicht im Moment des Täuschungsversuchs bewusst bin, besteht die Gefahr, dass ich mich ungewollt durch Gestik und Mimik verrate. Menschen neigen dazu, rot zu werden, zu stottern oder zu schwafeln, den Blick abzuwenden und fahrige Bewegungen zu machen, wenn sie lügen; und andere Menschen sind dazu in der Lage, all diese Zeichen blitzschnell zu deuten. Wenn ich meine wahren Motive jedoch überzeugend vor mir selbst verberge, dann mag es mir umso besser gelingen, auch mein Gegenüber zu täuschen.

Robert Trivers vermutet, dass hierin der Grund für die Entwicklung des Unbewussten liegen könnte. Es stellt die Region unseres Geistes dar, in der unsere wahren Motive zwischengelagert werden. Sie beeinflussen zwar unser Verhalten, aber wir können und müssen uns keine Rechenschaft über sie ablegen.

Als Entdecker des Unbewussten gilt Sigmund Freud, der schon Anfang des 20. Jahrhunderts festgestellt hat, dass das Ich nicht Herr im eigenen Hause ist. Auch wenn der Mensch sich für ein vernunftbegabtes Wesen hält, wird er doch zu einem großen Teil nicht von Bewusstsein und Verstand, sondern von unbewussten Antriebskräften gesteuert. Diese Grundaussage der Psychoanalyse war lange Zeit sehr umstritten, weil sie der Vorstellung widersprach, die der Mensch seit der Aufklärung im 18. Jahrhundert von sich hatte, und weil sie wissenschaftlich nur schwer zu beweisen war. Die moderne Gehirnforschung konnte Freuds Annahme unbewusster seelischer Prozesse jedoch bestätigen. Ihr ist es in den letzten Jahren gelungen, mit Hilfe bildgebender Verfahren darzustellen, wie unser Gehirn arbeitet. Zahlreiche Untersuchungen ergaben, dass nur ein kleiner Teil der Tätigkeit des Gehirns ins Bewusstsein gelangt. Wahrnehmen, Denken und Handeln finden großenteils im Unbewussten statt, also ohne dass wir davon Kenntnis erlangen. Allerdings ist unser Bewusstsein ständig darum bemüht, Rechtfertigungen für das zu finden, was wir tun – Sigmund Freud hat in diesem Zusammenhang von Rationalisierungen gesprochen.

Dies zeigt eine berühmte Serie von Experimenten, die an Split-brain-Patienten durchgeführt wurden – Menschen, bei denen die Verbindung zwischen der linken und der rechten Hirnhälfte durchtrennt worden war, um schwere epileptische Anfälle zu unterbinden. Der Eingriff hatte wenig

Einfluss auf das Verhalten der Patienten im Alltag, aber unter bestimmten Bedingungen ereigneten sich erstaunliche Dinge. Wenn das Wort ‹Nuss› nur dem linken Auge (dessen Nervenbahnen zur rechten Hirnhälfte führen) präsentiert wurde, aber nicht dem rechten (dessen Nervenbahnen zur linken Hirnhälfte führen), dann war sich der Patient des Signals nicht bewusst. Denn die dargebotene Information gelangte nie in die linke Hirnhälfte, die bei den meisten Menschen für Sprache und Bewusstheit zuständig ist. Die linke Hand des Patienten kramte jedoch unter einer Vielzahl von Gegenständen in einer Schachtel eine Nuss hervor, ohne dass der Patient angeben konnte, warum er ausgerechnet dieses Objekt gewählt hatte. Häufiger als das Eingeständnis von Unwissenheit ist jedoch die Erfindung plausibler Begründungen für ein Verhalten, dessen Motive der Betroffene selbst nicht kennt. Ein Beispiel: Der Befehl ‹geh!› wird der rechten Hirnhälfte eines Patienten zugesandt, und er tut, was ihm aufgetragen worden ist. Wenn er gefragt wird, wohin er gehe, dann führt die linke Hirnhälfte, die den wahren Grund nicht kennt, einen anderen, plausiblen an: Er will sich gerade etwas zu trinken holen, sagt der Patient voller Überzeugung. Der Psychologe und Neurowissenschaftler Michael Gazzaniga, der einige der Split-brain-Experimente durchgeführt hat, meint deshalb, dass die Sprache nur der ‹Presseagent› für andere Teile des menschlichen Geistes sei. Sie rechtfertigt, was immer für Handlungen das Unbewusste initiiert, mit dem Ziel, die Welt davon zu überzeugen, dass der Handelnde eine vernünftige Person ist.

Zwischen Menschen und Menschen ist ein Unterschied: Taube und Falke

Fairness zahlt sich aus, solange auch alle anderen sich anständig benehmen. Aber es lohnt sich nicht immer, nett zu sein. Gerade unter anständigen Menschen hat vielleicht derjenige den größten Erfolg, der die sozialen Austauschprozesse zu seinen Gunsten zu beeinflussen versteht. Und in einer Welt von Betrügern wäre es ganz offensichtlich verkehrt, der einzig Aufrichtige zu bleiben. Nach den Erkenntnissen der Evolutionsbiologie haben wir nicht nur ein angeborenes Programm für kooperatives Verhalten, sondern auch ein Programm für Betrug: Unser Persönlichkeitsstil entscheidet, welches Programm bevorzugt zur Anwendung kommt.

Ein Persönlichkeitsstil ist die besondere Art eines Menschen im Umgang mit anderen. Falken und Tauben werden die beiden grundlegenden Strategien repräsentieren: Konkurrenzverhalten auf der einen und Kooperation auf der anderen Seite.

Tauben zählen Friedfertigkeit, Verlässlichkeit, Fairness und Vertrauenswürdigkeit zu ihren Vorzügen; groß ist jedoch die Gefahr, dass sie von anderen ausgenutzt, überfahren und übervorteilt werden. Falken verstehen es, ihre Interessen durchzusetzen und sich durch geschicktes Taktieren Vorteile zu verschaffen. Sie riskieren jedoch, als unfaire Mitspieler entlarvt zu werden, die versuchen, auf Kosten anderer zu leben und voranzukommen.

Falken und Tauben lassen sich auch auf neurobiologischer Ebene gut unterscheiden. Man geht heute davon aus, dass es zwei unabhängige Systeme für die Verhaltenssteuerung gibt, denen auch bestimmte Hirnareale entsprechen. Das eine System führt zu Annäherungsverhalten und reagiert auf Reize, die Belohnung oder Nicht-Bestrafung signalisieren (Belohnungssystem). Das andere System bewirkt eine Verhaltenshemmung und reagiert auf Reize, die unbekannt sind oder Bestrafung signalisieren (Bestrafungssystem). Alle Menschen sind von ihrem evolutionären Design her also darauf eingerichtet, einerseits nach Erfolg, andererseits nach Sicherheit zu streben. Unterschiede in der Stärke und Ansprechbarkeit der beiden Antriebssysteme führen zu unterschiedlichen Persönlichkeitsstilen, wie der Psychologe Julius Kuhl herausgefunden hat. Dabei gilt für Falken, dass die Belohnungssensitivität hoch, die Bestrafungssensitivität mittel bis niedrig ist, während bei Tauben die Belohnungssensitivität niedrig bis mittel, die Bestrafungssensitivität aber hoch bis sehr hoch ist. Das bedeutet, dass Tauben sehr empfindlich auf Bestrafung reagieren und sich entsprechend normgerecht verhalten und stark anpassen, während Falken in erster Linie anreizmotiviert sind und die möglichen negativen Folgen ihres Handelns weit weniger bedenken. Die einen versuchen sich zu nehmen, was sie wollen, mit geringer Rücksicht auf die Konsequenzen; die anderen sind vorrangig damit beschäftigt, diese (tatsächlichen oder nur vorgestellten) negativen Konsequenzen zu vermeiden.

Die Berücksichtigung sozialer Normen ist also abhängig von der Aktivität des Bestrafungssystems. Auch wenn die Furcht vor Bestrafung nicht die höchste Form moralischen Handelns darstellt, ist zu vermuten, dass die Bildung des Gewissens nicht ganz ohne dieses System auskommt. Eine zu starke Ansprechbarkeit des Bestrafungssystems, wie sie bei Tauben vorliegt, hat jedoch gravierende Nachteile. Wer überwiegend damit beschäftigt ist, Bestrafung zu vermeiden, der bildet nämlich keine positiven Ziele aus. Ein wesentliches Merkmal von Tauben ist entsprechend, dass sie nicht wissen, was sie wollen. Solche Menschen orientieren sich nicht an ihren eigenen Bedürfnissen und Wünschen, sondern an denen ihrer Mitmenschen. Ihre Aufmerksamkeit ist vorzugsweise darauf gerichtet, was die Menschen, mit denen sie es zu tun haben, wünschen; wie es ihnen geht; ob sie zufrieden sind oder nicht. Das geht so weit, dass Tauben zwar die Anliegen der anderen kennen, ihre eigenen Anliegen dagegen nicht. Sie wissen nicht einmal, was ihnen guttut und was ihnen schadet. Auch können sie, wie Julius Kuhl in Experimenten nachgewiesen hat, nicht unterscheiden, ob ein Ziel, das sie verfolgen, selbst gewählt oder von anderen auferlegt ist. Sie neigen dazu, übernommene Aufträge für ihre eigenen Ziele zu halten. Deshalb ist es extrem schwierig für sie, sich gegen die Forderungen anderer abzugrenzen. Sie lassen sich ausbeuten, oft genug, ohne es auch nur zu bemerken.

Eine hohe Belohnungssensitivität, wie sie Falken auszeichnet, fördert dagegen die Konzentration auf eigene Interessen und die rasche Umsetzung von Absichten in Handlungen ohne allzu große Rücksichtnahme auf andere. Falken wissen, was sie wollen, und sie scheuen sich nicht, andere für ihre Ziele einzuspannen. Was diesen Persönlichkeitsstil kennzeichnet, das ist vor allem die Fähigkeit, andere im kooperativen Modus auszubeuten. Der Psychiater Heinz Katschnig unterscheidet dabei drei Stufen: Wer eine appellative Lebensstrategie verfolgt, stellt seine Bitten und Forderungen direkt. Er lässt dem Angesprochenen also die Wahl, darauf einzugehen oder nicht. Die manipulative Strategie operiert im Verborgenen, sodass das Opfer auf Anhieb nicht durchschauen kann, dass es ausgebeutet wird, und sich deshalb auch nicht dagegen wehrt. Die dissoziale Strategie schließlich setzt ihr Ziel auch gegen den Widerstand des Opfers durch: Kriminelles Verhalten gehört in diese Kategorie.

Im kooperativen Modus spielt die manipulative Strategie die herausragende Rolle. Zentrale Technik ist die gezielte Selbstinszenierung, wie der Psychologe Rainer Sachse feststellt. Damit jemand etwas tut, was eigentlich gar nicht seinen eigenen Interessen entspricht, ja ihnen möglicherweise sogar widerspricht, muss er in einen Zustand versetzt werden, in dem er bereit ist, den Zielen des anderen zu dienen. Zu diesem Zweck legt sich der Falke ein ‹Image› zu. Er entwirft ein ganz bestimmtes Bild von sich selbst, das manche Züge betont, andere dagegen unterschlägt. So kann ein Falke zum Beispiel das Image vermitteln: Ich bin schwach und hilflos. Dieses Image ist eine gute Voraussetzung dafür, dass ein anderer Verantwortung übernimmt. Denn um jemanden, der schwach und hilflos ist, muss sich eine verantwortungsbewusste, hilfsbereite Person kümmern. Ein anderes Image, das zum Zwecke der Ausbeutung anderer aufgebaut wird, ist der VIP-Status. Durch betont selbstbewusstes Auftreten beeindruckt man andere derart, dass sie einem freiwillig geben, was man möchte: an der Kasse im Supermarkt vorgelassen zu werden, das größte Stück vom Kuchen oder lästige Arbeiten abgenommen zu bekommen. Images sind natürlich umso überzeugender, je mehr man selbst an das Bild glaubt, das man den anderen vorspiegelt. Erfolgreiche Falken überzeugen also erst sich selbst und dann andere davon, dass sie so hilfsbedürftig oder so großartig sind.

Der Verhaltensforscher Frans de Waal beschrieb bereits vor über 20 Jahren recht eindrucksvolle Strategien, mit deren Hilfe Schimpansen – wahre Meister der Täuschung – ihre Eigeninteressen durchsetzen. Ein Beispiel für den Aufbau eines Images zum Zweck der Täuschung ist folgendes: Die beiden Schimpansenmännchen Yeroen und Nikkie gerieten miteinander häufig in Streit. Einmal beobachteten ihre Wärter, dass Yeroen hinkte; offenbar war er bei einem der Kämpfe am Bein verletzt worden. Dann aber merkten die Wärter, dass Yeroen nur dann hinkte, wenn Nikkie in der Nähe war. Kaum wusste er sich außerhalb des Blickfelds seines stärkeren Rivalen, änderte er sein Verhalten und ging normal weiter. Mit seinem Hinken wollte er Nikkie zweifellos etwas demonstrieren. Die Vermutung liegt nahe, dass er aus früheren Kämpfen gelernt hatte: Solange er hinkt, wird ihn sein Gegner in Ruhe lassen. Deshalb versuchte er ihn zu täuschen.

Gedankenlesen und andere Künste

Es setzt Menschenkenntnis (bzw. Schimpansenkenntnis) voraus, das Verhalten anderer vorherzusehen und gegebenenfalls zu beeinflussen. Kinder entwickeln etwa im Alter von drei Jahren eine ‹theory of mind›, wie diese Fähigkeit in der Kognitionsforschung genannt wird. Sie basiert auf Schlussfolgerungen, die aus dem Verhalten anderer über deren Überzeugungen und Wünsche gezogen werden. Wird ein Kind beispielsweise gefragt, warum sein Bruder in die Küche gehe, dann beruft es sich auf zwei Annahmen, nämlich erstens, dass sein Bruder einen Wunsch hat, nämlich seinen Hunger zu stillen, und zweitens der Überzeugung ist, dass es in der Küche etwas zu essen gäbe. Diese Fähigkeit des Kindes, sich in einen anderen hineinzuversetzen, ist die Voraussetzung dafür, das Verhalten des Bruders zu verstehen, vorherzusagen (er wird sich vermutlich eine Scheibe Brot abschneiden oder etwas Obst holen) oder sogar zu steuern (das Kind kann dem Bruder hinterherrufen: Ich habe eine Tafel Schokolade, und ihn auf diese Weise dazu bringen, statt in die Küche zu gehen ins Kinderzimmer zu kommen).

Menschenkenntnis im Sinne einer ‹theory of mind› gehört zu unserer mentalen Grundausstattung. (Eine mögliche Ausnahme ist das Krankheitsbild, das man als Autismus bezeichnet.) Regelmäßig versuchen wir, das Verhalten anderer zu verstehen, indem wir uns vorstellen, was sie denken und fühlen. Dabei sind wir jedoch auf Vermutungen angewiesen, und diese Vermutungen können unzutreffend sein. Von einem begabten Selbstdarsteller lassen wir uns möglicherweise ebenso leicht auf eine falsche Fährte locken wie Nikkie von Yeroen. Andererseits ist die Fähigkeit zum ‹Gedankenlesen› aber auch eine Voraussetzung dafür, Täuschungsmanöver aufzudecken. Mitunter erkennen wir intuitiv, was andere wirklich beabsichtigen, auch wenn sie uns darüber im Unklaren lassen oder sogar zu täuschen versuchen. Bisweilen wissen wir über andere sogar besser Bescheid als diese über sich selbst. Dies liegt an der allgemeinen Fähigkeit des Menschen zur Selbsttäuschung und daran, dass manchen Menschen der bewusste Zugang zu den eigenen Motiven großenteils versperrt ist. Dem scharfen Beobachter offenbaren sich die unbewussten Absichten seines Gegenüber jedoch an scheinbar bedeutungslosen Details seines Verhaltens.

Die neurobiologische Grundlage unserer Fähigkeit, andere Menschen einschätzen zu können, ist das System der sogenannten Spiegelneurone. Ihr Entdecker ist der Neurophysiologe Giacomo Rizzolatti, der in den 90er Jahren des 20. Jahrhunderts die erstaunliche Beobachtung machte, dass bestimmte Nervenzellen nicht nur dann aktiv waren, wenn die Versuchsperson – zunächst handelte es sich um einen Affen – eine bestimmte Handlung selbst ausführte. Diese Nervenzellen feuerten auch dann, wenn der Affe Zeuge davon wurde, dass ein anderer diese Handlung ausführte. Beim Menschen genügt es sogar, sich eine Handlung nur vorzustellen, um die entsprechenden Spiegelneurone in Resonanz treten zu lassen. Wir können also auch komplexe Bewegungsabläufe in der Vorstellung oder durch die Beobachtung anderer üben, und dieses ‹mentale Training› hat sichtbare Erfolge.

Der andere Nutzen der Spiegelneurone besteht darin, dass wir uns in andere hineinversetzen können. Die Handlungen eines anderen aktivieren in unserem Gehirn ein motorisches Schema, das genau dem entspricht, welches zuständig wäre, wenn wir die Handlung selbst ausgeführt hätten. Deshalb verstehen wir spontan und ohne nachzudenken, was der andere tut und was er dabei empfindet. Dabei müssen unsere Wahrnehmungen nicht einmal die Bewusstseinsschwelle erreichen. Wir ‹ahnen› beispielsweise nur, dass etwas nicht stimmt, haben ein ungutes Gefühl im Bauch, weil wir unbewusst den feindseligen Gesichtsausdruck unseres Gegenübers registriert haben, der nur Bruchteile von Sekunden – also zu kurz für unsere bewusste Wahrnehmung – zu sehen war, und unsere Spiegelneurone uns darüber informiert haben.

Die Fähigkeit, ein Gefühl dafür zu entwickeln, was andere Menschen tun und beabsichtigen und was sie dabei empfinden, ist unterschiedlich ausgeprägt und wohl auch vom Lebensalter und damit den individuellen Erfahrungen abhängig. Falken wird häufig ein Mangel an Einfühlungsvermögen nachgesagt, weil sie so rücksichtslos bei der Ausbeutung anderer sein können. Tatsächlich verfügen sie über eine ausgeprägte Fähigkeit zum Gedankenlesen. Sie wissen meist besser über die unerfüllten Wünsche und uneingestandenen Ängste ihrer Opfer Bescheid als diese selbst. Wenn sie solche wunden Punkte in anderen wahrnehmen, reagieren sie nicht mit Mitgefühl und Verständnis, sondern sehen darin einen Vorteil für sich selbst, den sie auch nutzen.

Bei Tauben ist das gleiche Einfühlungsvermögen nicht Ansatzpunkt für Manipulationsversuche, sondern die Voraussetzung dafür, sich von fremden Wünschen und Ängsten kolonialisieren zu lassen. Da ihnen die Bedürfnisse anderer präsenter sind als ihre eigenen, werden sie zu der irrigen Annahme verleitet, dass die Bedürfnisse der anderen auch vordringlicher und deshalb als erste zu erfüllen seien. Ihr Einfühlungsvermögen bringt sie also immer wieder in die missliche Lage, dass sie zu viel für andere und zu wenig für sich selbst tun.

Hilflose Helfer

Die Selbstlosigkeit mancher Menschen hat Psychologen und Evolutionsbiologen lange Zeit vor ein Rätsel gestellt. Aus evolutionstheoretischer Perspektive ist jedes Lebewesen von Natur aus so eingerichtet, dass es seinem Eigeninteresse den Vorzug gibt. Dabei kann es natürlich auch kurzfristig Nachteile in Kauf nehmen, um langfristig soziale Vorteile zu gewinnen. Bedingungslose Kooperationsbereitschaft beeinträchtigt jedoch eindeutig die Lebenschancen.

Der Evolutionstheoretiker Richard Dawkins hat jedoch darauf aufmerksam gemacht, dass es in der Natur Verhaltensweisen von Individuen gibt, die nicht ihnen selbst, sondern anderen nützen. Ein Beispiel, das er in diesem Zusammenhang anführt, ist der Kleine Leberegel Dicrocoelium dendriticum. Er benötigt in seinem Lebenszyklus zwei Zwischenwirte, zunächst eine Schnecke und dann eine Ameise, um schließlich bei seinem Endwirt, einem Schaf oder einer Kuh, anzukommen. Um den Wirtswechsel von der Ameise zu Schaf oder Kuh zu erleichtern, manipulieren die Vorstufen des Kleinen Leberegels das Verhalten ihrer Wirtsameise. Sie bohren sich in deren Zentralnervensystem, woraufhin die befallene Ameise einen Grashalm hinaufklettert und sich an dessen Spitze festbeißt. Nicht befallene Ameisen ziehen sich am Abend in ihr Nest zurück – nicht aber die befallenen Tiere. Diese bleiben regungslos an der Grasspitze sitzen. Die Wahrscheinlichkeit, dass sie von einem Schaf oder einer Kuh gefressen werden und der Leberegel auf diese Weise in seinen Endwirt gelangt, erhöht sich dadurch dramatisch. Es liegt auf der Hand, dass die Ameise selbst aus ihrem Verhalten keinerlei Nutzen zieht.

Solche Manipulationen gehören nicht nur zum strategischen Inventar artfremder Parasiten, sondern sie kommen auch innerhalb ein- und derselben Art vor. Bei koloniebrütenden Vögeln beispielsweise ist es üblich, dass einige von ihnen eigene Eier in fremde Nester schmuggeln. Sie sparen sich die Kosten, die mit der Brutpflege verbunden sind, indem sie das Brutpflegesystem anderer Vögel ausnutzen. Entsprechend nimmt Eckard Voland, Professor für die Philosophie der Biowissenschaften, an, dass auch Menschen im Interesse anderer auf Selbstlosigkeit konditioniert werden. Der Ansatzpunkt hierfür ist das Gewissen: jene Moralvorstellungen, die das Kind von seinen Eltern übernimmt. Da es existenziell auf die elterliche Fürsorge angewiesen ist, kann es die Ge- und Verbote, die sie ihm gegenüber aussprechen, nicht zurückweisen. Es kann auch nicht entscheiden, welche der Regeln, die es befolgen soll, ihm nützen oder schaden.

Es wird auf bestimmte Werte und Normen und damit auf ein bestimmtes Verhalten programmiert, dem es sich auch nicht entziehen kann, wenn es schon längst erwachsen ist. Pointiert formuliert, so Eckard Voland, ist das Gewissen ein Instrument elterlichen Parasitismus an den Lebensleistungen der eigenen Kinder.

Meist werden nicht alle Kinder eines Paares auf dasselbe Sozialisationsziel hin erzogen. Die einen werden darin unterstützt, ihre eigenen Interessen zu verfolgen, die anderen werden dazu gebracht, den Interessen von Eltern und Geschwistern zu dienen. Im Tierreich spricht man in diesem Fall von ‹Helfern-am-Nest›. Häufig handelt es sich um die zuerst geborenen Nachkommen, die ihren Eltern bei der Versorgung der jüngeren Geschwister helfen, selbst aber kinderlos bleiben. Ein solcher Verzicht wird nicht freiwillig geleistet, sondern durch eine systematische Unterdrückung der Eigeninteressen des Nachwuchses erreicht. Bei den Weißstirnspinten, einer Vogelart, beispielsweise beteiligen sich junge Männchen maßgeblich an der Fütterung ihrer jüngeren Geschwister und an der Nestverteidigung, statt sich altersgemäß selbständig zu machen. Ihre Fürsorge für die Herkunftsfamilie ist das Resultat von Einmischungs- und Einschüchterungsmaßnahmen der Väter. Wenn die jungen Männchen anfangen, um Weibchen zu werben, werden sie dabei von den eigenen Vätern gestört. Darüber hinaus werden sie in territoriale Auseinandersetzungen verwickelt und am Zugang zu ihrer Bruthöhle gehindert. Und wenn es trotz allem zu einem eigenen Gelege gekommen ist, werden die Tiere beim Brüten gestört. In 16 von 47 beobachteten Fällen haben die gestressten Söhne den Versuch eigenständiger Reproduktion schließlich aufgegeben und sich stattdessen als Helfer am väterlichen Nest betätigt.

Diese Form der Ausbeutung der Kinder durch die Eltern funktioniert bei Tieren nur so lange, wie die Eltern ihre körperliche Überlegenheit geltend machen können. Ganz anders das menschliche Gewissen: Es macht sich als innerseelische Instanz auch dann noch bemerkbar, wenn die Autorität der Eltern längst geschwunden ist. Der Psychoanalytiker Mattias Hirsch spricht von einem ‹Introjekt›, einem Fremdkörper im Ich, wenn die Indoktrination der Eltern dazu führt, dass das Kind gegen seine eigenen Interessen handelt. «Ein anschauliches Bild für das Eindringen des Fremden ins Ich wäre ein Virus, das in den Zellkern fremdes Genmaterial einschleust und den Organismus zwingt, fremdes Material zu produzieren.» (M. Hirsch: *Schuld und Schuldgefühl*, S. 99). Aggression in allen Formen, auch in den abgeschwächten der Drohung, der Beschimpfung, der Erniedrigung, der Vernachlässigung und des Liebesentzugs ist das Mittel, mit dem die elterlichen Forderungen durchgesetzt werden. All diese Methoden erzeugen Schuld und Angst und in der Folge Konformität. (In der Sprache der Neurobiologie ausgedrückt: Sie erhöhen die Aktivität des Bestrafungssystems.) Die Psychoanalytikerin Alice Miller schreibt über Kinder, die solcherart instrumentalisiert wurden: «Fast alle diese Kinder waren schon im ersten Lebensjahr trocken, und viele halfen bereits im Alter von eineinhalb bis fünf Jahren sehr geschickt bei der Pflege ihrer kleinen Geschwister ... Dazu kam eine erstaunliche Fähigkeit des Kindes, die Bedürfnisse der Mutter oder beider Eltern intuitiv, also auch unbewusst, zu spüren und zu beantworten, d. h. die ihm unbewusst zugeteilte Funktion zu übernehmen. Damit sicherte sich das Kind die ‹Liebe› der Eltern ... Die Fähigkeit zur Anpassung wird ausgebaut und perfektioniert, und diese Kinder werden nicht nur zu Müttern (Vertrauten,

Tröstern, Ratgebern, Stützen) ihrer Mutter, sondern übernehmen auch Verantwortung für ihre Geschwister und bilden schließlich ein ganz besonderes Sensorium für unbewusste Signale der Bedürfnisse des anderen aus.» (A. Miller. *Das Drama des begabten Kindes,* S. 20)

Aus der europäischen Sozialgeschichte sind viele Beispiele bekannt, die dem ‹Helfer-am-Nest›-Syndrom entsprechen. Teile der Nachkommenschaft (vor allem unter den Töchtern) werden von ökonomischen, sozialen und reproduktiven Chancen ausgeschlossen und so zeitweise oder dauerhaft in eine mit Ehe- und Kinderlosigkeit einhergehende Helferrolle zugunsten der Eltern und / oder Geschwister gedrängt.

Ein extremes Beispiel eines solchen institutionalisierten ‹Helfer-am-Nest›-Familiensystems beim Menschen liefern die Canacares auf der griechischen Insel Karpathos. Hier erbt die erstgeborene Tochter das Vermögen der Mutter, der erstgeborene Sohn das seines Vaters. Die jüngeren Geschwister müssen nicht nur auf ein persönliches Vermögen verzichten, sondern auch eine untergeordnete Stellung in der Familie akzeptieren. Die jüngeren Töchter bleiben in der Regel unverheiratet und arbeiten als Mägde auf dem Hof ihrer ältesten Schwester, wofür sie keinen Lohn erhalten. Die nachgeordneten Söhne bleiben ebenfalls Knechte oder wandern aus. Ihrem jeweils vorgegebenen Status innerhalb der Familie entsprechend werden die Töchter von Beginn ihres Lebens an erzogen: die älteste zur Herrin, die jüngeren zu Mägden. Welcher Stellenwert dabei der frühkindlichen Erziehung zukommt, wird deutlich, wenn der vorbestimmte Erbe stirbt. Nicht etwa das jeweils zweitgeborene Kind in jeder Geschlechterreihe nimmt dann die frei gewordene Vorrangstelle ein, sondern das jeweils jüngste. Man muss eben von Geburt an auf seine Rolle im Familiensystem vorbereitet werden.

Dies gelingt umso eher, je bereitwilliger auch die benachteiligten Kinder sich fügen. Zunächst ist dazu zweifellos elterlicher Druck notwendig. Doch dann wird das, was ursprünglich Strafangst war, zur peinigenden Stimme des Gewissens, die sich möglichst schon erhebt, bevor man eigene Wünsche und Pläne zu realisieren versucht. Hat man schon einmal ‹egoistisch› gehandelt, dann soll einen das Gewissen mit Selbstvorwürfen quälen, die denen, die einst die Eltern erhoben haben, in nichts nachstehen, ja umso unerbittlicher sind, als wir der Stimme in unserem Kopf nicht entfliehen können. Das Gewissen oder ‹Über-Ich›, wie Sigmund Freud es nannte, erzwingt so den Verzicht auf die Verfolgung der eigenen Interessen. Die ‹moralische Instanz in uns›, die jederzeit bereit ist, Impulse für altruistisches Verhalten zu geben, ist jedoch letztlich das Produkt der egoistischen Interessen anderer.

Der Klügere gibt so lange nach, bis er der Dumme ist

Wer zum «Helfer» erzogen worden ist, der hat sich nicht nur der elterlichen Autorität unterworfen, sondern damit auch die Bereitschaft erworben, sich von anderen ebenso ausbeuten zu lassen wie einst von der eigenen Familie. Er handelt sich im kooperativen Modus deshalb ständig Nachteile ein, ohne zu wissen, warum, denn sein Verhalten ist vom moralischen Standpunkt aus gesehen über jeden Tadel erhaben.

Die Kosten der Selbstlosigkeit sind jedoch noch weit höher. Wer stets gegen seine eigenen Interessen handelt, der läuft Gefahr, seelisch zu erkranken. Der Motivations- und Persönlichkeitspsychologe Julius Kuhl hat herausgearbeitet, dass es zwei Arten gibt, nach denen man sich dafür entscheidet, eine bestimmte Handlung auszuführen oder sie zu unterlassen. Die eine ist der Selbstregulationsmodus: Hier handelt man im Einklang mit den eigenen Interessen, orientiert sich an eigenen Werten und der ganz persönlichen Lebenserfahrung. Die andere Art ist der Selbstkontrollmodus: Dabei handelt man gegen die eigenen spontanen Neigungen und setzt den Verstand ein, um sie zu kontrollieren. Das «Selbst» ist bei der «Selbst-Kontrolle» Opfer der Kontrolle, nicht Urheber. Das ist immer dann angemessen, wenn es um die Verfolgung von Zielen mit hoher Priorität geht. Man «zwingt» sich beispielsweise dazu, auf eine Prüfung zu lernen, obwohl man lieber in den Biergarten gehen würde, weil es wichtig ist, die Prüfung zu bestehen. Selbstkontrolle ist für den Menschen also genauso wichtig wie Selbstregulation, aber zu viel Selbstkontrolle ist ungesund. Wer ein zu strenges «Über-Ich» hat, sich also vieles von dem versagt, was er gern tun möchte, und sich stattdessen dazu zwingt, das zu tun, was andere möchten oder die Umstände zu erfordern scheinen, der hat ein erhöhtes Risiko, an Depressionen, Zwängen, Angst- und Essstörungen zu erkranken. Ein Beispiel ist der Medizinstudent, der Musiker werden wollte. Für seine Eltern war dieses Berufsziel indiskutabel. Sie wollten einen Arzt in der Familie. Sie haben nie offen Druck ausgeübt, sondern ihre Erwartungen sehr subtil weitergegeben. Ihr Sohn glaubte irgendwann selbst, dass er Medizin studieren wollte. Im Studium kommt er dann aber nicht zurecht: Er beschäftigt sich mit anderen Dingen, hat enorme Prüfungsängste und scheitert schließlich. Das liegt daran, dass wir Ziele, die unseren eigenen Bedürfnissen entsprechen, leichter umsetzen können als Ziele, die nicht zu uns passen oder die uns von anderen aufoktroyiert worden sind. Wer überwiegend im Selbstkontrollmodus handelt, der ist also auch häufiger mit Misserfolgen konfrontiert.

So wie es benachteiligte Kinder gibt, gibt es auch bevorzugte. Eltern behaupten zwar, dass sie alle ihre Kinder gleich behandeln, aber das ist eher selten der Fall. Nicht nur in vergangenen Gesellschaften, sondern auch in der Gegenwart erwarten Eltern, dass die hohen Investitionen, die Elternschaft mit sich bringt, sich später auszahlen – und sie setzen dabei häufig auf ein bestimmtes Kind. Ihm lassen sie entsprechend mehr an Aufmerksamkeit, Zeit, Geld und anderen Ressourcen zukommen als seinen Geschwistern. Zahlreiche Faktoren wie Gesundheitszustand, Geburtsrang, Alter und Geschlecht des Kindes haben Einfluss auf die Höhe der elterlichen Investitionen und damit zugleich auf die Lebensschicksale der Kinder. Ihre unterschiedliche Wertschätzung durch die Eltern kommt im alltäglichen Umgang miteinander zum Ausdruck: Es gibt Unterschiede in der Stilldauer, in der Dauer des Kontaktes, in der Bereitstellung von Ressourcen, zum Beispiel Mitteln für die Ausbildung, in der Strenge der Erziehung oder in der Nachsicht. In westlichen modernen Ländern ergeben sich daraus für die Kinder ein und derselben Familie divergierende berufliche und soziale Möglichkeiten. Die Präferenzen der Eltern setzen die Kinder in unserem Kulturkreis selten tödlichen Gefahren aus. Es gibt in Vergangenheit und Gegenwart jedoch genügend Beispiele dafür, dass Eltern ihre Kinder buchstäblich den Interessen der Familie opfern. Nirgendwo treten die untergründigen Spannungen so deutlich zutage wie in jenen Gesellschaften, in denen Eltern geschlechterselektive Kindstötung als Mittel einsetzen, um die Zusammensetzung der

Familie in ihrem Sinne zu gestalten. So wurden im Jahr 1991 die Ergebnisse einer großangelegten chinesischen Volkszählung bekannt, die wegen des ungewöhnlichen Geschlechterverhältnisses in der heranwachsenden Generation darauf schließen ließen, dass Millionen von Mädchen der Familienplanung zum Opfer gefallen waren – entweder vor oder nach ihrer Geburt. Die Bevorzugung von Söhnen hat in China (und nicht nur dort) Tradition: Ein 2500 Jahre altes chinesisches Gedicht feiert die Geburt eines Sohnes, den man prächtig gekleidet in ein kunstvoll ausstaffiertes Bett legen und dem man Insignien aus Jade zum Spielen geben sollte. Eine Tochter sollte dagegen in eine Decke gehüllt auf dem Boden liegen und nur eine hölzerne Rassel bekommen.

Obwohl Geschwister 50 Prozent ihrer Gene miteinander teilen und in der gleichen Familie aufwachsen, sind sie wegen des unterschiedlichen Maßes an Zuwendung, das sie bekommen, oft so verschieden wie Kinder, die man aus beliebigen Familien herausgegriffen hat. Jedes Kind einer Familie trifft auf eine andere familiäre Umwelt und muss entsprechend eine jeweils andere Strategie entwickeln, um – im wörtlichen oder im übertragenen Sinne – zu überleben. Bei der Konkurrenz von Geschwistern um die Ressourcen der Eltern muss jedes Kind sich seine eigene ökologische Nische suchen, wie der Historiker Frank Sulloway in einer großangelegten Untersuchung festgestellt hat. Ist beispielsweise die Favoritenrolle vom Erstgeborenen schon besetzt, dann muss das nächste Kind besonders brav oder fleißig werden, um sich zu behaupten. Gilt ein Kind als musikalisches Genie, das der besonderen Förderung bedarf, so setzt ein anderes vielleicht auf seine sportlichen Fähigkeiten. Geschwister neigen also dazu, die zwischen ihnen bestehenden Unterschiede zu übertreiben.

Was die ‹Helfer-am-Nest› betrifft, so liegt auf der Hand, dass die Eltern nicht bereit oder nicht fähig waren, mehr als das Notwendige in die Aufzucht dieser Kinder zu investieren. Diese haben gelernt, dass sie die Bedürfnisse und Interessen der anderen Familienmitglieder über ihre eigenen stellen müssen, um ihren Platz in der Familie zu behaupten. Falken sind dagegen vermutlich die Favoriten ihrer Eltern gewesen: Daher stammen ihre Zuversicht und ihr Anspruch, mehr zu bekommen, als sie selbst geben müssen. Die frühen familiären Beziehungen sind nämlich für alle Menschen die Grundlage eines Vorstellungsmodells von der sozialen Umwelt und von sich selbst, das nur unter besonderen Umständen noch revidiert wird. Dies hat der Psychoanalytiker und Bindungsforscher John Bowlby festgestellt. Mit den in der Kindheit gemachten Erfahrungen erwerben wir eine besonders gefärbte Brille, durch die hindurch wir die Welt ein Leben lang wahrnehmen. Ein unerwünschtes Kind fühlt sich nicht nur von seinen Eltern unerwünscht, es wird auch annehmen, dass es allgemein unerwünscht ist. Umgekehrt wächst ein geliebtes Kind nicht nur in der Überzeugung auf, dass seine Eltern es lieben, es ist darüber hinaus auch sicher, dass alle anderen es liebenswert finden. Hohe Investitionen der Eltern in ein Kind schaffen also Vertrauen in sich selbst und in andere sowie die Zuversicht, dass man das, was man benötigt, auch bekommen wird. Ein niedriges Engagement der Eltern führt dagegen zu einem geringen Selbstwertgefühl beim Kind und zur Vorstellung einer feindlichen Welt, in der hohe Vorleistungen und große Anpassungsbereitschaft die Voraussetzungen dafür sind, etwas zu bekommen. Seine spezifische Sichtweise wird einen Menschen immer wieder in Beziehungen führen, in denen seine ersten Erfahrungen bestätigt werden, und er wird sich vorwiegend auf solche Menschen einlassen, die erkennen lassen, dass sie seinen Erwartungen entsprechen werden.

1.2 Alltagsbeobachtungen

Im kooperativen Modus kommt es darauf an, sich vor Betrug, Täuschung und Ausbeutung zu schützen, das heißt vor jenen Menschen, welche diese Techniken bevorzugt anwenden. Prinzipiell gibt es natürlich so viele Möglichkeiten, Ihnen entgegenzukommen, wie es Leute gibt, die Sie treffen. Sie können jedoch damit rechnen, dass etwa 60 Prozent der Menschen, mit denen Sie es zu tun haben, einen fairen Umgang mit ihnen pflegen; 20 Prozent sind ausgesprochen gutmütig, und weitere 20 Prozent legen es darauf an, Sie auszunützen. Manche tun dies ganz ungeniert: Das sind jene Trittbrettfahrer, die jedes Mal, wenn es ans Bezahlen geht, gerade kein Geld dabei haben. Andere verwenden manipulative Taktiken, mit denen sie sich selbst (!) und andere über ihre wahren Absichten täuschen. Diese Falken lassen sich am ehesten identifizieren, wenn man sie mit ihrem Gegenstück, den Tauben vergleicht. In der Gegenüberstellung der Extrempositionen im kooperativen Modus wird deutlich, worauf man zu achten hat.

Tauben versuchen sich an die Spielregeln zu halten, Falken versuchen sie zu umgehen

Tauben sind der Überzeugung, dass die Regeln des Zusammenlebens dazu da sind, um befolgt zu werden. Es erscheint ihnen einsichtig, dass man andere Menschen nicht übervorteilen, ausnützen oder einschüchtern sollte, weil man selbst eine solche Behandlung durch andere schließlich auch nicht erfahren möchte. Im Falle eines Interessenkonflikts sind sie zuversichtlich, dass man eine Lösung finden kann, die alle befriedigt. Falken haben für diese Einstellung, auch wenn sie das kaum je offen zugeben werden, nur ein herablassendes Lächeln übrig. Sie wissen, dass es nicht gerecht zugeht auf der Welt. Warum sich also etwas vormachen? Im Kindergarten wird man vielleicht dafür bestraft, dass man einem anderen sein Spielzeug wegnimmt, und auf dem Sportplatz mag der Tüchtigste gewinnen und sich auch noch den Luxus leisten können, fair zu sein. Wer sich im wirklichen Leben durchsetzen will, der darf jedoch nicht allzu zimperlich sein. Sich buchstabengetreu an die Vorschriften zu halten ist ihrer Meinung nach ein Zeichen von kindlicher Naivität, jugendlicher Unerfahrenheit, großer Dummheit oder aber von Kleinmut. Da Falken zu keiner dieser Kategorien gezählt werden wollen, fassen sie Vorschriften, Regeln und Vereinbarungen insgeheim als Herausforderung auf, sie zu umgehen. Falken stellen ihren Wagen deshalb nicht nur gern im Halteverbot ab, sie parken auch auf dem Gehsteig oder in Ihrer Einfahrt. Steuerhinterziehung und Ehebruch sind ihnen sportliche Anliegen: Man darf sich nur nicht erwischen lassen. Sich in einer Warteschlange hinten anzustellen ist Falken ein Gräuel. Während Tauben geduldig warten, bis sie an der Reihe sind, neigen Falken deshalb dazu, sich unter einem Vorwand vorzudrängen.

Auch Tauben verstoßen mitunter gegen Spielregeln, enttäuschen die Erwartungen anderer, verletzen Normen. Sie haben deswegen aber ein schlechtes Gewissen, während Falken in der Regel von Gewissensbissen verschont bleiben. Solange es keine nachteiligen Folgen für sie selbst nach sich zieht, scheinen sie sogar ein klammheimliches Gefühl der Freude und des Triumphs zu empfinden, wenn sie Regeln übertreten oder umgehen. Für sie ist das Einhalten der Vorschriften nämlich keine Frage des Prinzips, sondern des Mutes. Jeder Verstoß gegen die Spielregeln des Zusammenlebens birgt in sich ein Risiko, das einzugehen für Falken eine Herausforderung darstellt. Wer auf dem Gehsteig parkt, der kann die Missbilligung von Passanten auf sich ziehen und die Aufmerksamkeit einer Politesse, wer den Geburtstag seiner Tante ignoriert, der riskiert es, von ihr enterbt zu werden, und wer aus der Reihe tanzt und sich zum Beispiel nicht in eine Schlange am Schalter einreiht, kann dafür mit Missachtung bestraft werden. Wer jedoch all diesen Gefahren trotzt, der hat damit seine Courage unter Beweis gestellt. Während Tauben stolz darauf sind, wenn es ihnen gelingt, mit Anstand durchs Leben zu kommen, sind Falken deshalb in nicht geringerem Maße von Stolz erfüllt, wenn sie es schaffen, die Restriktionen, die das Zusammenleben ihnen aufzwingt, zu umgehen. Ihre Sache ist es nicht, Erwartungen zu erfüllen, sondern ihre Ziele unter Einsatz aller zur Verfügung stehenden Mittel zu erreichen.

Es liegt jedoch nicht im Interesse von Falken, für ihre Überzeugung offen einzutreten. Denn es darf schließlich nicht nur Falken geben. Ein Spiel, bei dem sich keiner mehr an die Spielregeln hält, artet womöglich in ein Chaos aus, das auch die Chancen von Falken untergräbt. Ein Spiel, bei dem die Mehrzahl die Regeln einhält und nur ein paar wenige Auserwählte mit gezinkten Karten spielen, dieses Spiel hat Aussicht darauf, ein paar echte Gewinner hervorzubringen: die Falken. Sie mögen sich nicht an die Spielregeln halten, kennen tun sie diese jedoch ganz genau: um die Risiken einschätzen zu können, die sie eingehen, wenn sie gegen die

Regeln verstoßen; und um sie dazu zu verwenden, andere in die Pflicht zu nehmen.

Tauben glauben beispielsweise, dass Freunde einander hilfreich zur Seite stehen müssen. Mit dem Hinweis ‹Du bist doch mein Freund! Auf wen kann ich mich sonst verlassen!› kann man sie deshalb ohne weiteres dazu bringen, einem ihre Zeit, ihr Geld oder auch ihr Auto zu leihen. Jeder mögliche Widerstand lässt sich im Keim ersticken, indem man ausmalt, welche nachteiligen Folgen das Unterlassen der erbetenen Hilfeleistung haben könnte. Man wird in Depressionen verfallen, die Chance seines Lebens verpassen oder kalte Füße bekommen, wenn man gezwungen ist, statt mit dem Auto mit öffentlichen Verkehrsmitteln zu fahren. Und das ist die Schuld dessen, der angeblich ein guter Freund ist.

Es gibt nur ein Mittel, sich gegen moralische Erpressungen zu wehren: indem man den moralischen Prinzipien abschwört, die dahinter stehen. So verfahren Falken. Sie verzichten auf das Hochgefühl, das einen Menschen überkommen mag, der den moralischen Standards genügt. Aber sie haben deshalb nicht weniger Spaß und sind überdies im Vorteil, wenn es darum geht, die eigenen Interessen durchzusetzen.

Die Interessen zweier Menschen können übereinstimmen, aber auch recht unterschiedlich und bisweilen völlig unvereinbar sein. Viele Menschen glauben in einem solchen Fall, dass sich ein Kompromiss aushandeln ließe, der beider Interessen in gewissem Umfang befriedigt – womit sie nicht immer recht haben. Falken stellen das Problem ganz anders dar. Sie geben ihre eigenen Interessen als die einzig legitimen aus, während sie das Beharren des anderen auf seinen Interessen als puren Eigennutz werten. Wer den Vorwurf, egoistisch zu sein, mit schlechtem Gewissen quittiert, wie dies Tauben tun, der ist wahrscheinlich auch bereit, diesen unschönen Verdacht so rasch wie möglich auszuräumen und nachzugeben. Auf diese Weise machen sich Falken die Moralvorstellungen anderer zunutze, ohne sie auch auf sich selbst anwenden zu müssen.

Wenn Falken moralische Prinzipien hochhalten, dann sind diese an ihre Bedürfnisse angepasst. Während Tauben Regeln für allgemein und grundsätzlich verbindlich halten – denn nur unter dieser Voraussetzung kann man ihrer Meinung nach überhaupt von Regeln sprechen –, verstehen Falken unter Regeln Vorschriften, die sie anderen machen. Diese Vorschriften können von ihnen jederzeit revidiert oder abgewandelt werden. Lädt ein Falke beispielsweise zu sich nach Hause ein, so mag er darauf bestehen, dass seine Gäste pünktlich sind und ihn nicht warten lassen. Ist der Falke selbst der Gast, so wird er vermutlich eine andere Regel anwenden, zum Beispiel die, dass man Gästen zugestehen müsse, auch deutlich später als vereinbart einzutreffen. Falken greifen also nur dann auf eine bestimmte Regel zurück, wenn sie Vorteile davon haben. Die gleiche Regel wird relativiert oder außer Kraft gesetzt, wenn aus ihr Nachteile entstehen. Man könnte auch sagen, dass Falken Regeln ganz anders definieren als Tauben.

Tauben versuchen andere zu verstehen, Falken versuchen andere zu manipulieren

Tauben, die weit eher als Falken Gefahr laufen, von anderen ausgenutzt, überfahren oder übervorteilt zu werden, sind immer wieder überrascht, wenn sie feststellen müssen, dass Menschen mitunter auch böse Absichten haben. Wenn jemand gegen die guten Sitten verstößt, die Rechte anderer verletzt, ihre Grenzen überschreitet, dann ihrer Meinung nach deshalb, weil er unwissend, krank oder schlecht erzogen ist.

Aus diesem Grund haben Tauben ein außerordentliches Interesse an den Bedingungen menschlichen Verhaltens. Da der Mensch aus ihrer Sicht von Natur aus gut ist und darauf angelegt, das Richtige und Angemessene zu tun, müsse eine Störung vorliegen, falls es sich anders verhält. Die aktuellen Lebensumstände eines Menschen können beispielsweise dazu herangezogen werden, um zu erklären, warum er aus der Fassung geraten ist. Wenn jemand andere anschreit, ihnen droht, sie möglicherweise sogar körperlich attackiert, so mag das daran liegen, dass er unter Druck steht. Häufiger noch als gegenwärtige werden vergangene Verhältnisse in Rechnung gestellt, wenn es darum geht, ein Verhalten zu beurteilen, das den Erwartungen von Tauben zuwiderläuft. Die gesamte Entwicklung eines Menschen ist zu berücksichtigen, angefangen bei seiner Geburt und den frühesten Missverständnissen zwischen Mutter und Kind, um nachvollziehen zu können, warum er sich hier und heute so und nicht anders verhält. Auf das Verstehen folgt das Verzeihen. Missliche Umstände haben den Menschen daran gehindert, sich so zu verhalten, wie er sich verhalten sollte. Auf diese Weise bleibt die Welt der Tauben von lauter netten Leuten bevölkert, die allenfalls wegen einer unglücklichen Kindheit oder unter großem Stress jene Kooperationsbereitschaft vermissen lassen, die sie eigentlich auszeichnen sollte.

Falken halten das Schürfen in seelischen Abgründen, wie es Tauben gern betreiben, für reine Zeitverschwendung. Sie interessieren sich nicht für die Bedingungen, sondern allein für die Konsequenzen des Verhaltens ihrer Mitmenschen. Sie fragen nicht danach, welche Entwicklung ein Mensch möglicherweise genommen hat, sondern was sein aktuelles Vorgehen für sie selbst bedeutet: Nutzen oder Schaden? In einem zweiten Schritt werden Falken dann das Verhalten anderer so zu steuern versuchen, dass der Nutzen, den sie selbst daraus ziehen, maximiert wird. Man könnte auch sagen, dass Falken die geborenen Erzieher sind, während Tauben eher als Seelsorger taugen.

Tauben verfügen meist über elaborierte Vorstellungen vom menschlichen Seelenleben, sie sind einfühlsam und verständnisvoll. Es kommt ihnen kaum jemals in den Sinn, Menschen ändern zu wollen – es genügt ihnen, sie zu verstehen. Sie sind in der Regel gute Zuhörer, die den, der zu ihnen spricht, in zweierlei Hinsicht entlasten: Zum einen neigen sie dazu, die Verantwortung für andere und auch für deren Probleme zu übernehmen; zum anderen sprechen sie denjenigen, der an ihr Verständnis appelliert hat, bereitwillig von jeder Verantwortung frei. Denn das ist die Voraussetzung dafür, ihm verzeihen und die Vorstellung von einer heilen Welt aufrechterhalten zu können.

Wenn ein Falke sich dafür interessiert, welche Probleme Ihr Kind in der Schule hat oder wie Sie mit dem Chef auskommen, dann nur aus taktischen Gründen. Er will nicht wirklich wissen, wie Sie sind oder was für Sorgen Sie haben. Er will Sie vielmehr dazu bringen, seinen Vorstellungen zu entsprechen. In Gegenwart von Falken fühlt man sich deshalb stets unter einem gewissen Druck. Man wird das Gefühl nicht los, den Erwartungen nicht zu genügen, mehr oder weniger unvollkommen, nicht in Ordnung zu sein. Falken scheinen Maßstäbe zu setzen, die in anderen Selbstzweifel schüren. Und auf dieser Grundlage eines erschütterten Selbstvertrauens entwickelt man dann die Bereitschaft, sich zu fügen. Falken üben dabei keinen offenen

Zwang aus, denn dem würden Sie sich vermutlich widersetzen. Ein Vertreter dieser Menschenart versucht vielmehr, Sie ganz allmählich daran zu gewöhnen, der zu sein, der Sie seiner Meinung nach sein sollten. Ein Bewunderer. Ein ergebener Diener. Ein Feind, den man attackieren, ein Freund, den man gebrauchen kann.

Es gibt da einen berühmten Tierversuch: Man setzt einen Frosch in heißes Wasser. Er springt natürlich sofort heraus, um seine Haut zu retten. Nun setzt man ihn in kaltes Wasser, das man ganz allmählich erwärmt. Der Frosch bleibt sitzen, auch wenn das Wasser schon kocht. Er ist nicht in der Lage, auf den allmählichen Temperaturanstieg angemessen zu reagieren.

Auch Falken steigern den Druck, den sie auf andere ausüben, unmerklich. Sie stellen zum Beispiel zunächst eine Forderung, die zu erfüllen so wenig Aufwand erfordert, dass Sie gar nicht auf die Idee kommen, die Erfüllung dieser Forderung zu verweigern. Damit ist der erste Schritt schon getan: Sie sind nun eine Person, die nicht etwa selbst Forderungen stellt, sondern Forderungen erfüllt. Auch wenn Ihnen dies kaum jemals bewusst wird, sind Sie damit stigmatisiert. Wer im Büroalltag beispielsweise, ohne groß darüber nachzudenken, der Bitte des Chefs nachkommt, für die Kollegen den Kaffee zuzubereiten, weil die Sekretärin erkrankt sei, der manövriert sich bereits mit dieser an sich belanglosen Handlung in eine unterlegene Position. Wenn der Falke, mit dem Sie es zu tun haben, seine nächste Forderung erhebt, die meist schon weitergehende Ansprüche an Ihre Zeit und Energie stellt, werden Sie wahrscheinlich auch auf diese Forderung eingehen. Es wird eine Weile dauern, bis Sie feststellen, dass Sie sich nach dem anderen richten. Dann müssen Sie, bildlich gesprochen, sofort aus dem Wasser springen.

Tauben sind anspruchslos,
Falken wissen, was sie wollen

Falken verwenden viel Zeit darauf, darüber nachzudenken, was sie wollen und was ihnen noch fehlt zum Glücklichsein. Ist der Stuhl, auf dem sie sitzen, auch wirklich bequem? Haben Sie Lust auf Spaghetti, oder sollte es nicht doch etwas anderes sein? Ist der Partner / die Partnerin attraktiv und liebevoll genug, oder wäre nicht noch jemand Besseres zu finden? Und sie sinnen darüber nach, wie sich Abhilfe schaffen lässt für all die Unzulänglichkeiten, denen sie sich gegenüber sehen: Die Ablage zu machen ist lästig, wen kann man dazu bringen, diese Aufgabe zu übernehmen? Wie lässt sich verhindern, dass man bei der Kaffeepause gestört wird? Und bei wem kann man sein Kind unterbringen, wenn man doch viel lieber shoppen geht, als am Sandkasten zu sitzen und auf es aufzupassen?

Tauben verschwenden kaum je einen Gedanken daran, wie die Welt sein sollte, damit sie sich in ihr wohl fühlen können. Sie sind so damit beschäftigt, mit dem zurechtzukommen, was die Welt ihnen abverlangt, dass sie sich die Frage, was sie selbst eigentlich wollen, meist gar nicht stellen. Während Falken die Bildung ihres Willens betreiben, entwickeln Tauben ein detailliertes Anforderungsprofil der Welt, in der sie leben. Für sie geht es nicht darum, was sie tun wollen, sondern was sie tun müssen. Der Abfall muss hinuntergetragen, die Oma besucht, das Kind vom Kindergarten abgeholt werden. Der Rasen muss gemäht, dem Partner / der Partnerin ausreichend Zeit gewidmet werden, und wenn die Sonne scheint, muss man an die frische Luft.

Obwohl Tauben unablässig von Notwendigkeiten aller Art bedrängt werden, wirken sie meist zufriedener und ausgeglichener als Falken. Diese nehmen sich zwar die größeren Freiheiten heraus. Aber da sie stets bestrebt sind, ihre Situation nach Möglichkeit noch zu verbessern, richtet sich ihre Aufmerksamkeit unvermeidlich auf alles Fehlerhafte. Sie finden das Haar in der Suppe, und sie können sich rechtschaffen über die Fliege an der Wand ärgern – während Tauben beides gelassen hinnehmen. Weil sie die Welt, wie sie ist, nicht ständig mit der Welt, wie sie sein sollte, vergleichen, sind sie mit dem, was sie haben, zufriedener.

In einer Partnerschaft beispielsweise versuchen Tauben, es dem anderen recht zu machen und mit ihm auszukommen. Falls es Schwierigkeiten gibt, so führen sie sich die Vorzüge der Beziehung und des Partners vor Augen und verdoppeln ihre Anstrengungen, beidem zu genügen. Falken haben dagegen das Idealbild eines Partners im Kopf, an dem gemessen der reale Partner immer mangelhaft erscheinen muss. Er könnte schöner, klüger, dicker, dünner, aufmerksamer sein, besser kochen, weniger fernsehen oder ein geschickterer Handwerker sein. Abgesehen von der ersten Phase der Verliebtheit, in welcher der Partner idealisiert wird, sind Falken deshalb durchweg unzufriedener mit ihren Partnern als Tauben.

Nicht anders verhält es sich im Berufsleben. Während Falken ehrgeizig danach streben, ihre Position zu verbessern oder zumindest einen größeren Schreibtisch, einen gepolsterten Sessel oder einen eigenen Parkplatz gestellt zu bekommen, richten Tauben sich ein für alle Mal an dem ihnen zugewiesenen Platz ein. Sie verlangen keine Gehaltserhöhung und kündigen auch nicht, wenn ihre Leistungen nicht gewürdigt werden und sie Aussicht auf eine bessere Stellung in einer anderen Firma hätten. Unter den gleichen Umständen haben Falken längst einen neuen Job.

Tauben sind vernünftig,
Falken wirken irrational

Falken wissen nicht nur genau, was sie wollen, sie scheuen auch keine Kosten und Mühen, um ihren Willen durchzusetzen. Praktisch nichts ist für sie ohne Belang, während Tauben häufig zu dem Schluss kommen, es sei die Sache nicht wert, sich dafür einzusetzen. Falken nehmen es jedoch genau: ob es ums Essen geht oder um die Farbe der Schnellhefter, den genauen Zeitpunkt, an dem die Sekretärin ihre Unterschriftenmappe vorlegt, oder um die Frage, wie eine Zahnpastatube zusammenzudrücken ist. Was Tauben als Nebensächlichkeiten abtun, kann Falken in Rage bringen: ein Ei, das nicht so weich gekocht ist, wie sie es sich wünschen; eine Zeitung, der man ansieht, dass schon ein anderer darin gelesen hat; ein Kostenvoranschlag, bei dem die Position der Postgebühren fehlt. Wenn man nicht in Rechnung stellt, dass es ihnen in erster Linie darum geht, der Welt ihren Willen aufzuzwingen, bei welcher Gelegenheit auch immer, so erscheint es oft lächerlich und irrational, welches Aufhebens Falken auch um Belanglosigkeiten machen.

Tauben sind vernünftiger. Sie achten darauf, dass ein angemessenes Verhältnis besteht zwischen Anlass und Reaktion. Wenn etwas nicht so läuft, wie sie es sich vorgestellt oder es geplant haben, dann sind sie dadurch nicht aus der Ruhe zu bringen. Da sie oft gar nicht so genau wissen, was sie wollen, fällt es ihnen auch leichter, sich abzufinden. Außerdem wollen Tauben ihre Interessen und Anliegen nicht um jeden Preis durchsetzen, wie dies Falken tun. Der Aufwand, den es erfordert, seinen Willen zu bekommen, und die Kosten, die dabei entstehen, werden von Tauben sorgfältig abgewogen. Wenn man in der Sofaecke gern einen bestimmten Platz für sich beanspruchen würde, nämlich den, von dem aus man das Fernsehprogramm am besten verfolgen kann, so wird eine Taube darauf verzichten, wenn sie damit einen tagelangen Streit mit ihrem Partner riskiert. So wichtig ist es ihr nicht, wo sie sitzt.

Falken ist alles wichtig, was sie betrifft. Sie sind beleidigt oder geraten außer sich, hüllen sich in vorwurfsvolles Schweigen oder werden wütend, wenn sie auf Widerstand stoßen. Die Heftigkeit ihrer Reaktionen lässt Falken in den Augen von Tauben verrückt erscheinen. Dabei sind alle diese Verhaltensweisen sehr effektiv, wenn es darum geht, seinen Willen durchzusetzen.

Der Klügere gibt nach, denken Tauben. Vor allem dann, wenn nichts auf dem Spiel steht, scheint es ihnen nicht der Mühe wert, sich einzusetzen. Es ist aber nicht so, dass Menschen, die in kleinen Dingen dazu neigen, sich zurückzunehmen, in großen Dingen dann plötzlich auf ihrem eigenen Standpunkt beharren. Es wird ihnen vielmehr zu einer Art Gewohnheit nachzugeben, während Falken kein Anlass zu nichtig ist, um ihre Durchsetzungsfähigkeit zu erproben. Von großem Vorteil ist hierbei, dass Falken wissen, was sie wollen. Nehmen wir an, dass zwei Menschen eine gemeinsame Entscheidung darüber treffen müssen, was es zum Abendessen gibt. Der eine hat eine dezidierte Abneigung gegen alle Gemüsesorten, er mag Fisch, wenn er in einer Pfanne gedämpft worden ist, und er kann sich als Beilage zu Fisch nur Basmatireis vorstellen. Der andere hat keine ausgeprägten Nahrungsmittelvorlieben. Natürlich gibt es Dinge, die er lieber isst als andere, aber er hält es letztlich für nicht so wichtig, ob er etwas isst, was ihm schmeckt, oder nicht. (Wichtiger ist ihm in jedem Fall eine harmonische Partnerschaft.) Es ist leicht zu erraten, was es zum Abendessen geben wird: kein Gemüse, geschmorten Fisch, Basmatireis. Derjenige mit dem ausgeprägteren und stärkeren Willen setzt sich durch.

Tauben sind bescheiden, Falken nehmen sich, was sie brauchen

Klassische Tauben verstehen es nicht, sich die Dienste, Leistungen oder Güter anderer anzueignen. Echte Falken nehmen sich, was sie brauchen, auch wenn es einem anderen gehört oder zusteht. Und sie brauchen immer irgendetwas, selbst wenn sie noch gar nicht genau wissen, was ihnen fehlt, um wirklich erfolgreich und glücklich zu sein. Ihr Blick schweift umher, bleibt an manchen Gegenständen und Menschen haften, um deren potenziellen Nutzeffekt auszuloten; die Ohren sind gespitzt, um Botschaften auf ihre Tauglichkeit zu überprüfen; die Nüstern sind geweitet, um Düfte aufzufangen, die eine gute Mahlzeit versprechen. Tauben gehen davon aus, dass sie erst etwas hergeben müssen, um später etwas zu empfangen. Falken wollen erst etwas bekommen, bevor sie eventuell bereit sind, zu geben.

Wenn Sie eine Taube zu sich nach Hause einladen, so wird sie Ihnen deshalb in der Regel etwas mitbringen. Ein Falke wird dagegen Ihr Haus nicht verlassen, ohne etwas mitzunehmen. Er wird ein Buch von Ihnen ausleihen, ein Wegwerffeuerzeug versehentlich einstecken, den Ableger einer Topfpflanze von ihnen erbitten oder Ihnen das Versprechen abnehmen, ihm bei der Suche nach einer preisgünstigen Autoreparaturwerkstatt behilflich zu sein. Die konkreten Gegenstände, aber auch Hinweise und Ratschläge, die Falken an sich nehmen, haben dabei oft lediglich symbolischen Charakter. Es geht um das Vergnügen, etwas in den eigenen Besitz zu bringen, was einem anderen gehörte.

Die zentrale Antriebskraft für die Beutefeldzüge von Falken ist der Neid, jenes nagende und bohrende Gefühl, das ihnen signalisiert, dass andere etwas haben, was sie selbst nicht haben, aber gerne haben möchten. Der Neid weist die Richtung, die Falken einschlagen, er trainiert ihren Willen, er stärkt ihre Entschlusskraft und setzt Energien frei. Kurz: Neid ist ein Gefühl, das inspirierend auf Falken wirkt.

Tauben haben ein ganz anderes Verhältnis zum Neid. Er ist ihnen kein Stachel und kein Ansporn, sondern im Gegenteil: ein Gefühl, das sie bei anderen nicht ohne Grund fürchten. Sie erwarten, Übergriffe zu provozieren, wenn sie jemanden neidisch auf sich machen. Deshalb verfügen Tauben über ein ganzes Arsenal an Schutzmechanismen gegen den Neid der anderen. So neigen sie zum Understatement, dazu, ihr Licht unter den Scheffel zu stellen. Sie wehren Komplimente ab, indem sie das, was ihnen als Verdienst angerechnet werden soll, auf bloßes Glück oder den Zufall zurückführen. Sie verbergen ihre Besitztümer und kaschieren ihre Vorzüge. Die Angst von Tauben vor dem Neid der anderen ist in manchen Fällen so groß, dass sie freiwillig hergeben, was ein anderer haben möchte.

Tauben sind einfach nett, Falken äußerst charmant

Wenn Sie an die Hilfsbereitschaft eines Menschen appellieren, dann können Sie oft schon aus seiner Reaktion darauf schließen, ob Sie eine Taube oder einen Falken vor sich haben. Tauben helfen gern, auch dann, wenn ihre Hilfe nicht wirklich gebraucht wird oder es dem Betroffenen sogar schadet, wenn man an seiner Stelle die Initiative ergreift. Kaum jemals kommen sie jedoch auf den Gedanken, dass der Appell an ihre Hilfsbereitschaft nur dazu dienen könnte, sie auszunützen. Falken wittern dagegen sofort eine Falle, wenn man sie um Hilfe bittet: Für sie ist dies nichts anderes als der Versuch, sich ihre Ressourcen – seien es nun Zeit, Energie, Geld oder auch etwas anderes – anzueignen. Da sie überdies Stärke bewundern und Schwäche verachten, löst das Hilfegesuch eines Menschen nicht Mitgefühl bei ihnen aus und Hilfsbereitschaft, wie es für Tauben typisch ist, sondern Verachtung: Wer Hilfe braucht, verdient sie ihrer Meinung nach nicht.

Stellen Sie sich vor, sie hätten auf einer einsamen Landstraße eine Autopanne. Sie haben idiotischerweise Ihr Handy vergessen oder der Akku ist leer, stehen am Straßenrand und warten darauf, dass ein Fahrer der wenigen Autos, die vorüberkommen, anhält und sie zur nächsten Tankstelle mitnimmt oder zumindest telefonisch die Pannenhilfe informiert. Der Autofahrer, der ihnen zu Hilfe kommt, ist mit großer Wahrscheinlichkeit eine Taube. Falls Sie die Panne nur vorgetäuscht haben, um demjenigen, der darauf hereinfällt, eins übers Ohr zu hauen, so ist er ein Opfer seiner eigenen Hilfsbereitschaft geworden. Falken halten nicht an, und sie werden deshalb auch nicht zum Opfer. Sie sehen sich vor.

Falls es Ihnen zu aufwendig erscheint, im Straßengraben auf die Gelegenheit zu warten, Menschen zu sondieren, so erbitten Sie kleine Hilfeleistungen im alltäglichen Umgang: eine Besorgung für Sie zu machen oder eine Auskunft einzuholen; Ihnen beim Tragen einer schweren Tasche behilflich zu sein oder beim Ausfüllen eines Formulars. Wer immer Ihnen bereitwillig zur Hand geht, ist vermutlich eine Taube. Denn Tauben sind nette Leute. Man kann ihnen vertrauen und auf sie zählen. Allerdings können sie mitunter etwas farblos erscheinen. Das liegt an ihrer übergroßen Bereitschaft, sich anzupassen, mit der sie Konflikte zwar vermeiden, aber an eigenständigem Profil verlieren. Meist verstehen sie es auch nicht, sich interessant zu machen.

Falken verfügen dagegen häufig über ein gewinnendes Auftreten. Sie haben Charme, das heißt, sie beherrschen die Kunst der Verführung: wortlos zu versprechen, was immer Sie sich insgeheim wünschen. Falls Ihre Bedürfnisse gerade mit denen des Falken übereinstimmen, haben Sie Glück. Falken können anregend und unterhaltsam sein. Schwierig wird es erst, wenn Sie sich den Forderungen des Falken widersetzen oder seine Manipulationsversuche unterlaufen – dann können Falken unangenehm werden. Hinter der charmanten Fassade spürt man nun etwas Kaltes, Unerbittliches.

1.3 Konsequenzen

Erfolg ist aus evolutionstheoretischer Perspektive in erster Linie sozialer Erfolg. Im kooperativen Modus besteht er darin, etwas mehr zu bekommen, als man selbst gibt. (Auch wenn Ihnen dies anrüchig erscheint: Der Adel stammt vom Raubrittertum ab.) Ein bescheideneres Ziel ist es, eine ausgewogene Kosten-Nutzen-Bilanz zu erreichen, also wenigstens nicht immer die Rechnung zu bezahlen. Aber selbst dies setzt ein gewisses Maß an strategischem Denken und Handeln voraus.

Freundlich, aber bestimmt

Menschen haben von jeher recht anspruchsvolle Vorstellungen darüber entwickelt, wie andere Menschen sein sollten, um mit ihnen auskommen zu können: mindestens edel, hilfreich und gut. Alle Appelle an unsere moralische Gesinnung haben den Eigennutz bislang jedoch nicht aus der Welt schaffen können, sondern nur manche Menschen zu der irrigen Annahme verleitet, dass sie einen Anspruch auf Anständigkeit hätten, solange sie sich selbst anständig benehmen. Dieser Trugschluss wird vor allem durch eine Erziehung befördert, die den Heranwachsenden moralische Forderungen nahezubringen versucht. Dagegen ist an sich nichts einzuwenden. Man möchte Kinder und Jugendliche jedoch meist zu dem Glauben verführen, dass alle anderen Menschen, insbesondere Erwachsene, die ethischen und moralischen Vorschriften, nach denen sie sich richten sollen, musterhaft erfüllen – obwohl ein Blick in die Tageszeitung oder in eine Nachrichtensendung schnell eines anderen belehrt. «Indem sie die Jugend mit so unrichtiger psychologischer Orientierung ins Leben entlässt», vermerkt Sigmund Freud, «benimmt sich die Erziehung nicht anders, als wenn man Leute, die auf eine Polarexpedition gehen, mit Sommerkleidern und Karten der oberitalienischen Seen ausrüsten würde.» (Sigmund Freud. *Gesammelte Werke* Bd. IXV, S. 494)

Allzu hehre Moralvorstellungen müssen also über Bord geworfen werden, wenn man nicht zu den Verlierern zählen will. Es ist völlig ausreichend, fair zu sein. Bedingungslose Großzügigkeit, wahrer Edelmut, Selbstlosigkeit oder jener Stolz, der es einem verbietet, etwas anzunehmen – solche Tugenden nützen zwar anderen, schaden aber einem selbst.

Auch wird häufig übersehen, dass bedingungslose Kooperation den Partner übermäßig verwöhnt, und zwar so, dass er es überhaupt nicht zu schätzen weiß. Auch Menschen, die zum Fair Play neigen, lassen sich dazu verführen, etwas schuldig zu bleiben, wenn sie immer wieder damit durchkommen. Sie rechnen es dann ihrem unwiderstehlichen Charme an, dass man ihnen entgegenkommt, ohne etwas anderes dafür zu verlangen als die Gunst ihrer gelegentlichen Gesellschaft. Falken, die ungeschoren davonkommen, werden dadurch zu noch größerer Dreistigkeit erzogen. Es ist deshalb im Interesse aller Mitglieder einer Gruppe oder Gemeinschaft, dass mangelnde Gegenseitigkeit ‹bestraft› wird. Aus der Sicht Dritter ist Kooperation um jeden Preis also kein Zeichen von Edelmut, sondern von Schwäche. Es wird schließlich anderen überlassen, unfaire Mitspieler zurechtzuweisen. Auch dies sind Kosten, die in sozialen Beziehungen entstehen, und der bedingungslos Kooperative scheint sich diese Kosten – Auseinandersetzungen und Konflikte – sparen zu wollen.

Wie die Untersuchungen zum Gefangenen-Dilemma ergeben haben, ist ‹tit-for-tat› die angemessene Strategie im kooperativen Modus: freundlich, aber bestimmt. Man kommt dem anderen entgegen, macht aber unverzüglich deutlich, dass man sich nicht ausbeuten lässt.

Tue Gutes und rede auf jeden Fall darüber

Nüchtern betrachtet unterliegen die Beziehungen, die ein Mensch unterhält, auch den Regeln der Ökonomie. Beziehungen zu pflegen kostet Kraft, Nerven, Zeit und Geld. Dem sollte ein Nutzeffekt gegenüberstehen, der die Kosten ausgleicht oder sie, und sei es auch nur geringfügig, übersteigt: Nur dann ist die Bilanz insgesamt positiv.

Wenn zwei Menschen miteinander verabreden, gemeinsam den Abend in einem Restaurant zu verbringen, so verzichten sie damit auf irgendetwas anderes; sie nehmen eine längere Fahrtstrecke in Kauf, um ans Ziel zu gelangen; sie müssen aufgeschlossen und gesprächsbereit sein, auch wenn sie müde sind und das Bedürfnis verspüren, sich zurückzuziehen; sie geben mehr Geld für Essen und Trinken aus, als das normalerweise der Fall wäre, wenn sie zu Hause ein Käsebrot gegessen hätten, und sie riskieren es darüber hinaus, sich zu langweilen oder zu ärgern.

Der Gewinn, den sie aus der Begegnung ziehen, kann darin bestehen, dass sie sich amüsieren, wichtige Informationen erhalten, die ihrem beruflichen Fortkommen förderlich sind, eine Steigerung ihres Selbstwertgefühls wegen der offenkundigen Bewunderung des anderen erfahren, einen Sexualpartner für sich gewinnen, Rat und Hilfe bekommen oder auch nur den Eindruck, ein liebenswerter Mensch zu sein, der Rat und Hilfe bekommen wird, wenn er sie braucht.

Genau auf diese Weise wägen die meisten Menschen instinktiv Kosten und Nutzen jeder Beziehung, die sie unterhalten, gegeneinander ab. Um in unserem Beispiel zu bleiben: Auf die erste Verabredung werden sie nur dann eine zweite folgen lassen, wenn der Nutzen, den sie aus der Begegnung gezogen haben, die Kosten mindestens aufgewogen hat.

Manchen Menschen mangelt es an dieser Selbstfürsorge. Sie setzen eine Beziehung häufig auch dann fort, wenn sie nichts davon haben oder sogar Schaden davontragen. Sie scheinen die Kosten sozialer Beziehungen notorisch zu übersehen oder umgekehrt: den Nutzen konstant zu hoch zu veranschlagen. Man gewinnt den Eindruck, dass sie menschliche Nähe für einen Wert an sich halten, unabhängig davon, ob diese Nähe Gefahr oder Geborgenheit, Gewinn oder Verlust bedeutet. Sie müssen lernen, Kosten-Nutzen-Bilanzen aufzustellen, auch wenn ihnen dies moralisch verwerflich erscheint. Es haben jedoch alle Menschen das gleiche Recht auf die Wahrung ihrer Interessen und die Erfüllung ihrer Bedürfnisse. Ein erhebliches Ungleichgewicht zwischen Geben und Nehmen ist gewöhnlich schädlich – es führt zu unterdrücktem Ärger bei dem, der stets zu kurz kommt, und damit zu einer Beeinträchtigung seines körperlichen und seelischen Wohlbefindens. Aber nur wenn es uns selbst gutgeht, sind wir in der Lage, auch anderen Gutes zu tun – ein gesunder Egoismus nützt deshalb sowohl uns selbst als auch unserem Nächsten.

Eine ausgewogene Kosten-Nutzen-Bilanz setzt voraus, dass Leistung und Gegenleistung einander die Waage halten. Man muss also sowohl den Wert der eigenen Leistung als auch den Wert der Leistung des anderen einschätzen können. Da tritt nun ein auffälliges Missverhältnis zutage. Es gibt Menschen, die sich selbst und die Beiträge, die sie leisten, chronisch überschätzen – eine typische Falken-Strategie, und solche, die wenig von sich und ihren Produkten halten, eine typische Tauben-Strategie. Menschen mit solch einem geringen Selbstwertgefühl erwarten von sich selbst zu viel und von anderen zu wenig. Sie erledigen beispielsweise die Einkäufe für jemand anderen und machen kein großes Aufhebens davon: Das ist doch selbstverständlich! Ich musste sowieso zum Einkaufen, da kann ich doch auch etwas mitbringen! Sie nehmen mit dem kleineren Stück Kuchen vorlieb und dem ungünstigeren Sitzplatz, der anspruchsloseren oder schmutzigeren Arbeit, wobei sie tapfer behaupten, dass es ihnen nichts ausmache, zurückgesetzt zu werden, und auch noch selbst an diese Behauptung glauben. Wer solcherart zum Understatement neigt, für den ist es hilfreich, sich zu überlegen, wie hoch er ein- und dieselbe Leistung einschätzen würde, wenn ein anderer sie erbrächte. Stellen Sie sich vor, dass jemand für Sie die Einkäufe erledigt, weil Sie sich den Fuß verstaucht haben; dass jemand für Sie auf den freien Tag, der ihm zusteht, verzichtet oder den Papierkram für Sie übernimmt, um Ihnen den Rücken für wichtigere Arbeiten freizuhalten – welche Gegenleistung wäre angemessen, um sich zu revanchieren?

Wenn Sie aber unbedingt großzügig sein wollen, dann sorgen Sie dafür, dass andere es erfahren. Selbstlosigkeit ist dann von Nutzen, wenn sie Ihre Reputation fördert.

Der Anthropologe Michael Gurven hat das südamerikanische Jäger- und Sammler-Volk der Arche untersucht, das bis Mitte der 70er Jahre des vergangenen Jahrhunderts ohne jeglichen Kontakt zur Zivilisation war. Bei ihnen ist es üblich, die Nahrung zu teilen, und Gurven stellte fest, dass man im Hinblick auf Jagderfolg und Großzügigkeit vier Typen unterscheiden kann: philanthropische Individuen, die große Mengen an Nahrung beschaffen konnten und viel davon abgaben; gutmütige Menschen, die weniger Nahrung produzierten, aber ebenfalls großzügig abgaben; gierige Individuen, die erfolgreich waren, aber nicht teilen wollten; und ‹die, die es niemals richtig machten›, nämlich wenig Nahrung beschafften und auch nur wenig abzugeben bereit waren. Auf den ersten Blick schien es so, als ob die großzügigen Arche eine negative Kosten-Nutzen-Bilanz aufweisen würden: Sie gaben stets mehr, als sie bekamen. Auf diese Weise hatten sie sich jedoch Reputation erworben. Sie galten als großzügige, hilfsbereite Menschen. Dies zahlte sich im Krankheitsfall aus: Dann bekamen sie mehr Hilfe und Unterstützung als die geizigen Arche.

Die Bereitschaft, Nahrung zu teilen, lässt sich innerhalb einer überschaubaren Gruppe wie den Arche leicht beobachten. Die Wohltaten, die Sie erweisen, sind jedoch möglicherweise für alle anderen außer dem Empfänger unsichtbar. Wenn Sie also Gutes tun wollen, dann sprechen Sie darüber. Machen Sie es den Charity-Ladies nach, die ganze PR-Abteilungen beschäftigen, um ihren Edelmut öffentlich zu machen. Nur unter dieser Voraussetzung macht Geben ohne Gegenleistung Sinn, wenn Sie dabei nämlich Ihre Reputation fördern. Selbstlosigkeit, das Zurückstellen eigener Ziele und Prioritäten, ja sogar die Inkaufnahme von Nachteilen können dann als Werbemaßnahmen aufgefasst werden. Sie machen auf die Möglichkeiten des Werbenden aufmerksam sowie auf seine ehrliche Absicht, ein verlässlicher Freund und Partner zu sein. Es besteht allerdings die Gefahr, dass Sie mit demonstrativer Großzügigkeit Falken anlocken, die Sie für ihre eigenen Ziele einzuspannen versuchen.

Bescheidenheit ist keine Zier

Manche Menschen sind einfach grundsätzlich zu bescheiden. Andere wiederum wissen durchaus, was sie und ihre Leistungen wert sind. Dennoch erbringen sie Vorleistung über Vorleistung, ohne je auf einer Gegenleistung zu bestehen. Je mehr sie für andere tun, desto größer wird nämlich ihr Gefühl von Sicherheit. Es ist, als ob sie etwas auf ein Sparkonto einzahlen würden, das immer mehr anwächst. Sie rechnen nicht damit, dass es auch säumige Schuldner gibt. Wieder andere lassen sich moralisch erpressen. Ein guter Mensch gibt, ohne im Gegenzug etwas für sich selbst zu fordern – Geben ist schließlich seliger als Nehmen. Was Sie in jedem Fall bedenken müssen, wenn Sie allzu edelmütig sind: dass der Empfänger Ihrer Wohltaten unter Umständen alles andere als dankbar ist. Er wird vielmehr umso selbstgefälliger und anspruchsvoller, je mehr er bekommt, ohne etwas dafür geben zu müssen. Durch Ihr Entgegenkommen manövrieren Sie sich also in eine Position der Abhängigkeit und nicht etwa in die eines berechtigten Anspruchs auf Gegenleistung. Deshalb müssen Sie erstens auf einer Gegenleistung bestehen und zweitens, falls diese dennoch ausbleibt, auf die Suche nach kooperationsbereiteren Partnern gehen. Außerdem müssen Sie lernen zu wissen, was Sie wollen. Das ist die Grundvoraussetzung zur Durchsetzung Ihrer Interessen.

Das, was man Erziehung nennt, besteht großenteils in dem Versuch, Kindern ihren ‹Eigensinn› zu nehmen und sie stattdessen zur Bescheidenheit zu erziehen. Sie sollen tun, was die Eltern wollen, und das möglichst freiwillig. Eine in diesem Sinne gelungene Sozialisation lässt allerdings Menschen heranwachsen, die nicht wissen, was sie wollen. Individuelle Bedürfnisse und Wünsche, der sogenannte eigene Wille einer Person, sind nämlich die stärksten Widersacher der Fügsamkeit. Wer ein klares Ziel vor Augen hat, der widersetzt sich den Forderungen anderer mit größerer Wahrscheinlichkeit als einer, der fremden Willen zu seinem eigenen gemacht hat und schließlich gar nicht mehr weiß, was er eigentlich selbst will. Eine strenge Erziehung richtet sich deshalb in erster Linie gegen den ‹Trotz› des Kindes, also den Widerstand, den es gegen die Einrichtung eines schlechten Gewissens aufzubringen vermag, und kommt dabei nicht ohne Drohungen und Strafe aus. Dies ist der Hintergrund dafür, dass bei manchen Menschen – den allzu gut erzogenen – vor allem das Bestrafungssystem aktiviert ist. Sie bilden überwiegend Vermeidungsziele aus, das heißt, ihr Handeln ist darauf ausgerichtet, negative Konsequenzen wie Kritik, Missbilligung und Strafe zu vermeiden. Sie versuchen, es allen recht zu machen, und vernachlässigen dabei ihre eigenen Interessen – falls sie diese überhaupt kennen.

Um sich vor Ausbeutung zu schützen und um etwas zu erreichen, ist es notwendig, Annäherungsziele auszubilden: zu wissen, was man will. Das fängt bei der Formulierung an. Ein- und dasselbe Ziel kann nämlich auf unterschiedliche Weise dargestellt werden: ‹Ich möchte nicht so oft allein sein› oder ‹Ich möchte mehr Freunde haben›. Das eine ist ein Vermeidungsziel, das andere ein Annäherungsziel. Wissenschaftliche Untersuchungen haben ergeben, dass es eine große Rolle spielt, ob etwas als Vermeidungs- oder als Annäherungsziel dargestellt wird. Der Neurowissenschaftler Antonio Damasio geht davon aus, dass es Vorstellungsbilder sind, welche die Grundlage geistiger Funktionen bilden. Auch ein Ziel wird im Gehirn als Vorstellungsbild repräsentiert. Ein Vermeidungsziel aktiviert ein negatives Vorstellungsbild (allein sein), ein Annäherungsziel aktiviert ein positives Vorstellungsbild (Freunde). Wer überwiegend negative Vorstellungsbilder im Kopf hat, ist sicher in gedrückterer Stimmung als jemand, der sich von positiven Vorstellungsbildern animieren lässt. Außerdem werden zur Umsetzung von Absichten in Handlungen positive Emotionen benötigt, die eben auch nur von positiven Vorstellungsbildern ausgelöst werden. Wer überwiegend schwarzsieht, der neigt zum Grübeln, schiebt Entscheidungen auf, verpasst Chancen, weil er sie gar nicht wahrnimmt.

Wenn Sie eine überdurchschnittlich gute Erziehung genossen haben, dann müssen Sie sich also umpolen: von Vermeidungszielen auf Annäherungsziele. Sie können sich kleine, konkrete Ziele setzen, wie beispielsweise am nächsten Wochenende einen Stadtbummel zu unternehmen (wenn Sie darauf Lust haben). Oder Sie können sich überlegen, was Sie gern zum Abendessen hätten. Verbannen Sie jeden Gedanken daran, was die Lieblingsspeisen Ihres Partners sind oder was Ihre Kinder nicht essen wollen. Denken Sie ausschließlich an Ihre eigenen Vorlieben und kaufen Sie dann auch entsprechend ein. Bei einem gemeinsamen Essen im Restaurant sollten Sie sich auch nicht mehr automatisch danach richten, was andere bestellen. Wählen Sie das Gericht, das Ihnen im Augenblick verlockend erscheint. Eine andere Möglichkeit, Annäherungs- statt Vermeidungsverhalten zu trainieren, besteht darin, umfassendere Zielvorstellungen zu entwickeln, wie zum Beispiel ‹viele Freunde haben›. Solche Zielvorstellungen bewirken eine besondere Art der Aufmerksamkeit, die einem dabei hilft, Gelegenheiten, die sich zur Verwirklichung des Zieles bieten, quasi automatisch zu erkennen. Wenn Sie den freundlichen Gruß Ihres Nachbarn bislang ignoriert haben oder auf den Versuch einer flüchtigen Bekannten, sie näher kennenzulernen, nicht eingegangen sind, so werden Sie jetzt ‹spontan› reagieren.

Mit Herz und Verstand

Spätestens seit Descartes festgestellt hat: Ich denke, also bin ich, neigen wir dazu, den Verstand höher zu bewerten als die Gefühle. Wenn es darum geht, eine Entscheidung zu treffen, so versuchen wir, auf die Stimme der Vernunft zu hören, unbeeinflusst von Gefühlen, die in den Bereich des Irrationalen verwiesen werden. Dabei sind unsere Gefühle keine überflüssige Zutat zu unserem Leben, sondern wichtige Orientierungshilfen, wie der Neurologe Antonio Damasio gezeigt hat. Gefühle sagen uns, ob etwas gut für uns ist oder ob es uns schadet – und das im Bruchteil einer Sekunde. Gefühle und ihnen entsprechende Körperempfindungen sind der Niederschlag unserer Lebenserfahrungen und damit eine spezielle Form des Wissens, die der Gehirnforscher Gerhard Roth das emotionale Erfahrungsgedächtnis genannt hat.

Die Gehirngebiete, die bewusste Denkprozesse hervorbringen, sind wie ein Computer mit wenig Arbeitsspeicher. Sie funktionieren langsam und können nur wenige Daten auf einmal verarbeiten. Das emotionale Gedächtnis, dessen Prozesse unbewusst verlaufen, ist hingegen wie ein Computer mit sehr großem Arbeitsspeicher. Es kann eine sehr große Datenmenge sehr schnell bearbeiten. Die Ergebnisse, die es liefert, sind allerdings nicht so präzise und detailliert wie jene des Verstandes. Das emotionale Gedächtnis liefert die Bewertung einer aktuellen oder zukünftigen (vorgestellten) Situation nämlich lediglich nach dem digitalen Muster ‹positiv› oder ‹negativ›.

Stellen Sie sich vor, Sie machen einen Spaziergang im Wald und hängen dabei Ihren Gedanken nach. Plötzlich zucken Sie zurück, weil Sie am Wegrand etwas wahrgenommen haben, das aussieht wie eine Schlange. Ein Adrenalinstoß durchfährt Sie, Ihr Herzschlag beschleunigt sich, Sie verspüren Furcht und bereiten sich darauf vor, zu flüchten.

All diese Reaktionen laufen ab, bevor Sie bewusst nachdenken konnten. Die unbewusst arbeitenden Hirngebiete haben eine erste Situationsanalyse vorgenommen und ihren Körper in Alarm- und Fluchtbereitschaft versetzt. Nun schauen Sie genauer hin, worum es sich bei der ‹Schlange› handelt. Ihr bewusster Verstand erkennt einen Stock, der die Form einer Schlange hat.

Unser emotionales Erfahrungsgedächtnis kann uns also auch in die Irre führen. In vielen Situationen ist es jedoch dem analytischen Verstand überlegen – zum Beispiel dann, wenn es um die Beurteilung von Menschen geht. Am günstigsten ist es, wenn beide – Vernunft und Gefühl – zu den gleichen Schlussfolgerungen kommen.

Wenn Sie in Gegenwart eines anderen Menschen ein ‹ungutes Gefühl› haben oder sich Ihnen sogar die Nackenhaare aufstellen, so sind dies wertvolle Informationen, die Sie nicht unbeachtet lassen sollten, auch wenn Ihr bewusster Verstand nicht in der Lage ist zu erklären, warum Sie so reagieren. Möglicherweise stehen Sie jemandem gegenüber, dessen Absicht es ist, Ihnen zu schaden – was nur Ihr emotionales Gehirn erkannt hat. Lassen Sie sich Zeit, bevor Sie diesem Menschen Zugeständnisse machen – der Verstand arbeitet langsam. Die wichtigste Fähigkeit, um im kooperativen Modus Erfolg zu haben, besteht darin, zu erkennen, wem Sie Ihr Vertrauen schenken können und wem nicht.

2 Der Kampfmodus

2.1 Wissenschaftliche Erkenntnisse

Gemeinsam sind wir stark – aber der Starke ist am stärksten allein

Die menschliche Existenz ist gefährdet. Um das Überleben des Einzelnen und der menschlichen Art zu sichern, haben sich Menschen deshalb von jeher zusammengeschlossen und versucht, gemeinsam Mittel und Wege zu finden, das Leben zu bestehen. Das Mehr an Sicherheit, das die Gemeinschaft bietet, erkauft sich der Einzelne jedoch mit einer Einschränkung seiner persönlichen Autonomie: Sobald die Menschen sich gegen ihr gemeinsames Schicksal miteinander verbünden, stellen sich die Forderungen der Gemeinschaft der Freiheit des Einzelnen entgegen. Der Widerspruch, der zwischen den Interessen des Einzelnen und den Interessen seiner Mitmenschen besteht, lässt sich allerdings dadurch lösen, dass einer die anderen seinem Willen unterwirft: So kann er tun und lassen, was er will, und muss doch nicht auf Unterstützung verzichten. Eine überlegene Position bietet nicht nur Schutz vor den möglichen An- und Übergriffen der anderen, sondern garantiert auch, dass die eigenen Bedürfnisse befriedigt werden können, ohne dass man sich dafür um die Zustimmung oder Gunst anderer bemühen müsste.

Kooperation und Konkurrenz sind also die immer wiederkehrenden Merkmale sozialen Verhaltens. Kooperatives Verhalten verdankt sich dem Bedürfnis nach Zugehörigkeit, Konkurrenzverhalten beruht auf dem Streben nach Macht und den damit verbundenen Privilegien. In seiner gefährlichsten Variante nimmt Konkurrenzverhalten die Form von physischen Auseinandersetzungen an – der Ausgang kann tödlich sein. Zivilisiertes Konkurrenzverhalten, das nicht nur der Mensch, sondern auch alle sozial lebenden Tiere kennen, beschränkt sich zur beidseitigen Schadensbegrenzung auf den Austausch von Signalen; man spricht in diesem Fall von ritualisiertem Kampfverhalten. An die Stelle von physischen Attacken treten Imponier- und Drohgebärden, Flucht oder Niederlage werden durch Unterwerfungsgesten ersetzt und zugleich demonstriert. Das Ergebnis der Auseinandersetzung besteht darin, dass es einen Gewinner und einen Verlierer gibt und eine ursprünglich symmetrische Beziehung asymmetrisch geworden ist. Dies lässt sich besonders gut bei Eidechsen beobachten, denn Dominanz und Unterlegenheit spiegeln sich bei ihnen in unterschiedlichen Hautfärbungen wider.

Wenn zwei Menschen sich zum ersten Mal begegnen, so dauert es etwa dreißig Sekunden, bis das Machtverhältnis zwischen ihnen geklärt ist. Entscheidend ist der Blickkontakt. Wer ihn länger hält, der hat die Oberhand gewonnen. Man hat dazu folgenden Versuch gemacht: Zwei von drei Personen, die einander nicht kannten, hat man nacheinander an einen Tisch gesetzt. Zunächst befand sich zwischen ihnen eine Trennwand, sodass sie einander nicht sehen konnten. Wenn man die Trennwand entfernte, so schauten die Versuchspersonen sich an. Einer von ihnen wandte dann als erster den Blick ab – das Zeichen dafür, dass er sich geschlagen gab. Auf diese Weise ergab sich eine ‹Rangordnung› zwischen den Versuchspersonen, von der sie jedoch selbst nichts wussten. In einer anschließenden Diskussion zwischen den Versuchsteilnehmern führte jeweils der ‹Sieger› das große Wort, während derjenige, der beiden anderen unterlegen war, am wenigsten sprach. Die Redezeit eines Menschen gilt aber als einer der verlässlichsten Indikatoren für seine Stellung in der Rangordnung seiner Gruppe. Deshalb ist es manchen Menschen verboten gewesen, zu sprechen, so zum Beispiel Frauen in der Kirche oder Kindern am Tisch, die man sehen, aber nicht hören sollte. Eine Redeerlaubnis oder ein Schweigegebot sind in menschlichen Gruppen also nichts anderes als Rangzuordnungen. Bedürfnisse und Interessen lassen sich schließlich nur dann durchsetzen, wenn sie auch geäußert werden können.

Rangordnungen können sehr stabil sein. Vor etwa hundert Jahren beobachtete der norwegische Zoologe Thorleif Schjelderup-Ebbe, dass es bei den vielen Auseinandersetzungen, die sich täglich auf dem Hühnerhof abspielen, keineswegs chaotisch zugeht, sondern dass die Hühner nach einer strengen Gesetzmäßigkeit mit Schnabelhieben aufeinander herumzuhacken pflegen. Er hatte alle Hühner individuell zu unterscheiden gelernt und notierte jede Konfrontation zwischen ihnen auf ‹Hacklisten›. Zu seinem Erstaunen stellte er fest, dass bei über 1900 Vorfällen in einer Hühnerschar eine präzise Staffelung eingehalten wurde. Ein einziges Huhn ist dabei allen anderen Hühnern überlegen: Es darf jedes Huhn ungestraft hacken, selbst jedoch von keinem anderen Huhn gehackt werden. Das Huhn mit dem nächsthöheren Rang wird nur von diesem alpha-Huhn gehackt, darf aber – abgesehen vom alpha-Huhn – alle nachrangigen Artgenossen hacken. So geht die Rangfolge weiter bis hinunter zum omega-Huhn, das von allen Hühnern gehackt werden darf, selbst sich aber in keinem Fall zur Wehr setzen darf. Diese gesellschaftliche Ordnung ist als Hack- oder Rangordnung inzwischen bei vielen sozial lebenden Tierarten bekanntgeworden. Auch in menschlichen Gruppen bildet sie sich sehr schnell aus.

Rangordnungen etablieren sich bei sozial lebenden, aber aggressiven Tieren, um ein Zusammenleben zu ermöglichen, ohne dass es dabei zu schwerwiegenden Auseinandersetzungen kommt. Mit einem hohen Rang ist eine Vielzahl von Privilegien und Vorteilen verbunden. Nach einer übergeordneten Position zu streben scheint deshalb ein natürlicher Impuls zu sein, während Idee und ideal der Gleichheit aller Menschen als kulturelle Errungenschaft betrachtet werden muss, die ständig neu zu erobern und gegen die Natur des Menschen zu verteidigen ist. In seinem Essay über «Das Unbehagen in der Kultur» schreibt Sigmund Freud 1930: «Das gern verleugnete Stück Wirklichkeit hinter alledem ist, dass der Mensch nicht ein sanftes, liebebedürftiges Wesen ist, das sich höchstens, wenn angegriffen, auch zu verteidigen vermag, sondern dass er zu seinen Triebbegabungen auch einen mächtigen Anteil an Aggressionsneigung rechnen darf. Infolgedessen ist ihm der Nächste nicht nur möglicher Helfer und Sexualobjekt, sondern auch eine Versuchung, seine Aggression an ihm zu befriedigen ... Daher auch das Idealgebot, den Nächsten so zu lieben wie sich selbst, das sich wirklich dadurch rechtfertigt, dass nichts anderes der ursprünglichen menschlichen Natur so sehr zuwiderläuft.» (Sigmund Freud. *Das Unbehagen in der Kultur*, S. 240) In zivilisierten Gesellschaften stellt sich die Macht der Gemeinschaft als ‹Recht› dem Machtstreben des Einzelnen entgegen. Die erbittertsten Auseinandersetzungen finden deshalb überall dort statt, wo das Gesetz nicht greift, in kriminellen Banden und im sogenannten Privatleben, in Ehe und Familie also. Den Blicken der Öffentlichkeit entzogen wird aus ritualisiertem Kampfverhalten häufig offenes Kampfverhalten. In Kanada und den USA werden mehr Menschen Opfer von Gewalttätigkeiten in der Familie als von Autounfällen und Raubüberfällen zusammen. Während der Zeit des Vietnamkrieges, in dem 39 000 amerikanische Soldaten getötet wurden, starben 17 500 Frauen und Kinder in den USA als Folge von Gewalt in der Familie.

Rangordnungen können nicht direkt beobachtet werden – außer in formalen Hierarchien, in denen man den Rang an speziellen Abzeichen ablesen kann. Sie müssen aus dem Verhalten erschlossen werden. Menschen verfügen über eine Reihe von Indikatoren von Dominanz und Unterordnung, wie die Dauer des Blickkontakts oder der Redezeit. Ein weiterer Hinweis ist die Größe des Raumes, über den man verfügen kann. Bei Tieren gilt, dass ranghöhere Tiere ein größeres Revier kontrollieren, sich freier auf allgemeinem Areal bewegen und leichter in die Reviere anderer eindringen können. Auch ist ihnen ein größerer persönlicher Raum zugestanden, und sie nehmen die günstigeren Positionen im Hinblick auf wichtige Ressourcen ein. Beim Menschen stoßen wir auf dasselbe Muster: Menschen mit hohem Rang verfügen über mehr Raum als Untergeordnete. Sie haben die größeren Büros und Schreibtische, Häuser und Gärten und halten andere damit auf Abstand. Auch stehen ihnen die privilegierten Plätze zu, zum Beispiel die Loge in der Oper oder das Zimmer mit der besten Aussicht im Hotel. In einer beliebig zusammengesetzten Gruppe wird deshalb derjenige zum ‹Vorsitzenden› gewählt, der am Kopfende Platz genommen hat – ohne dass den Teilnehmern bewusst ist, dass die räumliche Position ihre Entscheidung beeinflusst hat. Die Beziehung zwischen Rang und Rangindikator funktioniert also in zwei Richtungen: Macht verfügt über bestimmte Insignien, die Insignien allein aber vermögen bereits den Eindruck von Macht zu erwecken. Daraus erklärt sich die Bedeutung von Statussymbolen: Mit ihrer Hilfe lässt sich ein hoher Rang vortäuschen, was nicht selten eine tatsächliche Rangerhöhung nach sich zieht.

Ein weiterer Indikator für die Rangposition eines Individuums ist die Ungezwungenheit seines Benehmens. Tiere und Menschen in alpha-Position sind entspannt und gelassen, solange sie sich nicht herausgefordert fühlen. Sie nehmen sich auch das Recht heraus, Normen und Gesetze zu übertreten, weil sie keine Sanktionen zu befürchten haben. Tiere und Menschen in untergeordneten Positionen sind dagegen angespannt und ängstlich. Sie bemühen sich, alles richtig zu machen, neigen zu Konformismus und Rigidität, weil sie auf diese Weise ihren Respekt vor den Übergeordneten zum Ausdruck bringen. Lässiges Benehmen deutet deshalb auf eine hohe Rangposition hin, das Bemühen um Anpassung an die Standards der jeweiligen sozialen Situation auf Unterordnung. Auch dieser Zusammenhang wird häufig gezielt verwendet, um eine Überlegenheit vorzutäuschen, die faktisch nicht gegeben ist – zum Beispiel von Heranwachsenden, welche die Kleidervorschriften eines bestimmten sozialen Anlasses missachten.

Der verlässlichste Hinweis auf Dominanz und Unterordnung ergibt sich aus der Beobachtung aggressiven Verhaltens. Wie auf dem Hühnerhof lässt sich auch das Verhältnis zwischen Menschen danach bestimmen, wer bevorzugt auf wem herumhackt. Aggression kann zu Macht verhelfen; und wer Macht hat, kann seine Aggression meist ungestraft ausleben. Menschen in unterlegenen Positionen unterlassen in der Regel aggressive Handlungen gegenüber einem Überlegenen. Statt sich der Gefahr eines womöglich vernichtenden Vergeltungsschlages auszusetzen, sucht sich der Frustrierte meist seinerseits wieder einen Unterlegenen, an dem er seine Wut ungestraft auslassen kann. Powerplay – der Einsatz von Aggressionen zur Selbstbestätigung und zum Erhalt des Status quo – findet fast immer von oben nach unten statt.

Dabei stellt die verbale Attacke unter zivilisierten Menschen das weitaus gebräuchlichste Mittel zur Einschüchterung dar. Im Gegensatz zur rohen Gewalt genießt der Wortangriff den Vorzug, keine sichtbaren Spuren zu hinterlassen und deshalb auch nicht die Missbilligung Dritter nach sich zu ziehen. Weil Mienenspiel, Gebärden und Lautstärke des Aggressors meist noch verraten, dass die Worte ein Ersatz für die Schläge sind, die er austeilen könnte, sind verbale Aggressionen überdies äußerst effektiv, wenn es darum geht, andere auf ihren Platz zu verweisen. Das Opfer der Aggressionen bemüht sich meist darum, die Ursachen der aggressiven Attacken, denen es ausgesetzt ist, aufzuspüren, um sie nach Möglichkeit zu beseitigen. Doch im Regelfall werden die Angriffe bei ausbleibender Gegenwehr noch heftiger, weil der Angreifer zunehmend die Oberhand gewinnt. Paradoxerweise fühlt der Angegriffene sich meist in einem diffusen Sinne schuldig. Denn, so haben wir es als Kinder im Umgang mit unseren Eltern gelernt, wenn man angegriffen wird, dann deshalb, weil man selbst böse war, und nicht etwa deshalb, weil der Angreifer böse ist. (Aus solchen Indoktrinationen können wir uns später nur mit Hilfe korrigierender Erfahrungen befreien, sei es in der Partnerschaft oder einer freundschaftlichen Beziehung, sei es in einer Psychotherapie.)

Das Überraschende an einer Rang- oder Hackordnung ist, dass die Aggressionen, die von ‹oben› nach ‹unten› weitergegeben werden, zum Gruppenzusammenhalt beitragen, anstatt ihn zu zerstören. Bei nicht in Gruppen lebenden Tieren endet ein Konflikt mit einem Artgenossen damit, dass der Unterlegene das Weite sucht. Da das Gruppenleben jedoch für viele Arten vorteilhafter ist als ein Leben als Einzelgänger, bilden sich bei sozial lebenden, aber sehr aggressiven Tieren (genau wie beim Menschen) Hierarchien: So können Über- und Unterlegene zusammenleben, ohne bei jeder Begegnung aufs Neue die Machtverhältnisse klären zu müssen. Die aggressiven Attacken des Überlegenen dienen nun nur noch der Bestätigung des Status quo – und tragen nach den Beobachtungen des Primatenforschers Frans de Waal paradoxerweise sogar zur Bindung zwischen den Gruppenmitgliedern bei. Bei jungen Tieren und Kindern verstärkt jedenfalls zurückweisendes und aggressives Verhalten der Mutter die Bindung und Abhängigkeit. Evolutionspsychologen haben dieses Phänomen mit einem Mechanismus in Zusammenhang gebracht, den sie ‹reverted escape›, Fluchtumkehr, nennen.

Der Primatenforscher Michael Chance hat beobachtet, dass bei der Begegnung zwischen zwei Gruppenmitgliedern eine ganz bestimmte Reaktionskette regelmäßig auftrat: Wenn der Unterlegene vom Dominanten angegriffen wurde, dann bestand die erste Reaktion des Unterlegenen darin, zu fliehen. Aber dann kehrte der Unterlegene zum Dominanten – also der Quelle der Bedrohung – zurück. Dabei zeigte er extrem unterwürfiges Verhalten, das den Angreifer beschwichtigen und eine weitere Eskalation des Konflikts verhindern sollte.

Von zwei Übeln kann der Unterlegene also nur das jeweils kleinere wählen. Dank der Fluchtumkehr genießt er zwar weiterhin den Schutz der Gruppe, aber er zahlt dafür einen

Preis. Da er seinem Angreifer nicht aus dem Wege gehen kann, sondern sich in dessen unmittelbarer und bedrohlicher Nähe aufhalten muss, befindet sich der Unterlegene in einem Zustand permanenter Anspannung. Er ist ständig auf der Hut und bereit, Bestrafungen zu vermeiden, indem er Unterwerfungsgesten zeigt und darauf verzichtet, Anspruch auf begehrte Ressourcen zu erheben. Bei Menschen spricht man in diesem Zusammenhang von Bescheidenheit.

Die Unterwürfigkeit des Opfers und seine Loyalität gegenüber dem Aggressor mag uns bisweilen gänzlich unangemessen erscheinen. Wenn ein Kind sich an seine Mutter klammert, die es gerade geschlagen hat, oder eine Ehefrau an der Ehe festhält, obwohl sie von ihrem Mann schlecht behandelt wird, dann handelt es sich dabei jedoch um denselben Mechanismus der Fluchtumkehr. Exemplarisch vorgeführt wurde dieser von dem Entführungsopfer Natascha Kampusch. Sie war 1998 im Alter von zehn Jahren entführt und acht Jahre lang in einem kleinen Raum hinter einer schalldichten Tresortür gefangen gehalten worden. Nach einigen Jahren durfte sie das Versteck in Begleitung ihres Entführers Wolfgang Přiklopil für gelegentliche Einkäufe und Spaziergänge verlassen. Es war ihr verboten, dabei Kontakt zu anderen Menschen aufzunehmen, und sie wagte dies auch nicht, weil Přiklopil damit gedroht hatte, sie sonst zu töten. Infolge einer Nachlässigkeit Přiklopils konnte Kampusch im August 2006 jedoch aus seinem Garten entfliehen. Als sie Přiklopils Fahrzeug reinigte und dabei Staub saugte, läutete sein Mobiltelefon. Wegen des Lärms, den der Staubsauger machte, entfernte sich Přiklopil einige Meter. Kampusch flüchtete sich zu einer Nachbarin. Eine Gelegenheit zur Flucht hatte es allerdings schon vorher gegeben. Natascha Kampusch berichtet, dass sie schon einmal unentdeckt bis zum Gartentor gelangt war. Dort hatte sie einen schweren Panikanfall bekommen, mit allen Anzeichen eines drohenden Kreislaufzusammenbruchs, der sie zwang, wieder zu ihrem Entführer zurückzukehren. Entgegen den bewussten Absichten von Natascha Kampusch haben schwere körperliche Symptome eine Fluchtumkehr erzwungen.

Manche Primaten, vor allem Schimpansen, haben Methoden entwickelt, die Ängste des Unterlegenen bei der Konfrontation mit einem Überlegenen zu beschwichtigen: Sie beenden einen Konflikt durch versöhnliche Gesten, wie Frans de Waal festgestellt hat. Wenn der Unterlegene zum Überlegenen zurückkehrt, dann wird der Überlegene ihn streicheln oder sogar umarmen. Dies hat den Effekt, dass beide sich beruhigen. Jane Goodall beschreibt, wie Affen auf das Ausbleiben einer Versöhnung mit Panik- und Wutanfällen reagieren, die bis zum Kollaps führen können.

Die starke Bindung des Unterlegenen an den Überlegenen auch unter erwachsenen Menschen belegt ein anderer Entführungsfall. Am 25. März 1996 wurde Jan Philipp Reemtsma vor der Tür seines Hauses in Hamburg niedergeschlagen und verschleppt. 33 Tage lang hielten ihn seine Entführer in einem Kellerraum gefangen, bevor Reemtsma wieder freikam. Während der Zeit seiner Gefangenschaft hatte er nur zu einem seiner Entführer Kontakt. Er brachte ihm gemischte Gefühle entgegen: Angst, Hass und auch eine mit Widerwillen und Scham empfundene ‹Liebe›, wie sie nicht nur kleine Kinder, sondern auch erwachsene Männer gegenüber ihren Peinigern empfinden.

In seinem Buch «Im Keller» spricht Jan Philipp Reemtsma von sich selbst in der dritten Person, um Distanz vom Erlebten zu gewinnen: «Wie weit geht das? Weit. Einmal hatte er die Phantasie, der Entführer sollte ihn trösten, ihn berühren, die Hand auf die Schulter legen. Es fällt mir nicht leicht, das aufzuschreiben; ihm fiel es nicht leicht, sich diesen Wunsch einzugestehen ... Bei dem Wunsch nach körperlicher Berührung ... ist die Grenze zur Unterwerfung überschritten. Das Machtverhältnis ist eindeutig. Keine Machtverteilung, sondern ein krasses Nebeneinander von Allmacht und Ohnmacht, und der Ohnmächtige, der ‹Übermächtigte›, wünscht die körperliche Zuwendung des Machthabers! Da ist auch eine phantasierte Hand auf der Schulter extrem.» (Jan Philipp Reemtsma. *Im Keller,* S. 178)

Die Tatsache, dass bedrohte Individuen aktiv einen beruhigenden Kontakt zum Aggressor suchen, gibt dem Angreifer eine extra Waffe in die Hand. Er kann nämlich Bedingungen stellen: Wenn du Kontakt mit mir willst, dann hast du Verhalten X zu zeigen oder Verhalten Y zu unterlassen. Das, was man im allgemeinen Erziehung nennt, beruht großenteils auf diesem Mechanismus.

Und bist du nicht willig, so brauch ich Gewalt

Menschen (und Tiere) in überlegener Position können diese Position nicht nur dazu nutzen, ihre eigenen Lebenschancen zu vergrößern, sondern auch dazu, die Chancen anderer zu behindern oder sie zu schikanieren.

Im Jahr 1999 töteten zwei Teenager an der Columbine High School 13 Menschen, bevor sie auch sich selbst das Leben nahmen. Weitere ähnliche Vorfälle an amerikanischen Schulen folgten, und es wurden die üblichen Verdächtigen als Ursache der Gewaltausbrüche ausgemacht: Gewalt im Fernsehen, die Verfügbarkeit von Waffen, der Niedergang der Werte in den Familien. Die aussagekräftigsten Einsichten kamen jedoch von den Schülern selbst. Sie verwiesen auf die Statushierarchien, die ihr Leben innerhalb und außerhalb der Schule vollständig definierten. Die dominanten Schüler regierten die Schule und machten gnadenlos nieder, wer ihnen nicht passte. Einer der Täter war ständig gequält worden wegen einer leichten Sprachbehinderung und auch wegen seiner Kleidung. Ein Schüler sagte: Jeder hackte auf ihm herum. Die Täter sagten: «This is for all the people who made fun of us all these years.»

Wenn man den Schülern glaubt, dann machten die Dominanten jenen das Leben zur Hölle, die sie als rangniedrig ansahen. Sie machten sie mit Worten nieder, drängten sich vor sie in eine Warteschlange oder übernahmen einfach ihren Platz, stießen absichtlich mit ihnen zusammen. Sie benahmen sich, als ob sie den privilegierten Zugang zu Ressourcen hätten und diesen auch verdienten, eingeschlossen der Aufmerksamkeit des Lehrers, der besten Plätze im Klassenzimmer oder Bus. Die Einschüchterungsmethoden, die sie verwendeten, entgingen der Aufmerksamkeit der Erwachsenen, weil, wie die Sozialpsychologin Rachel Simmons feststellte, Schüler von hohem Rang gelernt haben, ‹unterhalb des Radarschirms› zu agieren. Dies gilt vor allem für Mädchen, die ihre Geschlechtsgenossinnen schikanieren und dabei gleichzeitig den Anschein zu erwecken verstehen, sie seien die Liebenswürdigkeit in Person.

Es wird im Allgemeinen angenommen, dass aggressive Handlungen beim Menschen Schuldgefühle nach sich ziehen. Dies gilt nach der richtungsweisenden Auffassung von Sigmund Freud ja gerade als der wünschenswerte Ausgang der moralischen Entwicklung jedes Menschen: Was ursprünglich Strafangst war, soll zur peinigenden Stimme des Gewissens werden, die sich möglichst schon erhebt, bevor man einen anderen angreift, in Angst versetzt oder seine Position sonst wie zu schwächen versucht. Ist das Unrecht schon begangen, so soll uns unser Gewissen mit Selbstvorwürfen quälen, die denen, die andere gegen uns erheben könnten, in nichts nachstehen, ja umso unerbittlicher sind, als wir der Stimme in unserem Kopf nicht entfliehen können.

So weit die Theorie. In der Praxis lassen sich Schuldgefühle am ehesten bei den Menschen beobachten, die bereits zur Zielscheibe der Aggressionen anderer geworden sind und die deren als Vorwürfe getarnte Angriffe verinnerlicht haben. Es handelt sich dabei nach der Darstellung des Psychoanalytikers Mathias Hirsch insbesondere um Menschen, die als Kinder nicht erwünscht waren und von ihren Eltern offen oder verdeckt abgelehnt wurden, die wegen ihrer bloßen Existenz oder ihres vitalen Strebens nach Autonomie verfolgt wurden, sowie um Menschen, die traumatischen Erfahrungen ausgesetzt waren: körperlichem und sexuellem und emotionalem Missbrauch. Schuldgefühle entwickeln also gerade Menschen, die aufgrund massiver Einschüchterung ihren Platz in der Welt gar nicht zu behaupten und zu verteidigen wagen.

Umgekehrt lassen sich sehr aggressiv und selbstsicher auftretende Menschen selten und dann auch nur höchst ungern bei der Verfolgung ihrer eigenen Interessen von Schuldgefühlen behindern. Den Gegner ausgeschaltet zu haben wird als Sieg erlebt, nicht als moralische Niederlage, und wer einen anderen kleingekriegt hat, der wird darüber keine schlaflosen Nächte verbringen, sondern sich im Gegenteil aufgewertet fühlen. Manch einer fühlt sich einfach besser, wenn er dem Hund einen Tritt verpasst oder im Büro eine kleine Intrige angezettelt hat. Kurz: Mit dem moralischen Empfinden der Menschen ist es im Allgemeinen nicht so weit her, wie man dies gern glauben möchte. Wichtigstes Regulativ scheint immer noch die Angst vor Entdeckung und Strafe zu sein, und deshalb verwundert es nicht, dass Menschen umso weniger zu Schuldgefühlen neigen, je unangreifbarer sie ihre Position einschätzen. Manche Menschen in Machtpositionen setzen sich mitunter mit einer so unglaublichen Nonchalance über moralische Vorschriften und Gebote hinweg, dass man durchaus zu der Auffassung gelangen könnte, sie hätten kein Gewissen. Wie die Finanzkrise gezeigt hat, regt es sich bei den Verantwortlichen bestenfalls im Nachhinein, und das vermutlich auch nur, um den Anschein von Moralität zu wahren.

Der Psychologe Philip Zimbardo stellte in einem berühmten Experiment fest, dass Macht tatsächlich zum Machtmissbrauch verleitet – aber nicht jeden Menschen. Zimbardo richtete ein ‹Gefängnis› ein, wobei Studenten nach dem Zufallsprinzip zu Gefangenen beziehungsweise deren Wärtern gemacht wurden. Was als Spiel begann, eskalierte innerhalb kurzer Zeit zu tödlichem Ernst. Unter den Wärtern konnten drei Gruppen unterschieden werden: Da gab es die strengen, aber gerechten Wärter, die stets in Übereinstimmung mit den Regeln handelten. Dann gab es ein paar nette Jungs, welche die Gefangenen gut behandelten, sie nie bestraften, ihnen Gefälligkeiten erwiesen. Ein Drittel der Wärter schließlich war extrem feindselig, willkürlich und kreativ im Erfinden immer neuer Methoden der Demütigung. Sie schienen die Macht wirklich zu genießen, die man ihnen gegeben hatte. Das Experiment sollte zwei Wochen dauern, musste aber nach sechs Tagen abgebrochen werden, weil der Sadismus dieser Wärter ständig zunahm. Die

Gefangenen waren schwer depressiv und zeigten alle Anzeichen von extremem Stress. Alle Studenten waren freiwillige Teilnehmer und vor dem Experiment getestet worden: Alle waren durchschnittlich, ‹normal›. Aufgrund der Testergebnisse konnte nicht vorhergesagt werden, welche Wärter sadistisch agieren würden.

Nicht nur in Schulen oder Gefängnissen, sondern auch am Arbeitsplatz kommt es dazu, dass Mitarbeiter von Kollegen oder Vorgesetzten schikaniert werden. Es hat sich dafür der Begriff Mobbing durchgesetzt. Das häufige Auftreten von Mobbing entlarvt die Vorstellung als Mythos, dass es unter erwachsenen Menschen stets rational zuginge und im Berufsleben jeder nach seiner Leistung beurteilt werde. Gerade der Arbeitsplatz ist eine Stätte von Manipulation und Schikane. Wer mit Hilfe der Ellenbogen nach oben zu kommen oder den Aufstieg anderer zu verhindern versucht, betreibt im Fachjargon der Wissenschaftler ‹Mikropolitik›. Dazu gehören nach den Beobachtungen des Soziologen Oswald Neuberger und den Umfrageergebnissen des Soziologen Heinz Leymann die Kontrolle von Informationen und die Kontrolle von Beziehungen als wichtigste Mittel: Das Mobbingopfer wird demoralisiert, indem man ihm wichtige Informationen vorenthält oder Informationen über es verbreitet, die seinem Ruf schaden. Gleichzeitig werden Koalitionen gegen das Opfer gebildet, um es sozial zu isolieren. Dem Opfer wird verboten, sich zu äußern. Es wird ständig unterbrochen und unausgesetzt kritisiert oder auch einfach übergangen. Man weist ihm Aufgaben zu, die weit unter seiner beruflichen Qualifikation sind oder solche, die es überfordern und deshalb die Voraussetzung dafür sind, es später abmahnen zu können.

In einer Repräsentativstudie zum Mobbing in der BRD,

die Bärbel Meschkutat, Martina Stackelbeck und Georg Langenhoff 2002 durchführten, wurde festgestellt, dass es in der Mehrzahl der Fälle der Vorgesetzte ist, der mobbt (38 Prozent); in 22 Prozent bzw. 20 Prozent der Fälle ist es ein Kollege bzw. eine Gruppe von Kollegen. In 13 Prozent der Fälle tun sich Vorgesetzter und Kollegengruppen gegen das Opfer zusammen. Insgesamt ist der Vorgesetzte also in mehr als der Hälfte der Fälle beteiligt – während Mobbing von unten nach oben praktisch nicht vorkommt.

Mobbingopfer sind vom sozialen Status her unterlegen (Frauen und Mitarbeiter unter 25 Jahren werden deutlich häufiger Opfer als Männer und ältere Mitarbeiter), werden vom Mobber jedoch in Bezug auf Kompetenz, Qualifikation, Leistungsfähigkeit oft als überlegen wahrgenommen. Sie stellen also eine Bedrohung dar. Mobbing hat damit das Ziel, einen potenziellen Rivalen kaltzustellen – und dieses Ziel wird in der Regel auch erreicht. Ergebnis des Mobbing ist nämlich, dass sich die Leistungsfähigkeit der gemobbten Person ständig verschlechtert. Nun können arbeitsrechtliche Maßnahmen ergriffen werden wie Abmahnungen, Versetzungen oder die Androhung einer Kündigung. Manche Opfer kündigen selbst, willigen in einen Auflösungsvertrag ein oder werden gekündigt. Viele werden längerfristig krank oder sogar auf Dauer arbeitsunfähig. Im Mobbing-Report wird angegeben, dass 43,9 Prozent der Gemobbten erkranken, 30,8 Prozent freiwillig den Arbeitsplatz im Betrieb wechseln und 22,5 Prozent freiwillig kündigen. 4,8 Prozent erfahren eine Kündigung durch den Arbeitgeber, 6,9 Prozent werden erwerbsunfähig oder gehen in Frührente. Wie man sieht, ist Mobbing sehr effektiv, wenn man einen Mitarbeiter loswerden möchte – unter Umständen gerade einen solchen Mitarbeiter, der besonders leistungsfähig ist und die Vormachtstellung seines Vorgesetzten bedroht. Arbeitsrechtliche Schritte in Form von Versetzungen und Kündigungen treffen in der Regel die Betroffenen und nicht die Verursacher des Mobbing.

Alle sind gleich, aber manche sind gleicher

Im Gefängnisexperiment von Philip Zimbardo waren die Rollen von Wärtern und Gefangenen den Teilnehmern nach dem Zufallsprinzip zugeteilt worden – wie es etwa den Verhältnissen in feudalistischen Gesellschaften entspricht, wo die Herkunft über den Rang entscheidet. Aber auch in egalitär konzipierten Gruppen bildet sich über kurz oder lang eine Rangordnung aus. Woran liegt es, ob ein Individuum in die alpha- bzw. die omega-Position gerät oder irgendwo dazwischen angesiedelt ist? Bei Tieren ist gewöhnlich die physische Stärke ausschlaggebend, obwohl es unter Primaten auch so etwas wie die Erblichkeit des Ranges gibt (wobei der Nachwuchs den Rang der Mutter übernimmt). Körperliche Kraft spielt beim Menschen – außer in Jugendbanden – jedoch kaum noch eine Rolle bei der Rangzuweisung. Aber auch Kompetenz, Leistung und Intelligenz sind nicht entscheidend. Ein wesentlicher Faktor ist vielmehr die Fähigkeit, andere zu manipulieren, wie der Evolutionspsychologe David Buss festgestellt hat. Wenn man eine Gruppe von Menschen damit beauftragt, gemeinsam ein fiktives Problem zu lösen, dann werden unweigerlich ein oder zwei von ihnen die Diskussion beherrschen. Diese Personen verstehen es zugleich am besten, andere zu täuschen. Wenn man sie zum Beispiel bittet, eine übel schmeckende Flüssigkeit zu kosten und dann den anderen Gruppenmitgliedern weiszumachen, dass sie wunderbar schmecke, dann sind dominante Individuen viel überzeugender als andere. Wichtiger noch als die Kunst der Verstellung ist jedoch die Fähigkeit des Einzelnen, Stress zu ertragen. In Kombination mit der Bereitschaft, andere unter Druck zu setzen, ergibt sich aus einer hohen Stressresistenz die Anwartschaft auf eine ranghohe Position.

Es gibt Menschen mit einem ausgeprägten Streben nach Bindung, Anpassung und Harmonie, und es gibt Menschen mit ausgeprägtem Streben nach Machtausübung. Die einen sind, wie gesagt, friedfertig und nachgiebig und werden deshalb als ‹Tauben› bezeichnet, die anderen sind aggressiv und konfliktbereit und werden deshalb ‹Falken› genannt. Falken kämpfen um begehrte Ressourcen und riskieren dabei schwere Verletzungen oder den Tod, während Tauben Deeskalation betreiben, indem sie weglaufen, den Kontakt abbrechen, oder klein beigeben. Auch in Situationen, die nicht von Konflikten und Auseinandersetzungen geprägt sind, kann man zwei grundlegende soziale Einstellungen unterscheiden: eine fürsorgliche Einstellung gegenüber den Mitmenschen, die Aufmerksamkeit für das Gegenüber, Verzicht auf Aggressionen, Gefühle der Sympathie einschließt, und eine feindselig konkurrierende Einstellung, die auch ohne jeden Anlass zu Angriffen, Drohungen und dem Versuch führt, den anderen kleinzumachen.

Schjelderup-Ebbe hat das Treffen von zwei Hennen beschrieben, das notwendig damit endet, dass eine die andere dominiert. Obwohl das Ergebnis immer das gleiche ist, unterscheidet sich die Methode in Abhängigkeit von der Aggressivität der Hennen. Wenn beide furchtsam sind, dann ziehen sich beide zurück, und es ist diejenige, die sich zuerst erholt, welche die andere dominiert. Wenn eine Henne furchtsam ist und die andere aggressiv, dann gibt sich die Furchtsame rasch nach einer kurzen Periode der gegenseitigen Einschätzung geschlagen. Wenn beide aggressiv sind, dann hacken sie aufeinander ein, bis eine flieht; dies ist die Unterlegene. Auch wenn sich eine Hackordnung etabliert hat, hackt die Dominante in regelmäßigen Abständen weiter auf der Unterlegenen herum, anscheinend um sie auf ihrem Platz zu halten. Gegenwehr fordert erbitterte Rache heraus.

Es war der Biologe und Mathematiker Maynard Smith, der das unterschiedliche Konfliktverhalten von Individuen, seien es nun Hühner, Primaten oder Menschen, modellhaft als Tauben- und Falkenstrategie bezeichnet hat. Tauben und Falken agieren im Rahmen seiner Spieltheorie ausschließlich im Kampfmodus, während ihr Aktionsradius im vorliegenden Buch deutlich weiter gefasst wird, nämlich auch den kooperativen Modus und den Prestigemodus einschließt. Was den Kampfmodus betrifft, ist es jedoch aufschlussreich, den Überlegungen von Maynard Smith zu folgen. Demnach ist der Falke natürlich immer dann im Vorteil, wenn er es mit einer Taube zu tun hat. Trifft ein Falke jedoch auf einen Falken, so wird die Begegnung für einen von beiden mit einer schweren oder sogar tödlichen Niederlage enden. Die Taube erspart sich dagegen heftige Auseinandersetzungen, aber sie gibt auch dann klein bei, wenn sie ihren Gegner leicht besiegen könnte. So bleibt sie zwar unverletzt, verzichtet jedoch auf Chancen. Aus dieser Analyse folgt für uns, dass die optimale Strategie darin besteht, je nach den Umständen als Taube oder als Falke zu agieren. Jedes Individuum sollte über die Möglichkeit verfügen, Konflikte zu eskalieren bzw. zu deeskalieren. Dies setzt voraus, dass der Einzelne seine Chancen realistisch einschätzen kann und entsprechend handelt, anstatt einseitig entweder nur auf Sieg oder nur auf Niederlage eingestellt zu sein. Bei jeder Begegnung muss der Einzelne die Kräfte des Gegenübers abschätzen und entscheiden, ob es sich lohnt, die eigenen Interessen durchzusetzen, oder ob man klein beigeben muss, um eine Eskalation zu verhindern.

Auf der einen Seite ist es also die soziale Grundorientierung eines Menschen, die bestimmt, ob er sich kooperativ (friedfertig, entgegenkommend und kompromissbereit) verhält, oder ob er konkurrenzorientiert ist. Auf der anderen Seite ist das Verhalten des Einzelnen auch von der jeweiligen Situation abhängig, in der er sich befindet. Auch ein angriffslustiger, durchsetzungsbereiter Mensch wird nicht auf seinen Chef losgehen oder sich in eine physische Auseinandersetzung mit einem Boxweltmeister einlassen. Und selbst der friedfertigste Mensch wird anderen bisweilen Grenzen setzen und sich nicht von jedem einschüchtern lassen. Entscheidend ist, was der Einzelne von sich und seinen Fähigkeiten und Möglichkeiten hält. Maynard Smith, der die mathematische Spieltheorie auf evolutionäre Prozesse angewandt und dabei auch paarweise Konkurrenzkämpfe untersucht hat, sah sich deshalb gezwungen, eine Variable einzuführen, die sich bei der Auseinandersetzung zwischen zwei Individuen zwar nicht direkt beobachten, aber doch erschließen lässt: ‹ressource holding potential›, das Potenzial an Ressourcen, über die der Einzelne nach seiner eigenen Einschätzung verfügt. Beim Menschen können etwa Kraft, Ausdauer, Intelligenz, die Anzahl der Verbündeten, Aussehen und Gesundheitszustand, Vermögen und Ansehen zu diesen Ressourcen zählen. Sie bilden die Grundlage dessen, was man als Selbstvertrauen bezeichnet und was nach außen hin als Selbstbewusstsein oder selbstbewusstes Auftreten sichtbar wird.

Prinzipiell gilt: Je höher das Selbstwertgefühl, desto größer ist die Wahrscheinlichkeit, jemanden herauszufordern oder eine Herausforderung anzunehmen. Je geringer das Selbstwertgefühl, desto wahrscheinlicher ist ein ängstlicher Rückzug oder bescheidene Zurückhaltung. Dabei spielt allerdings nicht nur die Selbsteinschätzung des Einzelnen eine Rolle, sondern auch seine Einschätzung des Ressourcenpotenzials seines Kontrahenten. Die Informationen aus beiden Quellen müssen gegeneinander verrechnet werden, bevor es entweder zu feindseligem Dominanzverhalten oder zu beschwichtigenden Unterwerfungsgesten kommt.

Eine mögliche Komplikation besteht darin, dass ein Individuum sich selbst und/oder sein Gegenüber falsch einschätzt. Manche Menschen neigen zur Selbstüberschätzung und verfolgen deshalb auch dann eine Falkenstrategie, wo dies nicht ratsam ist. Andere tendieren dazu, sich zu unterschätzen und sich auch dann wie eine Taube zu verhalten, wo sie sich leicht durchsetzen könnten. Während die einen eher im Strafvollzug anzutreffen sind, findet man die anderen in den Wartezimmern von Psychotherapeuten und Psychiatern. Denn es gehört zum gemeinsamen Merkmal vieler ‹Neurotiker›, gleich an welchen speziellen Symptomen sie leiden mögen, dass bei ihnen die Bereitschaft, sich zu unterwerfen, zu früh ausgelöst wird. Dahinter stecken Kindheitserfahrungen. Manche Eltern lassen ihrem Kind nicht den Schutz und die Fürsorge zukommen, die es für seine Sicherheit benötigt, sondern gehen mit ihm um wie ein Dominanter mit einem Unterlegenen. Solche Eltern wenden den Kampfmodus dort an, wo der kooperative Modus der natürliche wäre. Sie behaupten sich durch Zwang, Einschüchterung und Drohungen. Ein kleines Kind kann darauf nur mit Unterwerfung und Anpassung reagieren. Im Vergleich zu einem Erwachsenen ist sein Ressourcenpotenzial erschreckend niedrig, ja es ist auf die Ressourcen des Erwachsenen angewiesen. Wenn ein Kind im Laufe der ersten Lebensjahre nie andere Erfahrungen mit Menschen gemacht hat als die einer erdrückenden und strafenden Übermacht, so behält es zeit seines Lebens die Auffassung bei, dass andere Menschen ihm überlegen sind. Die Fähigkeit, sich selbst und andere realistisch einzuschätzen, wird nicht entwickelt. Diese Fähigkeit ist jedoch die entscheidende Voraussetzung dafür, um im Kampfmodus erfolgreich zu sein.

Wer bei der ersten gegenseitigen Einschätzung zu der Auffassung kommt, dass er überlegen ist, der ‹greift an›. Wo es nicht um physische Auseinandersetzungen geht, sondern um die ritualisierte Form des Kampfverhaltens, sendet der Angreifer Dominanzsignale. Diese Signale werden in symmetrischen Beziehungen, also Beziehungen zwischen Gleichgestellten, verwendet, um eine Asymmetrie, ein Ungleichgewicht, herzustellen, aber auch in asymmetrischen Beziehungen von ‹oben› nach ‹unten›, um die Asymmetrie zu festigen, vor allem dann, wenn der Abstand zwischen Dominantem und Unterlegenem als ungenügend angesehen wird. Ein Dominanzsignal enthält zweierlei Botschaften: zum einen die Herabsetzung als solche. Zum anderen die Botschaft: Ich bin in der Lage, dir ein Signal zu geben, das nur dominante Personen an Unterlegene abgeben. Der Adressat eines solchen Signals kann es nun seinerseits mit Dominanzsignalen beantworten. Es kommt zum Streit. Will der andere einen offenen Konflikt jedoch vermeiden, weil er meint, dabei den Kürzeren zu ziehen oder die Beziehung selbst nicht aufs Spiel setzen möchte, so wird er mit Unterwerfungsgesten reagieren.

Tiere machen sich groß und breit, plustern sich auf und

schlagen sich auf die Brust, starren ihr Gegenüber drohend an oder fletschen die Zähne, um ihren Anspruch auf die überlegene Position geltend zu machen. Auch der Mensch verfügt zu diesem Zweck über eine ganze Reihe von nonverbalen Signalen, die er zum Teil willentlich steuern kann, was ihm die Möglichkeit gibt zu bluffen – wie Tieren auch. Er macht sich ebenfalls groß und breit, spricht mit lauter Stimme und hält den Kopf hocherhoben. Er schaut sein Gegenüber an, während er selbst spricht, und wendet den Blick ab, wenn der andere das Wort ergreift: Dies ist genau das Gegenteil dessen, was man bei einem freundlichen Gespräch, also im kooperativen Modus tut. Da ist es der Sprecher, der häufig wegblickt, während er sich auf seine Gedanken und deren Formulierung konzentriert, und der Zuhörer, der den Sprechenden mehr oder weniger unverwandt ansieht. Mit der Umkehrung des Blickverhaltens wird aus einem Blick, der Interesse bekundet, Drohstarren.

Dominanzsignale, die auf Größe, Gewicht und Bedeutung hinweisen, können gezielt eingesetzt werden. Ranghohe Personen und solche, die dafürgehalten werden wollen, statten sich entsprechend aus. Es gibt jedoch auch Signale, die unbewusst gesendet und unbewusst empfangen werden. Stanford Gregory und Stephen Webster von der Kent State University haben festgestellt, dass unser Sprechen von niederfrequenten Tönen begleitet wird, die Dominanz oder Unterwerfung signalisieren: Der Dominante gibt die Frequenz vor, der Unterlegene passt sich an, ebenso wie beim Gehen einer das Tempo vorgibt. Diese nonverbale Form, Status zu kommunizieren, könnte Gregory zufolge der Grund sein, warum wir, wenn wir zufällig ein Telefongespräch mithören, allein aufgrund des Tonfalls sagen können, ob am anderen Ende der Leitung ein Vorgesetzter ist oder ein Freund. Die

Untertöne unserer Worte sind, wie es der Anthropologe Edward Sapir bereits 1927 ausgedrückt hat, Teil eines elaborierten Codes, der nirgends festgehalten ist, den niemand kennt und den doch alle verstehen. Dazu gehört auch das sogenannte Plus-Gesicht, das die Psychologin G. Zivin ausgemacht hat. In einer Studie an Kindern im Vorschulalter zeigte sich, dass dominante Kinder mit hochgezogenen Augenbrauen und vorgerecktem Kinn in eine Auseinandersetzung gingen und den Blick fest auf den Gegner gerichtet hielten. Dieses Plus-Gesicht verhalf ihnen in 66 Prozent der Fälle zum Sieg. Das ‹Minus-Gesicht› – niedergeschlagene Augen und gesenktes Kinn – führte nur in 10 Prozent der Fälle zum Erfolg.

Mit der Sprache verfügt der Mensch über ein besonders wirksames und zugleich energie- und kostensparendes Instrument, um sich selbst hervorzuheben und andere niederzumachen. Prahlen auf der einen Seite, Kritik, Beleidigungen und Vorwürfe auf der anderen Seite sind allen Menschen zur Verfügung stehende Mittel, andere zu dominieren. Die Erfahrung lehrt jedoch, dass Menschen höchst unterschiedlichen Gebrauch davon machen. Was dominante Menschen kennzeichnet, das ist ihr Wille zur Macht (man könnte auch sagen: ihre Aggressivität), ihr Selbstvertrauen sowie die Fähigkeit und Bereitschaft, andere zu manipulieren.

Wer nicht kämpft, hat schon verloren

Im Kampfmodus geht es vor allem darum, den Gegner in einen Zustand körperlicher und seelischer Anspannung zu versetzen und ihn so zum Nachgeben zu zwingen. In einer beliebigen Gruppe von Menschen werden sich also diejenigen durchsetzen, die Stress am besten ertragen können und die zugleich am besten gerüstet sind, andere zu stressen, während jene am unteren Ende der Hierarchie landen, die mit Stress am schlechtesten umgehen können und geringes Interesse daran zeigen, andere unter Druck zu setzen. Psychologischer Stress ist das Vehikel, mit dem Dominanzverhältnisse geklärt werden, wenn physische Gewalt vermieden werden soll.

Die Austauschprozesse zwischen zwei Kontrahenten sind dabei häufig sehr subtil. Mitunter genügt schon das selbstbewusste Auftreten eines Menschen, um bei seinem Gegenüber sensumotorische Muster von Unterlegenheit hervorzurufen wie Blickvermeidung, Erröten oder Senken des Kopfes, was unausweichlich auch ein Gefühl der Unterlegenheit nach sich zieht. Solche Reaktionen sind unfreiwillig, das heißt, sie unterliegen nicht der bewussten Kontrolle. Wird jemand als bedrohlich wahrgenommen, so kommt es zu Unterwerfungsgesten, auch wenn der Betroffene dies eigentlich gar nicht will. Und es sind diese Unterwerfungsgesten und nicht etwa die Dominanzsignale, welche Dominanz schließlich herstellen oder bestätigen. Männern wird deshalb von Kindheit an beigebracht, jedes Anzeichen von Schwäche möglichst zu kaschieren (Jungen weinen immer noch nicht).

Auch Schimpansen legen Wert darauf, bei Auseinandersetzungen den Eindruck von Stärke unter allen Umständen aufrechtzuerhalten, wie Frans de Waal beobachten konnte. In einer Gruppe kämpften die zwei erwachsenen Männchen Nicki und Luit um die Vorherrschaft. Bei einem Kampf wurde Nicki auf einen Baum getrieben. Luit, der auf dem Boden saß, zeigte ein nervöses Angstgrinsen. Er wandte sich ab und legte eine Hand über seinen Mund, um dieses Zeichen von Unterwürfigkeit zu verbergen. Er drehte sein Gesicht Nicki erst wieder zu, als er das Grinsen von seinem Gesicht gelöscht hatte ...

Was bedeutet es für den Kontrahenten, wenn auf seine Dominanzsignale hin Unterwerfungsgesten ausbleiben oder jedenfalls nicht wahrnehmbar sind? Sein Anspruch auf die überlegene Position erfährt keine Bestätigung, und in der Folge erleidet sein Selbstvertrauen Einbußen. Dies lässt sich sogar auf neurophysiologischer Ebene nachweisen: Hier reduziert sich die Menge des Neurotransmitters Serotonin, die bei Tieren und Menschen den sozialen Status spiegelt.

Der Primatenforscher und Psychiater Michael McGuire stellte fest, dass das Serotoninniveau eines Primaten nicht von der Anzahl der von ihm ausgesandten Dominanzsignale abhängig ist, sondern von der Anzahl der empfangenen Unterwerfungsgesten. Dies konnte demonstriert werden, indem man die dominanten Tiere hinter Einwegspiegel verbannte. Sie konnten ihre Untertanen beobachten und bedrohen, selbst jedoch nicht von ihnen gesehen werden. Als Folge davon blieben die Unterwerfungsgesten der untergeordneten Tiere aus. Dieser Mangel an Bestätigung ließ das Serotoninniveau der ursprünglich dominanten Tiere stark sinken. Sie verfielen in einen Zustand, den man als Depression bezeichnen kann.

Auch beim Menschen führt der Verlust einer Machtposition zu seelischen Verstimmungen, wenn nicht gar zu schweren seelischen Störungen. Dies lässt sich gut bei den Verlierern einer politischen Wahl beobachten, die vorübergehend nicht nur ihre Fassung, sondern auch ihren Realitätssinn einbüßen können. Wie die Tierversuche nahelegen, ist es vor allem der Mangel an Respekt und Ehrerbietung, der das Selbstwertgefühl eines Menschen untergräbt, der daran gewöhnt war. Insubordination – das absichtliche Unterlassen von Unterwerfungsgesten – wird deshalb in hierarchisch strukturierten Gruppen wie zum Beispiel dem Militär (aber auch in manchen Familien) streng geahndet.

Bei fast allen Säugetieren und Primaten sind soziale Strukturen hierarchisch organisiert, wobei die Dominanten selbstsicher auftreten, mehr Annäherungsverhalten zeigen, Ressourcen verteidigen und Herausforderer bedrohen, während Unterlegene vor Angriffen von oben auf der Hut sind, überlegene Gegner meiden oder sich ihnen unterwerfen. Aus evolutionärer Perspektive hat die Stellung eines Individuums innerhalb der Rangordnung seiner Gruppe entscheidenden Einfluss auf seinen Erfolg beim Überleben und bei der Fortpflanzung. Ein hoher Status geht einher mit dem privilegierten Zugang zu Ressourcen in Konkurrenzsituationen. Außerdem genießt ein ranghohes Individuum Immunität, das heißt, es ist über jeden Angriff und jeden Vorwurf von ‹unten› erhaben. Frustrationen kann er an all jenen auslassen, die unter ihm rangieren, was sich wohltuend auf sein psychophysiologisches Gleichgewicht auswirkt. Ganz anders sieht die Situation auf den unteren Rängen aus: Omega-Individuen müssen ständig auf der Hut sein vor Angriffen, die in regelmäßigen Abständen die Hierarchie herab durchgeführt werden. Sie sind deshalb ständig in einem Zustand ängstlicher Anspannung, der sich nachteilig auf ihre körperliche und seelische Gesundheit auswirkt. Der Zugang zu benötigten Ressourcen ist ihnen erschwert, und meist leben sie am Rand der Gruppe, was sie zusätzlich der Gefahr aussetzt, von Feinden außerhalb der Gruppe angegriffen zu werden. Es ist deshalb nicht erstaunlich, dass sozial lebende Tiere und auch der Mensch danach streben, eine hohe Rangposition einzunehmen und einen Statusverlust zu vermeiden.

Wer erleidet mehr Stress? Die Entscheidungsträger oder diejenigen, die ihre Anweisungen befolgen? Manager sehen sich gern als gestresste Opfer ihrer hohen Verantwortung, aber es sind diejenigen, die unter ihnen stehen, die eher krank werden und deren Lebenserwartung niedriger ist. Dies hat der britische Epidemiologe Sir Michael Marmot in über dreißig Jahren Forschungsarbeit nachgewiesen. Im britischen öffentlichen Dienst beispielsweise – einer Institution, die laut Marmot absolut brillant darin ist, Menschen in ein hierarchisches System zu sortieren – liegt die Lebenserwartung höhergestellter Beamter im Schnitt 4,4 Jahre über jener einfacher Beamter. Entscheidende Faktoren sind dabei nicht Einkommen oder Gesundheitsbewusstsein, wie man meinen könnte. Unsere Stellung innerhalb der Hackordnung ist deshalb so wichtig, weil davon der Einfluss, den wir auf unsere Lebensumstände haben, abhängt, und unsere Chancen, uns als anerkannte Mitglieder unserer Gesellschaft zu fühlen. Das dauerhafte Gefühl von Isoliertheit und Unterlegenheit kann zu Depressionen, Herzinfarkt oder Schlaganfall führen.

Sie meinen, dass Ihr sozialer Rang Sie nicht interessiert, weil Sie an die Gleichheit aller Menschen glauben? Ihr endokrines System denkt aber anders darüber. Unterlegenheit wirkt als sozialer Stressor, der das autonome Nervensystem aktiviert. Dies stimuliert die Ausschüttung von zwei Hormonen, nämlich Cortisol und Adrenalin. Adrenalin wirkt sofort durch die Erhöhung der Herzrate und des Blutdrucks, Cortisol arbeitet langsamer, indem es die Energiereserven mobilisiert, dabei jedoch auch die Tätigkeit des Immunsystems unterdrückt. Diese Kaskade von Reaktionen auf einen Stressor nennt man Stressreaktion. Wenn der Stress nicht lange andauert, gerät der Körper bald wieder in sein psychophysiologisches Gleichgewicht. Länger anhaltender Stress, wie er mit einer dauerhaft unterlegenen Position verbunden ist, hat jedoch schwerwiegende negative Folgen für die körperliche und seelische Gesundheit.

Die enge Verbindung zwischen Status und neuroendokrinen Reaktionen ist in der Tierforschung bestens belegt. So konnte der Physiologe Jay Kaplan zeigen, dass sozialer Stress bei Primaten Arteriosklerose verursacht. Dies ist eine Verengung der Arterien durch cholesterinreiche Plaques, die zu chronischen Herzerkrankungen und auch zum Herzinfarkt führen kann. Wenn man den Rang der Tiere durch Neuordnung der Gruppen künstlich verändert, sodass einige ursprünglich rangniedrige Tiere alpha-Tiere werden und einige ranghohe Tiere am unteren Ende der Hierarchie landen, dann ist es die neue Position, die über das Ausmaß der Arteriosklerose, das sie nun entwickeln, entscheidet. Der deutsche Zoologe Dietrich von Holst, der zoologische Grundlagenforschung als Basis zum Verständnis menschlicher Erkrankungen betreibt, hat die vielfältigen Auswirkungen von sozialem (Unterlegenheits-)Stress an Baumspitzhörnchen (Tupajas) untersucht. Tupajas sind eichhörnchengroße Säugetiere, die in ganz Südostasien verbreitet sind. Sie leben paarweise in Territorien, die sie sehr heftig gegen fremde Artgenossen verteidigen. Auch in Gefangenschaft lassen sich Tupajas nur paarweise halten. Setzt man zu einem solchen Paar ein fremdes Männchen ins Gehege, so kommt es augenblicklich zum Kampf zwischen den Männchen und der Unterwerfung des Eindringlings. Obwohl es vom Dominanten nicht mehr angegriffen wird, nimmt das unterlegene Individuum drastisch an Gewicht ab, putzt sich nicht mehr, wird apathisch und stirbt nach wenigen Tagen. Sein Tod beruht auf der ständigen Anwesenheit des Siegers. Trennt man nämlich beide Tiere nach dem Kampf durch eine undurchsichtige Trennwand, so erholt sich der Verlierer schnell wieder. Fühlt er sich durch den Sieger jedoch ständig bedroht, so stirbt er an seiner Angst.

Anders ist die Situation, wenn man zwei männliche Tupajas in einem für beide fremden Käfig zusammenbringt. Nun geht es für keinen von beiden darum, sein Revier zu verteidigen. Trotzdem kommt es nach einigen Tagen zu Rangordnungskämpfen, welche die Machtverhältnisse eindeutig klären. Von Holst konnte nun feststellen, dass es zwei Arten von Verlierern gibt, die er subdominant und submissiv nannte.

Submissive Tiere verkriechen sich, hören auf sich zu wehren, werden apathisch und sterben innerhalb kurzer Zeit. Subdominante Tiere sind dagegen äußerst aktiv, sie beobachten ständig die Bewegungen des Siegers und versuchen jeder Auseinandersetzung aus dem Wege zu gehen; ist eine Konfrontation unvermeidlich, dann verteidigen sie sich. Diese Tupajas können in dieser Situation wochenlang überleben, allerdings unter schweren Einbußen ihrer Gesundheit. Als Reaktion auf den Stress, dem sie dauernd ausgesetzt sind, haben subdominante Tiere eine bleibend erhöhte Sympathikusaktivität, die sich u. a. in der Herzrate äußert. Während die Herzrate bei den siegreichen Tieren wieder auf die Ausgangswerte zurückkehrt, bleibt sie bei den subdominanten nicht nur am Tag erhöht, wenn ein Angriff des Siegers niemals auszuschließen ist, sondern auch in der Nacht, wenn sie vom Sieger getrennt schlafen. Dies macht sie anfällig für Herz- und Kreislauferkrankungen. Submissive Tiere zeigen dagegen ein Absinken der Sympathikusaktivität unter Stress und einen drastischen Anstieg der Nebennierenrindenaktivität mit Cortisolausschüttung und Immunsuppression. Unter diesen Voraussetzungen steigt das Risiko, an Krebs, Tuberkulose, Diabetes und Autoimmunkrankheiten zu erkranken.

Vielleicht neigen Sie dazu, bei ernstzunehmenden Angriffen in Verteidigungsstellung zu gehen, wie subdominante Tupajas, oder sich apathisch zurückzuziehen, wie submissive Tupajas. In jedem Fall macht es krank, wenn Sie lang andauerndem sozialen Stress ausgesetzt sind. Jede Erfahrung, die Sie machen, löst nicht nur eine emotionale, sondern auch eine körperliche Reaktion aus – tatsächlich sind beide nur zwei Seiten ein und derselben Medaille. Wenn Sie sich bedroht fühlen, dann kommt es auf physiologischer Ebene zu Stressreaktionen, die sie auf Angriff oder Flucht vorbereiten sollen. Wenn weder Angriff noch Flucht möglich ist, dann bleiben Sie in einem Zustand chronischer körperlicher Mobilisation bei gleichzeitiger Hemmung offenen Verhaltens. Ihre Widerstandskraft und ihr Leistungsvermögen sind herabgesetzt. Dies ist tatsächlich genau die Wirkung, die Ihr Aggressor (möglicherweise unbewusst) erzielen möchte. Ein derart geschwächter Gegner ist dabei, ein Verlierer zu werden.

Angriff ist immer noch die beste Verteidigung

Der Umgang mit Stress ist entscheidend im Kampfmodus. Wer schnell aus dem psychophysiologischen Gleichgewicht gerät und/oder lange braucht, um es wiederherzustellen, der beeinträchtigt nicht nur sein körperliches und seelisches Wohlergehen, sondern auch seine Chancen, sich zu behaupten. Da sich sozialer Stress nicht vermeiden lässt – es sei denn, Sie zögen sich auf eine einsame Insel zurück –, kommt es darauf an, ihn aktiv zu bewältigen.

Der Physiologe Jay Weiss hat eine Reihe von Experimenten an Ratten durchgeführt, um herauszufinden, wie man die Wirkung von Stressoren am besten abmildern kann. Seine Versuchsratten erhielten leichte Elektroschocks, die sie weder voraussehen noch vermeiden konnten. Nach ein paar Durchgängen zeigten sie die typische Stressreaktion mit einer Erhöhung der Herzrate und einer vermehrten Ausschüttung von Cortisol. Als Langzeitfolge entwickelten sie Magengeschwüre. Diese Wirkung der Stressreaktion konnte jedoch vermieden werden, wenn man den Ratten Gelegenheit gab, ihre Frustration und Erregung abzureagieren – wenn sie etwa ein Stück Holz bekamen, an dem sie kratzen konnten, etwas zu essen und zu trinken oder die Gelegenheit, im Laufrad ein paar Runden zu drehen –, dann bekamen sie kein Magengeschwür. Der beste Stresskiller besteht jedoch darin, seinen Frust an jemand anderem auszulassen. Dies machen nicht nur Ratten, es ist auch eine Spezialität von Primaten. Wenn zum Beispiel ein männlicher Schimpanse einen Kampf verliert, so schaut er sich frustriert um und attackiert schließlich einen untergeordneten Affen, der sich bis dahin ausschließlich um seine eigenen Angelegenheiten gekümmert hatte. Ein extrem hoher Prozentsatz von Primatenaggression stellt eine solche verschobene, vom Objekt des Angriffs nicht provozierte Aggression dar. Umgekehrt lässt sich die Stärke der Stressreaktionen eines Unterlegenen am besten vorhersagen, wenn man feststellt, wie oft er von Überlegenen schikaniert wird. Dabei erweist es sich als besonders wirksam, wenn die ‹Angriffe von oben› nicht vorhersehbar sind. Die Primatologin Joan Silk hat nachgewiesen, dass eine der Fähigkeiten von alpha-Affen, ihre Stellung zu behaupten, darin besteht, aus ‹heiterem Himmel›, also ohne erkennbaren Anlass, aggressiv zu sein.

Der Einsatz von Aggressionen zur Spannungsabfuhr ist auch unter Menschen weit verbreitet. Meist möchte sich der Aggressor gar keine Rechenschaft darüber ablegen, warum er gerade frustriert oder verärgert ist; es würde ihn womöglich noch mehr irritieren, wenn er sich eingestehen müsste, dass er in irgendeiner Hinsicht versagt hat oder seinerseits zur Zielscheibe von Aggressionen geworden ist, gegen die er sich nicht zur Wehr setzen konnte. Statt sich mit einem überlegenen anderen auseinanderzusetzen, sucht er ein Ventil für seine negativen Gefühle. Wenn er seinen Ärger an einem geeigneten Opfer ausgelassen hat, so löst sich damit die unterschwellige Spannung, unter der er stand. Das Ergebnis ist, dass der Aggressor sich nun wieder gut fühlt und bei nächster sich bietender Gelegenheit wieder auf diese Methode der Spannungsabfuhr zurückgreifen wird. Die Entlastung des einen führt aber zur Belastung des anderen. Wer Aggressionen ‹rauslässt›, der fühlt sich danach in der Tat oft besser; wer jedoch zur Zielscheibe solcher Aggressionen geworden ist, wird sich danach schlechter fühlen.

Die Induktion negativer Emotionen und Stressreaktionen bei einem anderen muss sich dabei nicht unbedingt lärmender Attacken bedienen. Manche Menschen verstehen sich auf äußerst subtile Methoden der Spannungsabfuhr, welche gleichwohl ihr Gegenüber stark beeinträchtigen können. Reizbarkeit, die sogenannte schlechte Laune, sie können den gleichen Zweck erfüllen wie ein offener aggressiver Ausbruch, nämlich eigene Spannungen abzubauen, während sie zugleich beim anderen aufgebaut werden. ‹Ansteckungsgefahr› besteht dabei besonders für Menschen in untergeordneten, abhängigen Positionen, die sich ebendeshalb an anderen orientieren.

Der Primatenforscher Michael Chance hat nämlich gezeigt, dass eine Dominanzhierarchie immer auch eine Aufmerksamkeitshierarchie ist. Je höher ein Tier in der Rangordnung steht, desto sorgsamer wird es von den Unterlegenen beobachtet, die auf seine Bedürfnisse eilfertig eingehen. Das dominante Tier akzeptiert diese Aufmerksamkeit als ihm zustehend und wird davon nicht gestört. Im Gegenteil: Die Aufmerksamkeit der Unterlegenen garantiert, dass die dominanten Mitglieder einer Gruppe allein dadurch Kontrolle über diejenigen mit niedrigem Rang ausüben, dass diese sich stets in der Nähe aufhalten und der Kommunikationskanal von oben nach unten stets offen ist. Ein unterlegenes Tier jedoch, das von einem dominanten angestarrt wird, erfährt dies als ängstigend und einschüchternd. Der starre Blick eines Dominanten ist gewöhnlich ein Vorwurf und aggressiv gemeint. Unterlegene vermeiden es deshalb, Aufmerksamkeit auf sich zu ziehen. Beim Menschen spricht man in diesem Zusammenhang von Schüchternheit.

Isabell erinnert sich, dass ihr Vater an ihrem zehnten Geburtstag das komplette Küchengeschirr zerbrochen hat, weil sie sich nicht ausgiebig genug über sein Geschenk gefreut hatte. «Von da an wusste ich, was Jähzorn war: Er konnte sehr plötzlich kommen, eigentlich immer, es war nicht vorhersehbar, und wenn du es überlebtest, so war das der reine Zufall. So kam es mir als Kind jedenfalls vor. Ich legte mir eine Überlebensstrategie zurecht. Das Wichtigste war, nicht aufzufallen, zumindest nicht unangenehm. Aber da man ja nie genau wusste, was angenehm und was unangenehm war, war es am sichersten, überhaupt nicht aufzufallen. Sobald Vati abends nach Hause kam, hörte ich auf, mehr als das absolut Notwendige zu sprechen. Ich achtete peinlichst darauf, die familiären Rituale einzuhalten: beim Geräusch der sich öffnenden Tür den Fernseher ausschalten, zur Tür gehen, lächeln, Vati Kuss geben, verschwinden. Beim Abendessen bitte und danke sagen, schön essen, die Hände auf den Tisch legen, nicht mit dem Stuhl wackeln, nicht als Letzte fertig sein, abräumen, verschwinden. Beim Zubettgehen Aufgaben gemacht haben, Zähne putzen, nicht gleichzeitig aufs Klo wollen wie Vati, keinen Lärm machen, nicht trödeln, Gute-Nacht-Kuss geben, verschwinden. Wir gingen alle wie auf Eiern. Ständig kontrollierten wir mit unseren Blicken seinen Gesichtsausdruck. Ein kleines Zucken mit den Augenbrauen, eine bestimmte Art zu atmen konnte ein Gewitter ankündigen. Wir waren eine fast perfekte meteorologische Vati-Beobachtungs-Station, mit hochempfindlichen Sensoren ausgerüstet, die auf das kleinste Anzeichen Alarm gaben. So hielt er uns in Schach, auch meine Mutter.» (Doris Rothen. *Hier stehe ich – rühr mich nicht an*, S. 19)

Eine wesentliche Rolle bei der Beeinflussung anderer spielt die Fähigkeit eines Menschen, Gefühle zum Ausdruck zu bringen. Dies stellten die Psychologen Howard Friedman und Ronald Riggio fest. Sie brachten jeweils drei Personen zusammen, die zuvor gefragt worden waren, wie sie sich gerade fühlten. Ihre Aufgabe bestand darin, zwei Minuten lang ruhig dazusitzen und ihren Gedanken nachzuhängen; anschließend sollten sie angeben, ob sich ihre Stimmung verändert hätte. Die Versuchspersonen durften einander ansehen, aber nicht miteinander sprechen. Was sie nicht wussten, war, dass jede Gruppe sorgfältig zusammengesetzt war: Jeweils ein Mitglied war (nach einer vorhergehenden Untersuchung) extrem ausdrucksstark, die anderen zwei waren nicht sehr expressiv.

Nach Ablauf von zwei Minuten herrschte bei den Versuchsteilnehmern jeweils die Stimmung vor, in der die ausdrucksstarke Person die Sitzung begonnen hatte, und zwar besonders dann, wenn sie in schlechter Stimmung gewesen war. Jeder Mensch scheint dazu in der Lage zu sein, Glücksgefühle an andere zu übermitteln. Aber nur ausdrucksstarke Individuen infizieren andere mit ihrer Furcht, ihrer Angst und ihrem Ärger. Ausdrucksstärke ist also eine der Voraussetzungen von Dominanz.

Den Nachweis, dass gerade seelische Spannungen von einer Person auf die andere verschoben werden können, hat der Familientherapeut Salvador Minuchin in einer aufsehenerregenden Untersuchung an zuckerkranken Kindern erbracht. Diese Kinder ließen sich im Krankenhaus durch adäquate Insulingaben gut behandeln, während es nicht gelang, ihre Diabetes zu Hause unter Kontrolle zu halten. Immer wieder mussten sie wegen lebensbedrohlicher Azidose ins Krankenhaus eingeliefert werden. Das Forscherteam um Minuchin kam deshalb auf die Idee, dass es im Elternhaus der betroffenen Kinder Belastungen geben könnte, die sich schädlich auf die Kinder auswirkten.

Um diese Hypothese zu testen, bedienten sich die Forscher eines biologischen ‹Schlüssels›, nämlich der freien Fettsäuren im Blut (FFS). Die Konzentration der FFS ist ein hervorragender Indikator für emotionale Erregung – aber sie steigt auch an, bevor ein diabeteskrankes Kind einen Anfall von Azidose erleidet. Emotionale Erregung kann also zur Erhöhung der freien Fettsäuren im Blut führen, die ihrerseits (bei einem Zuckerkranken) eine Azidose auslösen kann. Zur Untersuchung und Kontrolle der FFS wurden Kinder und Eltern ins Krankenhaus gebeten. Zunächst befasste sich Minuchin mit den Eltern allein, die er dazu veranlasste, über familiäre Konflikte zu sprechen. Später wurde das zuckerkranke Kind dazugerufen. Dabei zeigte sich, dass es bei demjenigen Elternteil, dessen FFS-Wert eine hohe emotionale

Erregung angezeigt hatte, zu einem signifikanten Rückgang dieses Wertes kam, sobald das Kind hereingebracht worden war; der FFS-Spiegel dieses Kindes stieg dagegen steil an und fiel auch später nicht mehr auf den Grundwert zurück. Ganz offensichtlich hatte also ein Elternteil seine emotionale Erregung beim Kind ‹abgeladen›, unwissentlich freilich, aber mit nachhaltiger Wirkung.

In vielen Familien besteht ein intuitives Wissen darum, dass die Stimmung in der Familie von der Laune eines bestimmten Familienmitglieds abhängt. Dieses ist so dominant, dass es ihm jederzeit gelingt, auf die Gefühlslage der anderen Einfluss zu nehmen. Handelt es sich dabei um eine ausgesprochene Frohnatur, so wirkt dieser Einfluss natürlich äußerst günstig, und die übrigen Familienmitglieder fühlen sich in seiner Gegenwart wohl. Neigt das tonangebende Familienmitglied jedoch dazu, seelische Spannungen wie Ärger und Frustration weiterzureichen, dann genügt oft schon seine bloße Anwesenheit, um die Angehörigen unter Druck zu setzen.

So weit sollte man es allerdings nicht kommen lassen. Der Stress- und Primatenforscher Robert Sapolsky hat festgestellt, dass ein erfolgreicher Umgang mit Stress zuallererst darin besteht, nicht schon auf die Erwartung einer Gefahr zu reagieren. Wer sich ständig Sorgen darüber macht, was alles passieren könnte, der leidet auch zu unbeschwerten Zeiten unter chronischen Stressreaktionen. In einer akuten Belastungssituation ist derjenige widerstandsfähiger, der die Initiative ergreift, anstatt passiv abzuwarten. Angriff ist immer noch die beste Verteidigung. Und von einer Niederlage erholt man sich am ehesten, indem man seine Frustration an einem anderen auslässt. Das gilt für Primaten ebenso wie für Menschen. Sapolsky schreibt: «Wenn Affen nur vier Stunden am Tag damit beschäftigt sind, sich Nahrung zu beschaffen, dann bleiben ihnen acht Stunden täglich, um gemein zueinander zu sein. Wenn ein Affe in der Serengeti unglücklich ist, dann liegt das fast immer daran, dass ein anderer lange und hart daran gearbeitet hat, ihn in diesen Zustand zu versetzen. Auch unser Leben ist privilegiert genug, dass wir uns den Luxus leisten können, uns gegenseitig verrückt und krank zu machen ...» (Robert M. Sapolsky. *Why Zebras don't get ulcers*, S. 266)

Es gibt jedoch noch eine andere Art und Weise, wie wir andere dazu benutzen können, den Einfluss eines Stressors zu reduzieren: durch soziale Unterstützung. Jedes Primaten- oder Menschenkind, das eine unangenehme Erfahrung macht, wird mit einer Stressreaktion darauf reagieren. Sind Artgenossen anwesend, so ist der Stress sogar noch höher, wenn es Fremde sind; sind jedoch seine Mutter oder andere Familienangehörige anwesend, so fällt die Stressreaktion deutlich geringer aus. Es hilft wirklich, eine Schulter zu haben, an der man sich ausweinen kann, eine Hand zu halten oder in den Arm genommen zu werden – vorausgesetzt, der andere ist einem wohlgesinnt. Das gilt nicht nur für Kinder. In einer berühmt gewordenen Untersuchung der Medizinsoziologen Lisa Berkman und Leonard Syme wurden in Kalifornien 6900 Erwachsene über neun Jahre hinweg beobachtet. Insgesamt 8 Prozent von ihnen starben während dieses Zeitraumes. Innerhalb der verschiedenen Altersgruppen zeigten jeweils die Personen mit den geringsten sozialen Bindungen die höchste Sterblichkeitsrate. Am deutlichsten war dies bei Männern, die zu Beginn der Untersuchung zwischen 50 und 59 Jahre alt waren: 9,6 Prozent aus der Gruppe mit starken Bindungen starben, während aus der Gruppe mit den schwächsten Bindungen 30,8 Prozent starben.

Ausschlaggebend ist allerdings nicht die Bindung an sich, sondern die Qualität der Bindung. Das zeigen sehr eindrucksvoll von Holsts Tupajas. Sie leben in der Natur paarweise in Revieren. Bringt man ein Männchen und ein Weibchen künstlich zusammen, so kommt es in 20 Prozent der Fälle zu heftigen Kämpfen und zum Tod eines der beiden Tiere. In 60 Prozent der Fälle verläuft die Begegnung friedlich, Männchen und Weibchen gehen sich aber weitgehend aus dem Wege. In 20 Prozent der Fälle ergibt sich eine harmonische Paarbeziehung mit engem Kontakt. Unharmonische Paare zeigen keine der für harmonische Partner typischen Verhaltensweisen wie gemeinsames Ruhen, gegenseitiges Markieren und Begrüßungslecken, leben aber jahrelang ohne Anzeichen von Aggression zusammen. Sie bekommen jedoch selten Nachwuchs und zeigen chronische Stressreaktionen, die sich an einer erhöhten Herzrate, hohen Cortisolwerten und einem geschwächten Immunsystem ablesen lassen. Werden die Partner eines unharmonischen Paares wieder getrennt, so erreichen diese Parameter innerhalb weniger Tage bis Wochen wieder ihre Ausgangswerte. Genau das Gegenteil findet man bei harmonischen Paaren: Ihre Werte verbessern sich durch das Zusammenleben. Besonders bedeutsam ist die bleibende Reduzierung der Herzrate, da beim Menschen Personen mit erhöhter Pulsfrequenz besonders gefährdet sind, an Herzversagen zu sterben.

Du machst mich noch verrückt!

Die Qualität unserer sozialen Beziehungen beeinflusst nicht nur unser körperliches, sondern auch unser seelisches Wohlbefinden. Tatsächlich ist beides nicht voneinander zu trennen. Die Aufspaltung des Menschen in Leib und Seele oder in Körper und Geist, wie sie vor allem seit Descartes das abendländische Denken bestimmt, ist nach den neuesten Forschungsergebnissen nicht länger haltbar. Unsere Reaktionen auf unsere Umwelt sind psychophysiologisch, das heißt, den emotionalen und geistigen Reaktionen entsprechen physiologische Prozesse. Wer sich im psychophysiologischen Gleichgewicht befindet, der fühlt sich wohl, hat die Energie, das zu tun, was er tun möchte, der denkt klar, verfolgt seine Ziele effizient und hat keine seelischen Beschwerden. Er befindet sich, so die Neurologen Michael McGuire und Alfonso Troisi, in einem Zustand der Ausgeglichenheit. Sozialer Stress aktiviert nicht nur unser autonomes Nervensystem, sondern führt auch zu Störungen des zentralnervösen Neurotransmitter-Stoffwechsels und damit zu psychischen Störungen: Wir geraten aus dem psychophysiologischen Gleichgewicht und sind nicht mehr in der Lage, optimal zu funktionieren. Dem Betroffenen fällt es nun schwer, eigene Ziele zu identifizieren geschweige denn zu erreichen, er hat Schwierigkeiten, sich zu konzentrieren, wiederholt Handlungen, auch wenn sie sich bereits als ineffektiv erwiesen haben, und entwickelt Symptome wie Angstzustände, Depression, Ärger und Langeweile. Dies alles ist die Folge sozialer Interaktionen, die unser inneres Gleichgewicht stören. Es ist deshalb nicht erstaunlich, dass Menschen und Tiere die Nähe jener Artgenossen suchen, bei denen sie sich wohl fühlen, das heißt, deren Verhalten einen positiven Einfluss auf ihren psychophysiologischen Zustand hat. Es gibt Menschen, in deren Gegenwart man sich entspannt, unbefangen und zuversichtlich fühlt, und es gibt Menschen, in deren Gegenwart man unruhig, ängstlich und körperlich angespannt ist. Vielleicht stellen sich sogar die

Nackenhaare auf, der Magen beginnt zu drücken oder Kopfschmerzen stellen sich ein. Solche Menschen sucht man natürlich nach Möglichkeit zu meiden.

Das Problem besteht nun darin, dass der Einzelne sich seine soziale Umwelt nicht immer aussuchen kann. Ganz offensichtlich gilt dies für das kleine Kind, aber auch Erwachsene sind nicht selten in sozialen Beziehungen gefangen, die ihnen schaden, weil sie hochgradig konkurrenzorientiert, äußerst fordernd und zugleich zurückweisend und wenig unterstützend sind. In einem solchen sozialen Umfeld ist es nahezu unmöglich, einen regulierten Zustand beizubehalten. Vor allem intime Beziehungen, in denen der Kampfmodus vorherrschend geworden ist, bringen denjenigen, der in die unterlegene Position geraten ist, in Gefahr, sein seelisches Gleichgewicht zu verlieren.

Das liegt daran, dass Menschen soziale Wesen sind, die auf enges Zusammenleben programmiert und deshalb äußerst empfänglich für die Signale ihrer Artgenossen sind. Diese Signale beeinflussen den seelischen und physiologischen Zustand des Empfängers. Wenn sie überwiegend negativ sind, also bedrohlich und herabsetzend, dann gerät der Empfänger aus dem Gleichgewicht. Dies ist mit unangenehmen Gefühlen und Gedanken verbunden und erhöht die Wahrscheinlichkeit einer seelischen Erkrankung. Auf physiologischer Ebene lassen sich die typischen Reaktionen des Körpers auf Stress feststellen, also ein aktiviertes autonomes Nervensystem und eine erhöhte Cortisolausschüttung, welche die Aktivität des Immunsystems herabsetzt.

Es hängt von der Position des Einzelnen ab, ob und wieweit er sich nun wiederum anderer bedienen kann, um sich zu regulieren. Je überlegener die Position, desto eher kann sich ein Mensch seine seelische Gesundheit und sein körperliches Wohlbefinden auf Kosten anderer erhalten. An einem Unterlegenen kann man seine Aggressionen ungestraft auslassen, bei ihm kann man Ängste, Gefühle der Schwäche und der Minderwertigkeit deponieren, ihn kann man dazu zwingen, Verhaltensweisen und Rollen zu übernehmen, die man zur Aufrechterhaltung des eigenen seelischen Gleichgewichts braucht. ‹Normalität› erweist sich also als eine Machtfrage: nicht nur deshalb, weil der Überlegene bestimmt, was als normal anzusehen ist und was nicht, sondern auch deshalb, weil der Überlegene den Unterlegenen so weit unter Druck setzen kann, dass dieser tatsächlich ‹dekompensiert›, das heißt, zeitweilig oder dauerhaft die Fassung verliert.

Stressresistenz, also die Fähigkeit des Einzelnen, Belastungen standzuhalten, ist, wie wir gesehen haben, ein ausschlaggebender Faktor für den Erfolg in sozialen Auseinandersetzungen. Sie ist genetisch vorbestimmt, durch Umweltbedingungen jedoch modifizierbar. Stephen Suomi hat sich mit Rhesusäffchen beschäftigt und dabei festgestellt, dass ca. 20 Prozent von ihnen ‹high reactors› sind, also leicht erregbar. Wenn man sie in eine neue Umgebung bringt, die andere begeistert untersuchen, dann reagieren sie mit Furcht und einer großen Ausschüttung von Glukokortikoiden. Bringt man sie mit unbekannten Spielkameraden zusammen, so erstarren sie vor Angst; trennt man sie von ihren Bezugspersonen, verfallen sie in eine Depression. Dieses Muster beginnt in der frühen Kindheit und wird ein Leben lang beibehalten. Die hohe Reaktivität dieser genetisch vorgeprägten Äffchen konnte jedoch unterbunden werden, wenn man sie von Adoptivmüttern aufziehen ließ, deren mütterliche Fähigkeiten besonders ausgeprägt waren (Suomi nannte sie «Super-Mamas»). Die Adoptivkinder dieser Mütter entwickelten sich ganz ausgezeichnet. Sie waren den ‹normalen› Jungen sogar voraus. Später in der Entwicklung, nachdem alle Jungen von ihren Müttern getrennt worden waren, waren sie besonders fähig, mit anderen Affen Allianzen einzugehen, und die meisten von ihnen erreichten in ihrer jeweiligen Gruppe Spitzenpositionen. Die von den leiblichen Müttern aufgezogenen Risikokinder landeten dagegen in der Regel am unteren Ende der Dominanzhierarchie.

Auch unter Menschen gibt es deutliche Unterschiede in der Erregbarkeit, das heißt in der Empfänglichkeit für Umweltreize. Die Stressresistenz des Einzelnen ist also zunächst einmal eine Frage der Veranlagung. Ebenso wie Suomis Rhesusäffchen kommen auch manche Menschen mit einer Tendenz zu negativen Emotionen und zur leichten Aktivierbarkeit von Stressreaktionen zur Welt. Daran sind mehrere Gene beteiligt, unter anderem das Serotonin-Transporter-Gen. Wer hier das weniger effiziente ‹kurze› HTT-Allel ererbt hat (etwa 20 Prozent der westlichen Bevölkerung), bei dem kommt es zu einer geringeren serotonergen Funktion. Serotonin hat eine ausgleichende, beruhigende Wirkung, fördert also die Stressresistenz. Dies ist ein klarer Hinweis darauf, dass wir genetisch mit unterschiedlichen Anpassungsfähigkeiten ausgestattet sind. Tierexperimentelle Studien wie die von Suomi an Rhesusäffchen zeigen jedoch, dass ein optimales mütterliches Verhalten einen wesentlichen ausgleichenden Einfluss hat. Es gilt also das Zusammenspiel von Anlage und Umwelt.

Der Psychologe Klaus Grawe entwirft in diesem Zusammenhang typische Entwicklungsverläufe. Ein Säugling mit einem kurzen Allel des Serotonin-Transporter-Gens ist sehr viel schwerer zu beruhigen als ein genetisch robustes Kind.

Er stellt deshalb höhere Anforderungen an seine Mutter. Wenn die Mutter aufgrund ihrer eigenen genetischen und biographischen Ausstattung Schwierigkeiten hat, optimal auf das Kind einzugehen, wird das Kind, wenn es die negativen Emotionen und die Störbarkeit zeigt, zu denen es anlagemäßig neigt, nicht beruhigt werden. Das Kind erfährt nur selten Momente der Entspanntheit, Ausgeglichenheit, Zufriedenheit und Geborgenheit. Stattdessen befindet es sich oft auf einem hohen negativen Erregungsniveau, das zu regulieren ihm später ebenso wenig gelingt wie vorher der Mutter. Die Folge davon ist eine geringe Stressresistenz. Trifft der gleiche Säugling jedoch auf eine Mutter, die optimal auf seine Bedürfnisse und Gefühlslagen eingehen kann, so wird das genetisch bedingte Defizit ausgeglichen.

Umgekehrt gilt: Auch bei guten Erbanlagen erlangen Kinder, die schwer vernachlässigt oder misshandelt und missbraucht werden, keine hohe Stressresistenz. Emotionaler Schutz ist immer wichtig. Die grundlegenden Formen der physiologischen und emotionalen Regulation bilden sich nämlich schon sehr früh in der Entwicklung heraus. Wer in dieser Zeit immer wieder länger andauernden Erfahrungen unkontrollierbarer aversiver Reize ausgesetzt ist (mangelnde Zuwendung, mangelnde Bedürfnisbefriedigung, Misshandlung und Missbrauch), der reagiert darauf mit autonomer Übererregung und überschießenden hormonellen Stressreaktionen. Es kommt nicht zur Etablierung der negativen Rückkoppelungsprozesse, die das neuronale System normalerweise vor dieser überschießenden Erregung und ihren negativen Folgen schützen. Stattdessen werden diese überschießenden Stressreaktionen mit der Folge einer meistens lebenslang stark reduzierten Stresstoleranz gebahnt, also ausgebildet.

Anlagen und frühkindliche Umwelt entscheiden also über die individuelle Stressresistenz – und damit auch über die Lebenschancen des Einzelnen. Michael McGuire und Alfonso Troisi haben das Verhalten von sensiblen und von robusten Menschen – Tauben und Falken also – in zwei unterschiedlichen sozialen Kontexten miteinander verglichen, nämlich in einer kooperativen und einer konkurrenzorientierten sozialen Umgebung. Der soziale Stress ist im Kampfmodus natürlich ungleich höher als im kooperativen Modus.

In einem kooperativen sozialen Umfeld sind deshalb sowohl Tauben als auch Falken in einem ausgeglichenen Zustand, obwohl Tauben möglicherweise weniger im Gleichgewicht sind als Falken. Im konkurrenzorientierten Umfeld geraten Tauben und Falken in einen Zustand der Unausgeglichenheit: Sie werden angespannt, ängstlich, depressiv, gelangweilt und sind überwiegend mit negativen Gedanken beschäftigt.

Der entscheidende Unterschied zwischen Tauben und Falken besteht nun darin, wie sie auf diese Situation reagieren. Prinzipiell gibt es zwei Möglichkeiten, die eigene Lage zu verbessern und eine weitergehende Deregulierung zu vermeiden: Man kann sein Verhalten so verändern, dass die Bezugspersonen ebenfalls anders reagieren müssen. Ziel ist ein Zugewinn an Dominanz und Selbstbestimmung und damit auch die Wiederherstellung des psychophysiologischen Gleichgewichts. Die andere Möglichkeit besteht darin, das soziale Feld zu verlassen und in ein kooperatives Umfeld zu wechseln, in dem die Beziehungen weniger belastend und stärker unterstützend sind. Falken nutzen – je nach den Umständen – eine dieser beiden Optionen. Tauben bleiben jedoch passiv. Sie sind weder in der Lage, ihre soziale Strategie zu ändern, noch schaffen sie es, ein soziales Umfeld zu verlassen, das ihnen mehr Schaden als Nutzen bringt. Trotz besserer Einsicht verharren Tauben in einer für sie unhaltbaren Situation.

Gelernte Hilflosigkeit

Die Ursache dieses Resignierens hat der amerikanische Sozialpsychologe Martin Seligman durch eine Zufallsbeobachtung entdeckt. Seligman berichtet, wie er als Student in ein Labor kam, in dem gerade große Aufregung herrschte, weil ein Tierversuch einen völlig unerwarteten Ausgang genommen hatte. Dort hatte man Hunde einer Konditionierungsprozedur unterzogen: Man hatte ihnen jeweils einen hohen Ton vorgespielt und ihnen kurz danach einen leichten elektrischen Schlag versetzt, dem sie nicht entkommen konnten. Wie erwartet löste schon nach einigen Durchgängen der Signalton allein Angst aus. Nun sollte geprüft werden, ob die Konditionierung auch in anderen Situationen wirksam war. Doch dieser Versuch erwies sich als undurchführbar. Die Hunde rührten sich nicht mehr. Irgendetwas stimmte nicht mit ihnen. Seligman vermutete als Ursache für die Passivität der Hunde ‹gelernte Hilflosigkeit›: Die Hunde hatten gelernt, dass nichts, was sie taten, den elektrischen Schlag verhindern konnte. Warum sollten sie es also weiter versuchen?

Diese Theorie wurde in einem weiteren Experiment getestet. In einem ersten Teil wurden Hunde einem ‹Hilflosigkeitstraining› ausgesetzt, wie es oben beschrieben worden ist. Am nächsten Tag wurden die Hunde in einen Käfig gesetzt, der durch eine niedrige Barriere in zwei Teile geteilt war. Es ertönte wieder der Signalton, doch diesmal konnten sich die Hunde dem elektrischen Schlag durch einen Sprung über die Barriere leicht entziehen. Normale Hunde, die keinem Hilflosigkeitstraining ausgesetzt worden waren, lernten dies nach wenigen Durchgängen. Anders die ‹trainierten› Hunde. Sie legten sich winselnd hin und versuchten nicht ein einziges Mal, den Stromschlägen zu entkommen. Sie waren auch nicht mehr in der Lage, mit anderen Hunden um Futter zu konkurrieren oder sich vor deren Aggressionen zu schützen.

Ähnliche Reaktionen gelernter Hilflosigkeit wurden bei Nagetieren, Katzen, Vögeln, Fischen, Insekten, Primaten und Menschen nachgewiesen. Sie lassen sich erstaunlich leicht erzeugen. In einer Untersuchung von Donald Hiroto wurden Studenten entweder kontrollierbarem oder unkontrollierbarem Lärm ausgesetzt. Anschließend bekamen sie eine Aufgabe gestellt, bei der die richtige Lösung den Lärm abstellte. Die Gruppe, die zuvor unkontrollierbarem Stress ausgesetzt worden war, war dabei deutlich weniger erfolgreich. Gelernte Hilflosigkeit zieht nämlich einen Verlust der Motivation nach sich. Wer gelernt hat, dass sein Handeln keinen Einfluss hat, für den gibt es keinen Grund mehr, es dennoch zu versuchen. Deshalb ist der Handlungsantrieb bei ‹Hilflosen› sehr gering. Sie neigen zu Passivität und Apathie. Außerdem ist ihre Fähigkeit beeinträchtigt, Chancen zur Verbesserung ihrer Lebensumstände wahrzunehmen. Der Mangel an Kontrolle, dem die ‹Hilflosen› ausgesetzt waren, führt im Ernstfall zunächst zu Angstzuständen und dann in die Depression.

Im wirklichen Leben sind es selten elektrische Stromschläge, die Angst und Depression erzeugen, sondern vor allem unsere Mitmenschen. Wir werden von anderen verlassen und verraten, belogen und betrogen, angegriffen, gedemütigt, ausgenutzt und überfahren. Wer im Kampfmodus unterliegt, so die Theorie des schottischen Psychiaters John Price, der ist anfällig für Depressionen, Angstzustände und Selbstzweifel. Sie stellen einen angeborenen Mechanismus des Nachgebens in Konkurrenzsituationen dar, dem wir auch unfreiwillig erliegen. John Price war der Erste, der die Ähnlichkeit bemerkte zwischen depressiven Patienten und Tieren, die in Rangauseinandersetzungen verloren hatten und in eine unterlegene Position gezwungen worden waren. So schreibt beispielsweise Schjelderup-Ebbe über ein besiegtes Huhn: «Sein Verhalten änderte sich vollkommen. Tief deprimiert, unterwürfig, mit hängenden Flügeln und den Kopf im Staub, ist es – jedenfalls direkt nach seiner Niederlage – vollkommen gelähmt, obwohl man keine physische Verletzung erkennen kann. Der Widerstand des Vogels scheint gebrochen zu sein, und in manchen Fällen sind die Wirkungen der psychologischen Bedingungen so stark, dass der Vogel früher oder später in Schwermut verfällt ...» (Thorleif Schjelderup-Ebbe. *Beiträge zur Sozialpsychologie des Haushuhns*, S. 230)

Nach der Rangtheorie der Depression, die John Price und Anthony Stevens entwickelt haben, hält die Depression das Individuum davon ab, einen neuen Angriffsversuch zu starten, indem sie aggressives Verhalten gegenüber Rivalen und Überlegenen (nicht aber gegenüber Unterlegenen) hemmt und ein subjektives Gefühl des Unvermögens herstellt. Das Verhalten des Betroffenen signalisiert ‹keine Bedrohung› zu Rivalen und ‹out of action› zu Verwandten oder Verbündeten, die das Individuum möglicherweise in die Kampfarena zurücktreiben wollen, damit es sich für ihre Belange schlägt. Zudem versetzt die Depression das Individuum in einen mentalen Zustand des Aufgebens, was die Annahme der Niederlage befördert und Verhaltensweisen der Unterwerfung hervorbringt. Dies führt zu einer Beschwichtigung des Kontrahenten und damit zu einer Beendigung des Konflikts. Die depressive Unterwerfungsreaktion entwickelte sich nach Ansicht von Price, weil sie es Individuen erlaubte, Gruppenmitglieder zu bleiben auch zu Zeiten, wo die soziale Situation ungünstig für sie war. Wer nicht die Fähigkeit zur depressiven Unterwerfung besaß, der wurde getötet oder aus der Gruppe ausgeschlossen. Man könnte also sagen, dass Depression im ritualisierten Kampfverhalten die gleiche Funktion erfüllt wie der Tod im offenen Kampfverhalten.

Depressive Unterwerfung kann akut oder chronisch sein. In der chronischen Form, die jene Individuen charakterisiert, die nie einen übergeordneten Rang erlangen und die dieses Schicksal nicht ‹freiwillig› akzeptieren können, besteht sie in der depressiven Neurose oder in Persönlichkeitsstörungen, die durch niedriges Selbstwertgefühl, Angst, Antriebsmangel und Entscheidungsunfähigkeit gekennzeichnet sind. In der akuten Form, die bei Individuen auftritt, die einen Rangverlust erleiden, nimmt sie die Form einer schweren Depression an.

Wenn man Depression im Kontext von sozialen Rangordnungen betrachtet, dann wird man sich der Tatsache bewusst, dass es für soziale Lebewesen einen gewaltigen Unterschied macht, ob ein Akt der Feindseligkeit nach oben oder nach unten gerichtet wird. Wie der Psychologe Jack Hokanson herausfand, hat Aggression nur dann eine Stress reduzierende Wirkung, wenn sie gegen einen Unterlegenen gerichtet ist. Einem Überlegenen gegenüber aggressiv zu sein ist eine angstbesetzte Handlung, die keinesfalls Erleichterung bewirkt. Auch depressive Patienten, die allgemein aggressionsgehemmt wirken, äußern ihre Feindseligkeit ausschließlich nach ‹unten›, zum Beispiel gegenüber ihren Kindern. Die depressiven Patienten selbst sind häufig ebenfalls Objekt beständiger Schikane von ‹oben› nach ‹unten› durch einen dominanten Ehepartner. Der unterlegene Partner befindet sich in der gleichen Situation wie Hunde mit gelernter Hilflosigkeit, die Strafreizen nach dem Zufallsprinzip ausgesetzt sind und darüber keine Kontrolle haben. Manchmal scheint er eine schwere depressive Episode zu erleiden als Folge besonders heftiger Attacken, entweder weil der dominante Partner seinerseits in einer anderen Beziehung attackiert wurde und die Aggression nun nach unten weitergibt, oder weil der Patient sich um Gleichberechtigung oder Freiheit bemüht hat und nun zurechtgewiesen wird. Der Patient ist in der unglücklichen Beziehung gefangen, weil seine Depression ihn daran hindert, auszubrechen oder einen neuen Partner zu suchen. In der Vorgeschichte findet sich häufig ein Training in gelernter Hilflosigkeit: In einer Umgebung zu sein und aufgewachsen zu sein, die feindlich oder missbrauchend ist und in der eine Person Gegenstand ständiger Konflikte und Herabsetzungen ist, ist typisch für Depressive.

Der dominante Partner ist zwar daran interessiert, den anderen kleinzuhalten, aber der Unterwerfung des anderen sind insofern Grenzen gesetzt, als er auch nützlich sein kann. Von der Warte des Überlegenen aus gesehen soll der Unterlegene ausreichend depressiv sein, so John Price, um den Überlegenen nicht herauszufordern, aber nicht zu depressiv, um nicht mehr im Alltag zu ‹funktionieren› oder auf die Herausforderung eines Dritten zu reagieren. Und so wird die Stimmung des anderen sorgfältig ‹eingestellt›, indem er mit dem Waffenarsenal von Zuckerbrot und Peitsche einerseits niedergemacht, dann aber auch wieder ein bisschen aufgerichtet wird. Idealerweise sollte dem Unterlegenen die Entschlusskraft fehlen, in eigener Sache zu kämpfen, aber die Fähigkeit erhalten bleiben, sich für den dominanten Partner einzusetzen.

Die Therapeutin Susan Forward schreibt über ihre Ehe: «Nach außen hin wirkte ich selbstbewusst und ausgefüllt – eine Frau, die alles erreicht hatte. Den ganzen Tag lang, ob in meinem Büro, im Krankenhaus oder in der Beratungsstelle, wo ich praktizierte, arbeitete ich mit Menschen, um ihnen zu helfen, ihr Selbstbewusstsein und das Gefühl von Kraft wiederzufinden. Doch zu Hause war alles ganz anders. Mein Mann war charmant, sexy und romantisch, und ich hatte mich gleich bei unserem ersten Treffen wahnsinnig in ihn verliebt. Doch bald musste ich entdecken, dass er eine Menge Wut in sich aufstaute und es fertigbrachte, mich klein, unterlegen und unausgeglichen zu fühlen. Er bestand darauf, alles, was ich tat, glaubte und fühlte, zu kontrollieren ... Die Susan, die abends nach Hause ging, krümmte sich wie ein Wurm bei dem Versuch, einen Wutausbruch ihres Mannes zu vermeiden. Diese Susan redete sich immer wieder ein, er sei doch ein wunderbarer und aufregender Mann, und wenn etwas nicht stimme, müsse es ihre eigene Schuld sein ... Je häufiger er mich lieblos und selbstsüchtig nannte, umso mehr versuchte ich, ihn zu besänftigen, durch Entschuldigungen, Kapitulation und bewusste Sabotage meiner Karriere ... Ich hatte unsere Ehe als fröhliche, kraftvolle Person begonnen, und jetzt, vierzehn Jahre später, war ich ängstlich und oft am Rande eines Tränenausbruchs ...» (Susan Forward. *Liebe als Leid*, S. 14)

Für einen Außenstehenden ist es oft schwer zu verstehen, warum jemand an einer Beziehung festhält, die ihn ganz offensichtlich unglücklich macht. Zum einen wird der Unterlegene jedoch durch seine Depression am Ausbrechen gehindert. Zum anderen reagiert er oft falsch auf die Signale und Verhaltensweisen des Überlegenen, weil der Unterlegene am kooperativen Modus festhält, während sein Partner auf den Kampfmodus umgeschaltet hat.

John Price sieht den typischen Verlauf verbindlicher Paarbeziehungen als Paradebeispiel für den Umschlag vom kooperativen in den Kampfmodus beim Menschen an. Zu Beginn partnerschaftlich organisiert, scheint es in der ersten Zeit, dem ‹honey moon›, keine Konflikte zu geben. Jeder ist bemüht, auf die Bedürfnisse des anderen einzugehen. Früher oder später stellen die Partner jedoch fest, dass sie nicht in jeder Hinsicht übereinstimmen, und Konflikte treten auf. Meist geht es um banale Angelegenheiten, und es ist schwierig für die Betroffenen zu verstehen, warum sie sich über Nichtigkeiten so aufregen können. Die Auseinandersetzungen nehmen eine stereotype Form an, mit immer denselben Beschwerden, häufig über Dinge, die schon lange zurückliegen. Oft wird die Mutter des Partners angegriffen. Dann können zwei Dinge passieren. Entweder kommt es zur Versöhnung und zur Rückkehr in den kooperativen Modus. Oder die Versöhnung misslingt, und die Partner machen sich gegenseitig das Leben schwer durch offene Kritik, brütendes Schweigen und unausgesprochene Vorwürfe. Sie kämpfen vielleicht nicht, aber sie sind auf Kampf eingestellt. Falls es nicht zu einer Trennung oder Scheidung kommt, etabliert sich früher oder später eine Rangordnung: Einer setzt sich durch, der andere gibt nach.

Das Koordinatensystem zwischenmenschlicher Beziehungen und die Gnade innerer Gelassenheit

Wie wir wissen, wird die Überlegenheit des einen aufrechterhalten durch die Unterwerfungsgesten des anderen. Diese Unterwerfungsgesten können als Teil der unfreiwilligen
Unterwerfungsstrategie automatisch, also auch gegen die
bewussten Absichten des Betroffenen ausgelöst werden. Sie
können aber auch gezielt eingesetzt werden, um Kooperationsbereitschaft zu signalisieren. Die entsprechenden Gesten überschneiden sich nämlich, was zu einer Art Sprach-
verwirrung führt, wenn der eine Interaktionspartner auf
den Kampfmodus, der andere kooperativ eingestellt ist. Was
im kooperativen Modus als entgegenkommendes Verhalten gilt, zum Beispiel ein Lächeln, stellt im Kampfmodus
aber eine Unterwerfungsgeste dar. Gleichermaßen ist die bescheidene Zurückhaltung gegenüber begehrten Ressourcen
im Kampfmodus Teil der Strategie des Unterlegenen, Konflikte zu vermeiden, im kooperativen Modus jedoch Teil der
Strategie, Reputation zu erlangen durch den Hinweis darauf, dass man einen guten Bündnispartner abgeben wird,
weil man nicht nur auf den eigenen Vorteil bedacht ist.

Das Koordinatensystem zwischenmenschlicher Beziehungen enthält also zwei Achsen: Die eine ist zwischen den
Polen Intimität und Distanz aufgespannt (kooperativer
Modus), die andere verläuft zwischen den Polen Macht und
Ohnmacht, Über- und Unterordnung (Kampfmodus). Wie
bereits ausgeführt, gibt es Menschen, die eher der Kooperation zuneigen (Tauben), und solche, die auf Konkurrenz
eingestellt sind (Falken). Entsprechend bevorzugen die einen kooperative Strategien mit den dazugehörenden Signalen und Gesten, die anderen Konkurrenzverhalten. Ein und

dieselbe Situation wird von Tauben und Falken je nach ihrer Voreinstellung auch unterschiedlich gedeutet und beantwortet. Tauben tendieren dazu, die Machtdimension zwischenmenschlicher Beziehungen zu übersehen und vorwiegend in Begriffen von Mitmenschlichkeit und Kooperation zu denken. So haben sie zwar ein besonderes Geschick darin entwickelt, die Gesten unseres täglichen Zusammenlebens – einen anderen berühren oder ihm die kalte Schulter zeigen, näher an ihn heran- oder wegrücken, etwas von sich erzählen oder schweigen, zuhören oder einen anderen unterbrechen – als verlässliche Indikatoren von Nähe, Vertrautheit, Sympathie oder aber von Distanz, Verschlossenheit und Zurückhaltung zu analysieren; aber sie haben sie kaum in ihrer Bedeutung gewürdigt als Mittel, Über- und Unterordnung zu konstituieren und zu befestigen. Falken interpretieren dagegen jedes Zeichen von freundlichem Entgegenkommen als Schwäche, jede Form der Zurückhaltung als Versuch, sie zu dominieren. Sie sind auf Kampf eingestellt, auch wenn die Umstände dies gar nicht nahelegen.

Die Bereitschaft zum Kampf ist zwar eine Voraussetzung dafür, die überlegene Position und alle damit verbundenen Vorteile zu erringen. Sie birgt jedoch auch ein erhöhtes Risiko für Stresserkrankungen. So wie die unterlegene Position die seelische und körperliche Gesundheit nachhaltig beeinträchtigen kann, so wirkt auch eine dauerhaft feindselige Grundstimmung als Noxe. Bei Primaten haben in der Regel die dominanten Tiere die höchste Stressresistenz. Wenn die Hierarchie jedoch instabil wird – weil ein wichtiges Mitglied der Gruppe gestorben ist oder neue Allianzen gebildet wurden –, so sind es die Dominanten, die am stärksten unter Druck geraten. Sie müssen die meisten Kämpfe ausfechten, werden ununterbrochen herausgefordert und sind in erster

Linie von Koalitionen betroffen, die sich gegen sie richten. Unter solchen Umständen lebt es sich in den unteren Rängen entspannter.

Auch Menschen, die ihre Position ständig verteidigen zu müssen glauben, schaden sich damit. Meyer Friedman und Ray Rosenman, zwei Kardiologen, prägten bereits 1960 den Begriff «Typ A Persönlichkeit» für Personen, die extrem konkurrenzorientiert und feindselig gegenüber anderen sind. Friedman und Rosenman hatten beobachtet, dass auffallend viele ihrer Herzpatienten unter die Kategorie Typ A fielen. Eine Langzeitstudie, die von gesunden Menschen ihren Ausgang nahm, erbrachte, dass die Feindseligkeit von Typ A ein mindestens ebenso großer Risikofaktor für Herz-Kreislauferkrankungen war wie Rauchen oder ein hoher Cholesterinspiegel. Menschen vom Typ A (Falken) fühlen sich von Ereignissen provoziert, die den Rest der Menschheit ungerührt lassen.

Werden sie beispielsweise bei einem Test wiederholt unterbrochen, so steigen ihr Adrenalinspiegel und ihr Blutdruck deutlich stärker an als bei Versuchspersonen, die nicht feindselig eingestellt sind. Während für ängstliche Menschen das Leben voll von Gefahren ist, die man im Auge behalten und vor denen man auf der Hut sein muss, ist das Leben von Typ-A-Menschen voller Provokationen, die man nicht einfach hinnehmen kann, sondern auf die man unverzüglich reagieren muss. Beide Haltungen sorgen für mehr Stress, als sich Menschen zumuten lassen, welche die Gnade innerer Gelassenheit besitzen.

2.2 Alltagsbeobachtungen

Eine gesundheitsbewusste Lebensführung, welche die Risiken von Nikotin, Alkohol, Cholesterin, Bewegungsmangel und Fettleibigkeit berücksichtigt, reicht allein nicht aus, um uns vor Krankheiten zu schützen. Was unser körperliches und seelisches Wohlbefinden am stärksten beeinflusst, das sind unsere Beziehungen zu anderen Menschen. Es gibt solche, die uns guttun, und solche, die uns schaden. Redewendungen wie «Du brichst mir das Herz», «Das schlägt mir auf den Magen», «Du machst mich krank» oder «Du machst mich verrückt» berichten von Beziehungen, die toxisch auf uns wirken. Gefahr geht vor allem von Menschen aus, deren zentrale Strategie darin besteht, Macht zu erlangen und zu behaupten, denn dies setzt voraus, andere niederzumachen und in ihren Möglichkeiten zu beschneiden. Sorglos können wir dagegen im Umgang mit Menschen sein, die zur Kooperation neigen. Ein wichtiger Schutz vor Verletzungen unserer seelischen und körperlichen Integrität besteht also darin, Tauben und Falken zu erkennen.

Tauben wollen akzeptiert, Falken wollen respektiert werden

Falken denken vorwiegend in Begriffen von Konkurrenz und Rivalität, soziale Beziehungen stellen sich ihnen als eine Hierarchie dar, als eine Rangfolge von Positionen, deren oberste es zu erreichen gilt. Tauben nehmen dagegen wechselseitige Abhängigkeiten und Verantwortlichkeiten wahr und konstruieren soziale Beziehungen als Geflecht oder

Netz, das eine Gruppe von prinzipiell gleichgestellten Personen zusammenhält.

Die unterschiedlichen Perspektiven von Tauben und Falken lassen die gleiche soziale Situation unter einem jeweils komplementären Blickwinkel erscheinen: Die Spitze der Hierarchie, die Falken anstreben, wird für Tauben zum Rand des sozialen Netzes, dessen Mittelpunkt sie sein wollen; und der Mittelpunkt eines Netzes von Beziehungen wird für Falken zur Mitte einer hierarchischen Stufenleiter, die es noch zu erklimmen gilt. Beide Sichtweisen bezeichnen also jeweils den Ort als gefährlich, der vom anderen Standpunkt aus als sicher betrachtet wird. Die unterschiedliche Art und Weise, in der Tauben und Falken soziale Beziehungen auffassen, löst deshalb auch unterschiedliche Ängste und Wünsche aus: auf Seiten der Falken den Wunsch, an der Spitze zu stehen, und die entsprechende Furcht, dass einem andere zu nahe kommen könnten; auf Seiten der Tauben den Wunsch, im Mittelpunkt eines Netzes von egalitären sozialen Beziehungen zu stehen, und die damit verbundene Furcht, zu weit an den Rand zu geraten. Falken scheuen sich nicht, einen Machtvorsprung zu nutzen, um ihre Interessen durchzusetzen. Tauben versuchen jedoch so zu tun, als gäbe es keine Asymmetrie in der Beziehung.

Als ein Beispiel kann das Verhältnis eines Menschen zu seiner Zugehfrau angesehen werden. In dieser Beziehung sind die Rechte und Pflichten ganz offensichtlich ungleich verteilt. Der eine erteilt Befehle, der andere führt sie aus; der eine kann es sich leisten, einen anderen für sich arbeiten zu lassen, der andere ist genötigt, seine Dienste anzubieten.

Tauben ist das peinlich. Sie pflegen einen kameradschaftlichen Umgang mit ihrer Zugehfrau. Das fängt damit an, dass sie sich weigern, sie mit ihrem Vornamen anzureden, wie es die Zugehfrau von sich aus anbietet. Auch möchten sie der Zugehfrau bestimmte Arbeiten nicht zumuten, die sie für entwürdigend halten und deshalb lieber selbst erledigen, bevor die Zugehfrau kommt. Die Skrupel von Tauben gegenüber ihrer Zugehfrau können sogar so weit gehen, dass sie es nicht wagen, der Zugehfrau Anordnungen zu erteilen oder sie zu kritisieren. Manche mögen auch darauf bestehen, dass die Zugehfrau ihr Mittagsmahl mit ihnen teilt.

Der Zugehfrau muss ein solches Verhalten nicht unbedingt angenehm sein. Vielleicht wäre ihr wohler, wenn sie genau wüsste, was von ihr erwartet wird. Vielleicht fühlt sie sich auch dazu herausgefordert, unangemessene Forderungen zu stellen. In jedem Unternehmen wird ein von seinem Chef so unklar behandelter Mitarbeiter es über kurz oder lang an Respekt fehlen lassen.

Falken unterlaufen solche Fehler nicht. Sie lassen ihre Angestellten keinen Augenblick lang vergessen, wer der Herr ist. Selbstverständlich reden sie ihre Zugehfrau mit dem Vornamen an. Sie äußern ihre Wünsche präzise und sparen nicht mit Kritik, denn sie sind sehr anspruchsvoll. Es macht ihnen auch nichts aus, sich demonstrativ der Muße hinzugeben, etwa in aller Gemütsruhe Kaffee zu trinken und die Zeitung zu lesen, während die Zugehfrau arbeitet. (Eine Taube packt mit an, wenn die Zugehfrau da ist. Sie könnte sonst auf den Gedanken kommen, dass sie sich für etwas Besseres hält.) Vor allen Dingen aber wahren Falken Distanz. Ihre Reserviertheit lässt keine Vertraulichkeiten zu. Denn aus Vertraulichkeiten erwächst nach Meinung von Falken keineswegs so etwas wie Intimität, sondern Verachtung.

Die gleichen Unterschiede im Verhalten von Tauben und Falken lassen sich bei einem Restaurantbesuch beobachten. Falken beherrschen die Kunst, sich bedienen zu lassen, Tauben ist die servile Aufmerksamkeit, die man ihnen hier zukommen lässt, unangenehm. Sie neigen dazu, dem Kellner dabei behilflich zu sein, den Tisch abzuräumen, und entschuldigen sich wegen der Mühe, die sie ihm machen. Auch fällt es ihnen schwer, das Personal nach Herrenart zu ignorieren – etwa ungestört weiterzuplaudern, während der Oberkellner hinter ihnen steht und darauf wartet, die Bestellung aufzunehmen. Falken verstehen es, sich ungezwungen zu geben, auch wenn sie unter permanenter Beobachtung des beflissenen Personals stehen: Sie demonstrieren auf diese Weise, auf wen es hier ankommt.

Es gibt einen Verhaltenskodex, der den Umgang zwischen Statusgleichen regelt, und einen anderen, der in der Beziehung zwischen Über- und Untergeordnetem Anwendung findet. Statusgleiche etwa können sich gegenseitig duzen; sie haben beide das gleiche Recht, den anderen anzusprechen, und die gleiche Pflicht, den anderen anzuhören; sie können sich beide in gleichem Maße nahetreten, haben aber auch gleichermaßen das Recht, sich zurückzuziehen. In der Beziehung zwischen Über- und Untergeordnetem wird dagegen der eine wahrscheinlich mit seinem Titel, der andere beim Vornamen angeredet, hat der eine das Recht zu sprechen, der andere die Pflicht zuzuhören, hat der eine Anspruch auf Distanz, also darauf, jederzeit Kontakt verweigern und sich zurückziehen zu können, während der andere einen solchen Anspruch nicht geltend machen kann. Das Recht des Übergeordneten auf Distanz schließt auch das Recht auf räumliche Distanz ein: Von hochgestellten Persönlichkeiten hält man Abstand, während man Menschen niedrigen Ranges, zum Beispiel Kindern, ungestraft nahetreten kann. Ein besonders wichtiger Aspekt des Rechtes auf Distanz ist das Recht des Übergeordneten auf Distanziertheit: Menschen in Machtpositionen brauchen nichts über sich selbst zu sagen. Denn die Preisgabe von Informationen ist immer auch Selbstpreisgabe. Faktisch oder auch nur symbolisch hat man dem Informationsempfänger damit zu Macht verholfen.

Während Tauben Schwierigkeiten dabei haben, sich überzuordnen, selbst dann, wenn ihnen die überlegene Position fraglos zugestanden wird, können Falken es nicht akzeptieren, anderen gleichgestellt zu werden. Sie stehen unter dem Zwang zu beweisen, dass sie etwas Besseres sind. Ihren Anspruch auf die überlegene Position machen sie in der Regel dadurch geltend, dass sie auch in egalitären Beziehungen jene Verhaltensweisen an den Tag legen, die ein Mensch von hohem Status gegenüber einem Menschen von niedrigem Status zeigt. Obwohl die Überlegenheit, die hierbei demonstriert wird, eine angemaßte ist, also nicht etwa auf einem tatsächlichen Vorsprung an Macht, Wissen oder Erfahrung basiert, können Falken auf diese Weise Herrschaftsverhältnisse etablieren. Wer sich benimmt, als hätte er Vorrechte, dem werden diese Vorrechte oft auch eingeräumt.

Tauben stehen zur Verfügung, Falken verfügen über andere

Ein besonders wichtiger Bereich, in dem Statusunterschiede deutlich gemacht werden können, ist die Verfügbarkeit des Einzelnen. Einem Höhergestellten steht es zu, die Anwesenheit eines Untergebenen einzufordern. Er kann über Dauer und Intensität des Kontakts bestimmen und ihn jederzeit wieder abbrechen, ohne besondere Gründe dafür angeben zu müssen. Der Untergeordnete muss dagegen verfügbar sein. Er darf ein Kontaktangebot nicht ablehnen und kann sich nur mit der ausdrücklichen Erlaubnis des Höhergestellten wieder zurückziehen. Wer von anderen also jenen Respekt fordert, den Untergebene einem Höhergestellten zollen müssen, der wird die Kontrolle über die Kontaktmöglichkeiten anstreben.

Das bedeutet zunächst, dass Falken sich rar machen. Der Zugang zu ihnen ist durch allerlei Bedingungen erschwert: sie haben so viele Termine (oder täuschen Terminnot vor), dass sie Ihnen nur eine kleine Spanne ihrer Zeit zur Verfügung stellen können und das auch erst in nicht allzu naher Zukunft. Sie errichten Barrieren zwischen sich und anderen, wozu Vorzimmerdamen zählen und Anrufbeantworter, aber auch eine abweisende Miene und ein beschleunigter Schritt. Außerdem gibt es Zeiten und Räume, innerhalb derer Falken prinzipiell nicht gestört werden dürfen: beim Frühstück; in ihrem Arbeitszimmer; zwischen 15 und 17 Uhr, wenn sie ihren Mittagsschlaf halten oder meditieren; am Wochenende. Sie können sicher sein, einen Falken vor sich zu haben, wenn Sie anfangen darüber nachzudenken, welches der günstigste Zeitpunkt ist, um ihn anzusprechen. Manche von ihnen geben nicht einmal ihre E-Mail-Adresse mehr weiter.

Tauben fordern vergleichsweise viel weniger Rücksichtnahme. Sie sind diejenigen, die einem unaufgefordert zu verstehen geben, dass man sie jederzeit anrufen und jederzeit bei ihnen vorbeischauen könnte. Sie tun sich schwer damit, unangemeldete Besucher abzuweisen oder Gäste, die länger bleiben, als es dem Gastgeber lieb sein kann, aufzufordern zu gehen. Bevor sie den Kontaktwunsch eines anderen abschlagen, sagen sie lieber andere Termine ab oder verzichten darauf, eine Arbeit, die sie begonnen haben, fortzusetzen.

All das vermittelt den Eindruck, dass sie nichts Wichtiges zu tun haben, also selbst nicht wichtig sind. Gleichzeitig unterstreichen Tauben mit ihrem Verhalten die Bedeutung der anderen und manövrieren sich auf diese Weise in die unterlegene Position.

So nehmen Tauben es mit der Zeit anderer sehr genau, was als Zeichen ihres Respekts gewertet werden kann. Falken nehmen dagegen so viel von der Zeit anderer in Anspruch, wie sie es gerade wünschen. Ein deutliches Symptom ihres Bedürfnisses, über andere zu verfügen, ist die Tendenz, andere warten zu lassen. Das ist eine der einfachsten Methoden, um ein Ungleichgewicht auch in einer Beziehung zu etablieren, die an sich nach dem Prinzip der Gleichheit angelegt ist. Denn derjenige, der warten und währenddessen seine eigenen Pläne auf Eis legen muss, ist für die Dauer des Wartens abhängig vom anderen. Und er fühlt sich auch abhängig, seines eigenen freien Willens beraubt. Mehr noch: Ihm wird deutlich gemacht, dass seine Zeit weniger wichtig ist als die Zeit und der Wert dessen, der ihm die Wartezeit auferlegt. Diesem Gefühl der Unterlegenheit auf der einen Seite entspricht ein Gefühl der Überlegenheit und Macht auf der anderen Seite, und genau das ist es, was Falken anstreben. Wenn jemand Sie sehr lange warten lässt oder notorisch unpünktlich ist, so können Sie sicher sein, dass sie einen Falken vor sich haben, auch wenn er seinen Versuch, Sie zu dominieren, hinter der Fassade des liebenswürdigen Chaoten oder des lässigen Lebenskünstlers verbirgt, der alles nicht so genau nimmt.

Es gibt eine Vielzahl weiterer Möglichkeiten, um sich von einem gleichberechtigten Umgang mit anderen zu befreien. Eine davon besteht in der Demonstration von Gleichgültigkeit. Offenkundiges Desinteresse signalisiert, dass man den anderen für entbehrlich hält und sich deshalb nicht verpflichtet fühlt, ihm die konventionelle Achtung zu erweisen. Als kalkulierte Überlegenheitsgeste flößt sie dem Adressaten Gefühle der Scham und der Unzulänglichkeit ein.

Das Gefühl der Scham setzt allerdings voraus, dass einem an der Wertschätzung anderer gelegen ist: Man schämt sich, wenn offensichtlich wird, das man ihren Ansprüchen nicht genügt oder in einer wesentlichen Hinsicht versagt hat. In Anwesenheit unwichtiger Personen, von Personen also, deren Meinung einem gleichgültig ist, schämt man sich nicht: Schamgefühle treten nur im Umgang mit Menschen auf, die als überlegen oder zumindest gleichberechtigt empfunden werden. Kindern gegenüber beispielsweise lassen sich die meisten Menschen eher gehen als gegenüber Erwachsenen; man könnte auch sagen, sie lassen es Kindern gegenüber an Respekt mangeln. Auch die Angehörigen bestimmter Berufsgruppen werden derart als Unpersonen behandelt: Man präsentiert sich etwa der Verkäuferin, die einem das nächste Kleidungsstück zum Anprobieren reicht, in der Unterwäsche, ohne das geringste Anzeichen von Verlegenheit zu zeigen, während man vor Scham in den Boden versinken würde, wenn man sich eine solche Blöße vor Freunden oder Kollegen hätte geben müssen.

Da für Tauben alle Menschen gleich sind, besteht für sie weitaus häufiger Anlass zur Scham als für Falken: Es gelingt ihnen nicht, andere Menschen zu Unpersonen zu degradieren, und deshalb ist ihnen vieles peinlich, was Falken ungerührt lässt. Diese finden nichts dabei, in Gegenwart anderer private Telefongespräche zu führen, den Kellner mit lauter Stimme auf sich aufmerksam zu machen, die Tür zum Badezimmer offen stehen zu lassen, wenn sie duschen, die Pflege ihres Körpers anderen anzuvertrauen oder ganz ungeniert einem privaten Laster zu frönen. Ihr schamloses Betragen dient dabei auch dem Zweck, im anderen ein Gefühl der Scham und damit der Unterlegenheit zu erzeugen, weil er sich nun als eine Person betrachten muss, der gegenüber es sich erübrigt, sich an die Konventionen zu halten.

Tauben wollen gefallen, Falken lassen sich nichts gefallen

Falken scheuen sich in der Regel nicht, andere ihre Geringschätzung spüren zu lassen, aber sie reagieren äußerst empfindlich auf jede Form der Herabsetzung, die sie selbst erfahren. Das, was Tauben als bloße Äußerlichkeiten abtun würden, die Art einer Begrüßung oder Verabschiedung, die Form einer Einladung oder einer Absage, die Frage, wer vorangeht und wer nachfolgt, ist für Falken von herausragender Bedeutung. Alles, was sich als Hinweis darauf deuten lässt, dass man es am nötigen Respekt ihnen gegenüber fehlen lässt, provoziert heftige Reaktionen.

Tauben ordnen die Verhaltensweisen anderer dagegen auf einer Dimension ein, die zwischen den Polen von Nähe und Distanz aufgespannt ist. Ihnen geht es um den Grad der Verbundenheit, der zwischen zwei Menschen zum Ausdruck kommt, nicht um die relativen Positionen. Tauben stört es deshalb nicht, wenn sie als Letzte bedient werden, im Gespräch kaum zu Wort kommen oder häufig unterbrochen werden, oder wenn sie diejenigen sind, wegen denen man kein großes Aufheben macht. Aber es verstört sie, wenn sie auf Ablehnung stoßen: An die Stelle der Angst vor Herabsetzung, wie sie Falken plagt, tritt bei ihnen die Angst vor sozialer Isolation. An einmal eingegangenen Bindungen halten sie deshalb zäh fest, selbst wenn sie sich damit schaden. Sie bemühen sich um Ausgleich und Versöhnung, um den drohenden Zerfall einer Beziehung zu verhindern. Sie sind auch kompromissbereit und nachgiebig, um die Beziehung zu anderen nicht aufs Spiel zu setzen. Sie vermeiden Konflikte und Konkurrenzsituationen, unter Umständen sogar den eigenen Erfolg, wenn er die Gemeinsamkeit mit anderen aufzuheben droht.

Die Grundlage jener harmonischen Beziehungen, die Tauben anstreben, ist ein Gleichgewicht der Kräfte. Deshalb verzichten sie im Allgemeinen darauf, ihre möglichen Stärken auszuspielen. Andere in eine nachteilige Position zu bringen ist für sie gleichbedeutend damit, die Beziehung selbst zu gefährden und damit auch den Halt, den sie bietet. Für Falken ist Gleichrangigkeit dagegen eine Aufforderung zum Rivalisieren. Weil sie ihre Stärken überschätzen, glauben sie, es sich leisten zu können, keine Rücksichten zu nehmen. Für sie geht es nur darum, die Oberhand zu gewinnen. Ob es sich nur um ein Spiel oder um den Ernst des Lebens selbst handelt: Falken erkennt man daran, dass sie keine Niederlagen einstecken können. Sie werden wütend, wenn sie verlieren, zweifeln daran, dass es fair zugegangen ist (obwohl sie selbst keinen besonders entwickelten Sinn für Fairness besitzen), sie fordern Revanche, dürsten nach Rache oder versuchen, den Gegner durch Drohungen und Zornausbrüche so weit einzuschüchtern, dass er ihnen den Sieg noch nachträglich überlässt.

Tauben, die in eine überlegene Position geraten, beginnen dagegen bald damit, ihr eigenes Spiel zu sabotieren. Sie wagen es nicht zu gewinnen. Da der Preis für einen Sieg zumeist darin besteht, einen anderen zurückzusetzen, wollen Tauben den Sieg lieber nicht. Sobald er sich abzeichnet, beginnen sie Fehler zu machen und an Kondition zu verlieren. Während Falken nur unter Konkurrenzdruck wirklich etwas zu leisten vermögen, lassen die Leistungen von Tauben häufig nach, sobald sie im Wettbewerb mit anderen stehen. Sie können vielleicht hervorragend singen, rechnen oder organisieren, aber sie büßen einen Teil ihrer Fähigkeiten ein, wenn sie sich mit anderen messen sollen. Was aber am auffälligsten ist, das ist die vermeintliche Unfähigkeit von Tauben, die Vorteile zu nutzen, die sich ihnen bieten. Sie scheinen sie nicht einmal wahrzunehmen, oder aber sie benehmen sich so, als ob jede Chance, voranzukommen und andere zu überflügeln, in Wirklichkeit ein ernsthaftes Risiko darstelle.

Tauben streben nach Harmonie, Falken verursachen Spannungen

Tauben überlassen ihren Konkurrenten auch deswegen kampflos das Feld, weil sie den Konflikt scheuen und die Spannungen, die ihn begleiten. Sie sind versöhnlich und nachgiebig, das heißt, sie versuchen, Missklänge in einer Beziehung gar nicht erst aufkommen zu lassen.

Für Falken ist eine gespannte Atmosphäre dagegen nichts, was sie in ihrer Befindlichkeit stört. Statt ausgleichend zu wirken, wie es Tauben quasi automatisch tun, scheinen Falken sogar ein gewisses Vergnügen dabei zu empfinden, wenn in ihrem Umfeld Dissonanzen entstehen. Nicht selten kann man beobachten, dass sie einen Streit absichtlich vom Zaun brechen oder auch Konflikte zwischen anderen schüren. Ärger zu erregen und Ärger zu zeigen: Beides deutet gleichermaßen darauf hin, dass man bereit ist, seinen Anspruch auf Überlegenheit durchzusetzen. Im Wertesystem von Falken ist es deshalb alles andere als anstößig, den Frieden zu stören. Im Gegenteil: Viele von ihnen scheinen es für notwendig zu halten, in regelmäßigen Abständen Krisen heraufzubeschwören, die ihnen die Gelegenheit bieten, sich zu behaupten.

Solche Krisen stellen für Tauben wegen ihrer geringeren Stresstoleranz eine harte Prüfung dar. Außerdem sind sie außerstande, darin eine Kriegstaktik zu erkennen. Ihrer Meinung nach ist allen Menschen nichts so sehr am Herzen gelegen wie die Verständigung untereinander – wenn diese misslingt, dann müssen die Gründe dafür erstens schwerwiegend sein und zweitens aufgedeckt werden, um weitere Zusammenstöße in Zukunft zu vermeiden. Was Tauben dabei zu Unrecht unterstellen, das ist der gute Wille aller Beteiligten zur friedlichen Kooperation. Angesichts eines Mitmenschen, der mit allen Mitteln versucht zu zeigen, dass er der Stärkere ist, geraten Tauben ins Grübeln. Der Fehdehandschuh, der ihnen vor die Füße geworfen worden ist, bleibt unbeachtet dort liegen. Der Gegner (den sie sich weigern, als solchen anzuerkennen) wird lediglich mit einer Frage attackiert: Wie konnte er nur so etwas tun? Dann wird der Versuch unternommen, ihn zu beschwichtigen: Man will doch nicht im Streit auseinandergehen. Und der Anlass ist ohnehin banal genug.

Falken gehen sehr gerne im Streit auseinander. Sie sind diejenigen, die mitten in einer Auseinandersetzung Türe knallend den Raum verlassen und anschließend in tagelanges vorwurfsvolles Schweigen versinken. Wieder handelt es sich um ein Kräftemessen: Wer hält den Unfrieden in der Beziehung länger aus? Wer besitzt die größere Stressresistenz?

Wir kennen die Antwort bereits: Es sind die Falken. Tauben

können schon allein deshalb nicht mithalten, weil ihnen das grundlegende Verständnis dafür fehlt, worum es geht, nämlich um den Beweis der Überlegenheit. Was Tauben dagegen beharrlich nachzuweisen versuchen, das sind ihre friedlichen Absichten und ihre Loyalität. Die Harmonie in einer Beziehung aufrechtzuerhalten fällt ihrer Meinung nach am leichtesten, wenn man es gar nicht erst zum Streit kommen lässt. Deshalb schlucken sie ihren Ärger oder ihre Enttäuschung lieber herunter, anstatt sie offen zu zeigen: Auf diese Weise wird der Frieden gewahrt. Wenn sie doch einmal die Fassung verlieren, dann sind sie darüber beschämt und bereit, sich zu entschuldigen. Denn ein zivilisierter Mensch sollte sich ihrer Meinung nach beherrschen können.

Für Tauben ist es also eine Frage der Moral, sich zusammenzunehmen; für Falken ist es dagegen eine Frage des Prestiges, dass man auch gerade seinen negativen Gefühlen freien Lauf lassen kann. Der Ausdruck von Emotionen spiegelt nämlich nicht nur eine innere Befindlichkeit wieder, sondern ist auch ein Indiz dafür, welchen Status ein Mensch für sich beansprucht. Von Personen in untergeordneten Positionen wird eine durchgängig freundliche Miene erwartet, auch wenn sie innerlich vor Wut kochen mögen. Ranghohe Personen können es sich dagegen leisten, Aggressionen offen auszuleben, ohne negative Konsequenzen befürchten zu müssen. Reizbarkeit, eine chronisch schlechte Laune oder auch ein cholerisches Temperament werden Sie deshalb häufig in den Chefetagen, selten bei einem Angestellten finden, und da es für Falken darum geht, Chef zu sein, auch in Beziehungen, die Tauben als gleichberechtigt ansehen würden, dürfen sie weder mit eigenen Unmutsbezeugungen geizen noch die Unmutsbezeugungen anderer einfach hinnehmen.

Falken sind nicht darauf erpicht, gutes Einvernehmen zu wahren, und die Beherrschung anderer ist ihnen allemal wichtiger als Selbstbeherrschung. Sie neigen deshalb zu Temperamentsausbrüchen, die bei ihnen allerdings nicht als bedauerliche Folge eines Verlusts an Selbstkontrolle zu werten sind, sondern als Mittel, andere zu kontrollieren. Wenn Falken sich zu einem Wutanfall hinreißen lassen oder gereizt auf die Fliege an der Wand reagieren, dann sind sie nicht unbeherrscht, wie Tauben meinen, sondern im Gegenteil darauf aus, zu herrschen. Gleichzeitig verbitten sie sich jede ‹Unbeherrschtheit› anderer, denn sie fühlen sich herausgefordert, wenn man sie mit Zorn, Wut oder Ärger konfrontiert. Wenn man sieht, wie unnachsichtig Falken auf jede Form der Unmutsäußerung anderer reagieren, auf ein scharfes Wort, eine erhobene Stimme, auf eine unfreundliche Miene, dann begreift man, dass sie es als ihr Privileg betrachten, ungehalten zu sein, während sie von anderen jene Form der Ehrerbietung erwarten, die darin besteht, sein Temperament zu zügeln.

Tauben halten ihre Grenzen offen, Falken verteidigen ihr Territorium

Jeder Mensch ist von einer unsichtbaren Schutzhülle umgeben, die nur unter besonderen Bedingungen oder aber mit Gewalt durchbrochen werden kann. Es gibt genau festgelegte Abstände, die Menschen zueinander einhalten. Sie sind abhängig von der Art der Beziehung, in der sie zueinander stehen. Wer einem anderen Menschen zu nahe tritt, der wird als zudringlich empfunden – das gilt sowohl im wörtlichen als auch im übertragenen Sinne. Wenn etwa ein

Mensch an einen anderen Fragen richtet, die intimeren Charakter haben als die Beziehung es zulässt, dann begeht er eine Grenzverletzung. Mangelnder Respekt vor dem persönlichen Raum eines anderen kann sich aber auch in unangemessenen Forderungen, in Beleidigungen, in direkten Angriffen (seien sie verbaler oder physischer Art) oder in der Inanspruchnahme der Zeit, Aufmerksamkeit und Energie eines anderen äußern.

Tauben legen so großen Wert auf ihre Verbundenheit mit anderen, dass sie eher Grenzverletzungen zulassen, als die Beziehung selbst aufs Spiel zu setzen. Sie wehren sich nicht gegen die Zumutungen anderer, weil es ihnen wichtiger erscheint, die Beziehung aufrechtzuerhalten als die eigene körperliche und seelische Integrität zu schützen. Sie sagen nicht nein, wenn sie einen Auftrag erhalten, den andere als Zumutung empfinden und ablehnen würden; sie sagen nicht nein, wenn man sie weit über die zulässigen Grenzen hinaus okkupiert; sie sagen oft nicht einmal nein, wenn sie attackiert werden.

Falken sind dagegen ständig damit befasst, ihre eigenen Grenzen zu sichern. Sie riskieren lieber den Abbruch einer Beziehung, als eine Grenzverletzung zuzulassen. Schon eine harmlose Bitte, die man an sie richtet, wird mitunter als unzumutbare Forderung empfunden: Man erntet ein harsches Nein. Den Vorschlägen anderer zuzustimmen, sich berechtigte Kritik anzuhören, auf Wünsche anderer einzugehen: All dies löst bei Falken den Reflex aus, sich abzugrenzen.

Zu den Maßnahmen, die Falken ergreifen, um sich gegen potenzielle Feinde zu wehren, gehört es auch, jenes Gebiet, das sie als ihr Territorium betrachten, zu kennzeichnen. Tauben unterlassen es meist, ein eigenes Revier abzustecken, was erst dann ins Auge fällt, wenn man ihr Verhalten mit dem von Falken vergleicht.

Es ist nicht selten, ja eher schon die Regel, dass Tauben und Falken zusammenleben. Wenn Sie sich bei ihnen zu Hause umsehen, so werden Sie bemerken, dass Falken die Räume, auf die sie persönlichen Anspruch erheben, mit bestimmten Gegenständen ausstatten, die gleichsam eine Erweiterung oder Symbolisierung ihrer Person darstellen. Gleichzeitig werden sie darauf achten, dass andere Personen keine sichtbaren Spuren in diesem Raum hinterlassen. Das Wohnzimmer beispielsweise, das eigentlich allen Familienmitgliedern zur Verfügung steht, wird häufig von demjenigen okkupiert, der die Falken vertritt. Sie finden hier seine Bücher aufgeschlagen herumliegen, aber nicht die anderer Bewohner, eine Wolldecke, Taschentücher und andere Dinge, die seinem persönlichen Komfort dienen, sowie Zierrat, der auf seinen persönlichen Geschmack verweist. Falls andere etwas in diesem Raum zurücklassen, so wird das von ihm als unordentlich empfunden. Er besteht darauf, dass diese Dinge unverzüglich wieder entfernt werden. Gleichzeitig pflegen Falken selbst eine gewisse systematische Unordnung: Sie verstreuen ihre Habseligkeiten im ganzen Haus, was nichts anderes bedeutet, als dass sie das ganze Haus als ihr Revier markieren. (Es sei denn, sie benehmen sich, als wären sie lediglich ein Gast im Hause: Auch dies ist eine Falkenstrategie, die davor schützt, dass andere Familienmitglieder Ansprüche an sie stellen.) Falken sind überall präsent, auch olfaktorisch (Zigarettenrauch, Parfum) und akustisch. Eine Stereoanlage etwa kann so laut gestellt werden, dass die Musik buchstäblich bis in alle Räume dringt. Das ist die bevorzugte Methode von Heranwachsenden, ihren Platz zu behaupten. Die Falken unter den Zugehfrauen bedienen sich des Staubsaugers und anderer, zur Reinigung des Hauses bestimmter Geräte, um ihre Präsenz lautstark zu demonstrieren. Sie können einen Falken aber auch daran erkennen, dass er energisch die Tür hinter sich schließt. Er wird erwarten, dass Sie anklopfen, bevor Sie eintreten. Wahre Tauben lassen Türen dagegen immer weit offen stehen: Sie signalisieren Kontaktbereitschaft und Verfügbarkeit.

Wenn Sie sich mit einem Menschen einen Tisch teilen, sei es, um gemeinsam zu essen oder um gemeinsam zu arbeiten, so können Sie auf einfache Weise prüfen, ob Sie eine Taube oder einen Falken vor sich haben. Es spricht in einer solchen Situation alles dafür, dass Sie und Ihr Tischgenosse jeweils Anspruch auf die Hälfte des Territoriums, also auf die Hälfte des Tisches haben. Nun versuchen Sie zu expandieren: Schieben Sie die Utensilien, derer Sie sich bedienen (Glas, Brille, Mobiltelefon, Kugelschreiber, Notizblock), nach und nach von sich weg und damit in jene Zone hinein, die rechtmäßig dem anderen zusteht. Je weiter Sie sich ausdehnen, desto geringer wird sein Spielraum und der damit verbundene Komfort. Jeder Mensch, mit dem Sie so verfahren, wird sich nun unbehaglich fühlen, obwohl ihm nicht einmal bewusst sein muss, woher sein Unbehagen rührt. Dann kommt es zur charakteristischen Reaktion: Tauben weichen zurück, sie räumen freiwillig das Feld, das heißt in diesem Fall: Sie ordnen ihre eigenen Habseligkeiten so um, dass Ihnen mehr Platz zur Verfügung steht. Falken schlagen zurück: Sie werden nicht nur dafür sorgen, dass Gegenstände, die Ihnen gehören, unverzüglich wieder auf Ihrer Hälfte des Tisches platziert werden, sondern werden auch ihrerseits versuchen, ihr Territorium über die zulässige Grenze hinaus auszudehnen (wenn sie das nicht bereits getan haben, bevor Sie Ihr Experiment überhaupt beginnen konnten).

Der Bereitschaft von Tauben, sich nahetreten zu lassen, korrespondiert eine entsprechende Bereitschaft von Falken, in fremdes Gebiet einzudringen und es zu besetzen – den eigenen Machtbereich also auszudehnen. Da es ihnen vor allem darauf ankommt, Macht über andere zu erringen, kolonialisieren sie bevorzugt jenes innere Territorium, das wir als Seele bezeichnen. Das kann gewaltsam geschehen, indem sie einen anderen derart in Furcht und Schrecken versetzen, dass er in einen Zustand der Lähmung oder der Übererregung verfällt, beides Zustände, die ihn nicht Herr der Lage sein lassen. Weitaus häufiger geht die Kolonialisierung aber verschleiert vor sich, über jene Kanäle, die der wortlosen Verständigung der Menschen untereinander dienen.

Denn Menschen verstehen sich tatsächlich auch ohne Worte. Sie tauschen Informationen untereinander aus und beeinflussen sich gegenseitig, ohne sich dazu der Sprache als Hilfsmittel zu bedienen. Schon kleine Kinder reagieren auf die Ängste ihrer Mütter mit Unruhe, Weinen und Geschrei, sie lassen sich von der Freude oder dem Kummer eines Gleichaltrigen anstecken, sie spüren die Aggressionen, die man ihnen gegenüber hegt, und die Sympathie, die man ihnen entgegenbringt.

Die Kontaktbrücke, die ein solches Verständnis möglich macht, scheint also angeboren zu sein, wird von den Erwachsenen dann aber unterschiedlich genutzt. Tauben sind empfänglich für die Eindrücke und Botschaften, die auf diesem Wege übermittelt werden. Ihr ganzes Naturell ist schließlich auf Verständigung angelegt. Falken lassen sich in weit geringerem Maße von den Gemütslagen anderer beeinflussen und beeindrucken. Häufig scheinen sie gänzlich auf ein empathisches Verständnis zu verzichten. Sie sind aber sehr geschickt darin, die Aufnahmebereitschaft anderer dazu zu nutzen, fremdes Territorium zu besetzen.

Stellen Sie sich vor, dass Sie heiterer Stimmung sind, als sich Ihre Wege mit denen eines Menschen kreuzen, der sich aus Gründen, die ihnen nicht bekannt sein müssen, in übler Laune befindet. Er benutzt die zufällige Begegnung mit Ihnen – sei es beim Autofahren, an der Supermarktkasse oder in der Kantine –, um seinem Ärger Luft zu machen: Er schreit Sie an oder er kanzelt Sie ab. Danach wird er sich vermutlich besser fühlen, während Sie Ihrer Seelenruhe beraubt worden sind und Ihren Weg in einer gedrückteren Stimmung fortsetzen als Sie ihn begonnen haben: Das ist ein Beispiel dafür, wie Menschen das innere Territorium anderer besetzen können. In diesem Fall geht es darum, unangenehme Gefühle, die einen beherrschen, bei anderen «abzuladen» – Gefühle wie Ärger, Wut, Scham, Schuld oder Schwäche. Der Eindringling muss sich dabei nicht immer lärmender Attacken bedienen. Reizbarkeit oder die sogenannte schlechte Laune können den gleichen Zweck erfüllen wie ein aggressiver Ausbruch.

Ansteckungsgefahr besteht in erster Linie für Tauben, weil sie sensibel auf die Befindlichkeiten anderer reagieren. Sie lassen sich leicht aus dem seelischen Gleichgewicht bringen, während andere sich auf ihre Kosten wieder stabilisieren. Gerade dann, wenn die Grenzen von Tauben bereits verletzt worden sind und sie längst Barrikaden gegen den Eindringling hätten errichten müssen, bemühen sie sich besonders um Verständnis: des Angreifers, um adäquat mit ihm umgehen zu können, des Angriffs, um ihm einen Sinn zu geben. So machen sie es dem Angreifer noch leichter, sich in ihrer Seele festzusetzen und dort einen prominenten Platz zu behaupten: Weil sie ihre Grenzen öffnen, statt sie zu sichern, liefern sie sich dem anderen aus.

Die Bereitschaft von Tauben, sich kolonialisieren zu lassen, birgt noch eine andere Gefahr: Da sie dazu neigen, passiv und unkritisch alles in sich aufzunehmen, was von außen auf sie eindringt, sind ihnen die erspürten Bedürfnisse anderer häufig präsenter als ihre eigenen – wodurch sie zu der irrigen Annahme verleitet werden, dass die Bedürfnisse der anderen auch vordringlicher seien. Weil sie sich von anderen so leicht beeindrucken und auch einschüchtern lassen, fällt es Tauben häufig schwer, ihre eigenen Interessen zu wahren. Stattdessen finden sie sich dank ihres empathischen Verständnisses meist in der Lage wieder, die Forderungen und Bedürfnisse anderer zu erfüllen. So etwas kann echten Falken kaum je passieren.

Tauben richten sich nach anderen, Falken nach sich selbst

Wem daran gelegen ist, mit seinen Mitmenschen auszukommen, in gutem Einvernehmen mit denen zu bleiben, die ihm wichtig sind, der wird sich bemühen, sie nicht zu verstimmen. Lächeln, Freundlichkeit, das Verbreiten guter Laune und Lachen sind Methoden, um sich angenehm zu machen. Allerdings können all diese Signale der Zustimmung und Bestätigung auch als Ausdruck von Unterlegenheit gedeutet werden; im Kontext des Kampfmodus handelt es sich dabei nämlich um Beschwichtigungsgesten.

Tauben, die nicht in Begriffen von Über- und Unterordnung denken, sondern nur in den Begriffen von Nähe und Distanz, zeigen ihr Entgegenkommen sozusagen wahllos. Nähe gilt es herzustellen, Distanz zu überbrücken, deshalb ist es ihrer Meinung nach unter allen Umständen angebracht, eine freundliche Miene zur Schau zu tragen. Tauben erscheinen meist gut gelaunt, nicht etwa, weil diese Stimmung ihrer aktuellen Lebenslage entspräche, sondern weil sie um einer reibungslosen Beziehung willen bereit sind, andere mit der Last ihres eigenen Selbst zu verschonen.

Falken vermeiden es, allzu liebenswürdig und verbindlich zu sein, es sei denn gegenüber einem Menschen, der dem Rang nach eindeutig über ihnen steht. Reizbarkeit, schlechte Laune, ein Benehmen, das manchmal an Unhöflichkeit grenzt, Launenhaftigkeit: Mit all diesen Mitteln demonstrieren Falken, dass sie auf die gute Meinung anderer nicht angewiesen sind.

Wer sein eigener Herr ist, also in niemandes Diensten steht, der verfügt allein über seine Zeit. Die Initiative ist in seiner Hand. Er bestimmt über seinen Tagesablauf selbst, anstatt sich von anderen einen Terminplan vorschreiben zu lassen. Auch wenn kaum ein Mensch eine derartige Unabhängigkeit genießt, so pflegen Falken doch diese Attitüde. Zumindest lassen sie sich Zeit. Bei Kindern nennt man dasselbe Souveränität heischende Verhalten schlichtweg Trödeln. Der fremde Wille wird negiert, selbst wenn es sich dabei um so etwas Unpersönliches handelt wie die fahrplanmäßige Abfahrt eines Zuges: Falken lassen sich nicht hetzen, auch auf die Gefahr hin, den Anschluss zu verpassen.

Tauben machen dagegen leicht einen eilfertigen Eindruck. Wenn die Konferenz beginnt, dann sitzen sie schon längst auf ihren Plätzen, den Laptop aufgeklappt, Papiere griffbereit, während Falken dadurch imponieren, dass sie spät kommen, um sich dann erst in aller Ruhe einzurichten, während alle anderen bereits auf sie warten. Selbst die Bewegungen von Falken sind kontrolliert langsamer als die von Tauben: Diese erledigen alles im Eiltempo, weil sie noch einer Vielzahl von anderen Pflichten nachzukommen haben; jene stellen dagegen die Muße und Gelassenheit derer zur Schau, die sich keine Vorschriften machen lassen müssen. Freilich haben auch Falken Verpflichtungen, sind nicht immer frei von der Notwendigkeit, ihre Zeit in den Dienst anderer zu stellen. Aber sie versuchen doch, so gut es eben geht, den Anschein zu erwecken, dass sie stets nur nach eigenem Gutdünken handeln.

Wenn Menschen in Harmonie miteinander sind, dann stimmen sie ihre Bewegungen aufeinander ab, sie ahmen sich gegenseitig nach und zeigen einander ihre spiegelverkehrten Abbilder. Sind sie sich nicht einig, so treten Dissonanzen auch im Bewegungsbild auf.

All dies ist den meisten Menschen nicht bewusst. Die Synchronisation ihrer Gesten scheint quasi automatisch zu erfolgen. Als außenstehender Beobachter können Sie jedoch leicht feststellen, welchen Grad von unausgesprochener Einigung zwei Menschen erreicht haben, die miteinander in ein Gespräch vertieft sind. Einklang herrscht, wenn etwa beide die gleiche Sitzposition einnehmen, ein Bein über das andere geschlagen, den Kopf in den Arm gestützt. Sobald einer von beiden seine Haltung ändert, zum Beispiel beide Hände gefaltet in den Schoß legt, folgt bald der andere nach, ebenso wie ihre Mimik weitgehend angeglichen ist. Bei auftretenden Spannungen zerfällt das, was wie ein gut einstudierter Tanz wirkt, in Teile, die nicht mehr aufeinander bezogen sind. Der eine verschränkt die Arme vor der Brust, der andere steht auf und beginnt, im Raum umherzugehen.

Entsprechend der unterschiedlichen Haltungen, die Tauben und Falken gegenüber ihren Mitmenschen einnehmen, ist ihre Tendenz zur Abstimmung mit anderen auch unterschiedlich groß: Tauben neigen dazu, ihr Gegenüber auch

dann noch mimisch und gestisch zu kopieren, wenn die Ge-
meinsamkeiten längst erschöpft sind. Das macht sie anfällig dafür, sich von den Gefühlen des anderen ‹anstecken› zu
lassen, selbst wenn es sich dabei um negative Gefühle handelt, gegen die sie sich abschotten müssten. Falken geben
dagegen einem von ihrem Gegenüber abweichenden Bewe-
gungsmuster den Vorzug, sobald auch nur die leiseste Un-
stimmigkeit aufgetreten ist.

So werden Sie etwa bei einem gemeinsamen Spaziergang
feststellen können, dass eine Taube sich Ihrem Schritttem-
po anzupassen versucht, während ein Falke auf seiner eigenen Gangart beharrt, ja mitunter sogar aktiv dagegensteu-
ert, dass sich ihre Bewegungen angleichen. Das führt dann
dazu, dass er ihnen entweder immer einen Schritt voraus ist
oder hinter ihnen zurückbleibt. Die Botschaft, die Sie auf
diese Weise empfangen, ist eindeutig: Wir machen keine
gemeinsame Sache. Für Außenstehende mag es sogar so
aussehen, als ob Sie nicht einmal ein gemeinsames Wegziel
hätten.

Tauben geben Rückhalt,
Falken verschaffen sich Rückhalt

Falken setzen einen Großteil ihrer Energien dazu ein, andere
Menschen in Positionen zu manövrieren, von denen aus sie
gezwungen sind, sich nach den Falken zu richten. Die Beziehungen zu anderen werden so gestaltet, dass sich daraus der
größtmögliche Nutzen ziehen lässt – wozu nicht zuletzt die
Anerkennung der Überlegenheit der Falken zu zählen ist.
Dem Gewinn an Selbstachtung, den Falken auf diese Weise
erzielen, steht auf der anderen Seite – was beinahe paradox

klingt – ein Verlust an Unabhängigkeit gegenüber: Falken sind abhängig von der Abhängigkeit anderer. Deshalb haben Falken auch eine große Abneigung gegen das Alleinsein. Sie ziehen sich zwar gern zurück, aber sie fühlen sich dabei nur unter der Voraussetzung wohl, dass andere in erreichbarer Nähe und jederzeit verfügbar sind. Das ist zum einen eine Frage des Prestiges: Der überlegene Status, den Falken für sich beanspruchen, wird unter anderem dadurch sichtbar, dass Menschen sich um sie bemühen. Was ist schon ein König ohne Hofstaat? Andererseits ist die Anwesenheit anderer notwendig, um zu verhindern, dass das Bedürfnis nach diesen anderen überhaupt bewusst wird. Im Idealfall werden die Ansprüche von Falken so prompt erfüllt, dass sie als Ansprüche gar nicht mehr auffallen – umso deutlicher wird aber der Mangel erlebt, wenn niemand greifbar ist, an den man seine Wünsche richten kann.

Tauben sind dagegen ausgesprochen gerne allein. Sie verfügen über ein ganzes Arsenal an Methoden, die es ihnen erlauben, sich von ihren Mitmenschen zurückzuziehen, ohne dabei unhöflich zu erscheinen. Dabei geht es ihnen nicht darum, sich rar zu machen, um auf diese Weise ihre Überlegenheit zu beweisen, wie das Falken tun; das Alleinsein ist Tauben deshalb wichtig, weil es für sie die einzige Möglichkeit ist, sich vor den Ansprüchen anderer zu schützen. Nur wenn sie allein sind, können sie tun und lassen, was sie wollen – während die bloße Anwesenheit eines anderen Menschen für Tauben meist schon ausreicht, um die eigenen Interessen aus dem Auge zu verlieren. Es ist strapaziös, ständig freundlich und verbindlich zu sein. Da ist es schon eine Erholung, wenn man einmal eine Auszeit nehmen kann.

Tauben zeichnen sich durch eine Reihe von Eigenschaften aus, die sie zu verlässlichen Partnern macht: Sie sind zuverlässig, treu, ergeben, ausgleichend, nicht nachtragend, loyal und hilfsbereit – eben Menschen, auf die man sich verlassen kann und von denen man nicht befürchten muss, dass sie einen hintergehen oder ausnutzen oder gerade dann im Stich lassen, wenn man sie am nötigsten braucht. Obwohl Tauben in dem Glauben handeln, ihre eigene Sicherheit zu befördern, wenn sie ein Netz vermeintlich tragfähiger Beziehungen knüpfen, ist das, was sie damit erreichen, meist etwas ganz anderes: Statt selbst an Rückhalt zu gewinnen werden sie Spezialisten darin, anderen Halt zu geben. In ihrem Umkreis findet man stets Personen, für die sie sich zuständig fühlen und um die sie sich kümmern wie eine Mutter um ihr Kind.

Falken lehnen jede Verantwortung für andere ab. Sie verfügen im Gegensatz zu Tauben jedoch meist über eine ‹Sicherheitsbasis›, einen Menschen, der für sie da ist. Selbstvertrauen und die Zuversicht, die man braucht, um mit den Schwierigkeiten des Lebens fertigzuwerden, hängen beim Menschen nämlich ganz wesentlich davon ab, ob es zumindest einen anderen Menschen gibt, auf den er bauen kann. Deshalb suchen Falken gezielt nach einer Person, die geeignet ist, diese Funktion zu erfüllen. Auffallend ist dabei, dass die Bedeutung dieses Menschen oft geleugnet wird. Er hat sich dann im Hintergrund zu halten und darf keine eigenen Ansprüche stellen. Um seine Verfügbarkeit zu gewährleisten, sorgen Falken mitunter dafür, dass er von allen anderen sozialen Bezügen isoliert wird. Auch an ihrem Leben darf er nur beschränkt teilnehmen: Ebenso wie das Kind sich von der Mutter entfernt, um Neues zu erkunden und Abenteuer zu bestehen, und nur zu ihr zurückkehrt, wenn es wieder Kräfte sammeln muss, verletzt oder verängstigt ist, so bleibt auch die Person, von der sich Falken bemuttern lassen, von großen Teilen ihres Lebens ausgeschlossen.

Wann immer sie einem Menschen begegnen, der durch seine Unabhängigkeit imponiert, sollten Sie danach Ausschau halten, ob nicht eine unscheinbare Person im Hintergrund darauf wartet, ihn aufzufangen, sollte er straucheln. Das ist die Konstellation, die Falken bevorzugen. Tauben mögen Ihnen auf den ersten Blick abhängiger erscheinen als Falken, weil sie größeren Wert auf gute Beziehungen legen; was Tauben wirklich kennzeichnet, ist jedoch die Tatsache, dass andere von ihnen abhängig sind.

Tauben sind Zivilisten, Falken sind Krieger in Tarnuniform

Die Unterschiede im Verhalten von Tauben und Falken sind am ehesten nachvollziehbar, wenn man davon ausgeht, dass sie in verschiedenen Welten leben. Bei den Tauben geht es einigermaßen friedlich und geregelt zu. Sie erwarten, anständig behandelt zu werden, solange sie sich selbst anständig benehmen. Die Falken haben sich dagegen in einer Art von permanentem Kriegszustand häuslich eingerichtet. Hier steht jeder für sich und die Gesellschaft gegen alle, was sie nicht nur mit grimmiger Genugtuung erfüllt, sondern ihnen zugleich den Vorwand dafür liefert, nur auf den eigenen Vorteil bedacht zu sein. Jeder dieser beiden Lebensanschauungen entspricht ein eigenes System von Werten. Es ist deshalb nahezu unmöglich, das Verhalten der einen Gruppe aufgrund der Maßstäbe der anderen zu beurteilen. Was Tauben als Tugend erscheint, wie beispielsweise die Nachsicht gegenüber anderen, gilt Falken als Anzeichen von

Schwäche; und was Falken für einen Akt der Selbstbehauptung halten, ist für Tauben ein Akt destruktiver Aggression.

Die Missverständnisse zwischen Tauben und Falken werden noch zusätzlich dadurch befördert, dass eine Gruppe sich sozusagen zum Schein auf die Werte der anderen bezieht, ohne sich diesen Werten jedoch wirklich verpflichtet zu fühlen. Es handelt sich dabei um Werte, die ein friedliches Zusammenleben der Menschen garantieren sollen, wie Gleichheit, Gerechtigkeit, Brüderlichkeit, Aufrichtigkeit und Toleranz. Die Gruppe, die tatsächlich bestrebt ist, diese ideale in ihrem Verhalten zu verwirklichen, sind die Tauben – von Falken werden sie deshalb bisweilen verächtlich als ‹Gutmenschen› bezeichnet. Falken legen keinen Wert auf Gemeinsamkeit, sie streben nach Distinktion. Gegenseitigkeit ist ihnen ein Gräuel, sie wollen autonom sein. Sie halten auch wenig von dem Postulat, dass alle Menschen gleich seien – sie wollen an der Spitze stehen. Ihr Verhalten ist Strategie, ist Kriegstaktik, weil sie in jedem anderen einen Feind oder wenigstens einen Konkurrenten vermuten – während Tauben an einem Netz gegenseitiger Verbindungen und Verpflichtungen arbeiten, das keinen ausschließt und keinen unterordnet.

Falken werden jedoch kaum jemals offiziell für ihre Überzeugungen eintreten. Es ist vielmehr ein wesentliches Kennzeichen ihrer Praxis, so zu tun, als ob sie mit den Tauben gemeinsame Sache machen würden. Aber statt die moralischen Erwartungen tatsächlich zu erfüllen, die in sie gesetzt werden, konzentrieren sie sich darauf, den Anschein von Moralität zu erwecken. Das wahre Ethos der Falken ist das des Kriegers: geachtet wird, wer siegt. Das Ethos der Tauben ist das der Zivilisten: Ziel ist, zu überleben. Und Friede ist dem Krieg unter allen Umständen vorzuziehen.

2.3 Konsequenzen

Erfolg beruht im Kampfmodus darauf, andere derart einzuschüchtern, dass sie freiwillig hergeben, was man haben möchte, oder auf ihre berechtigten Ansprüche verzichten. Die eigene Position wird auch gestärkt, wenn es gelingt, andere aus dem körperlich-seelischen Gleichgewicht zu bringen, was ihre Leistungsfähigkeit und ihre Reaktionsmöglichkeiten einschränkt.

Wenn Sie keine Neigung verspüren oder kein Talent dafür haben, sich auf diese Weise durchzusetzen, so sollten Sie jedoch in jedem Fall vermeiden, sich in die unterlegene Position manövrieren zu lassen. Bedenken Sie, dass nicht nur Ihr Erfolg im Leben, sondern auch Ihre körperliche und seelische Gesundheit auf dem Spiel stehen!

Besiegt ist nur, wer sich geschlagen gibt

Wer wie die Tauben zu kooperativem Verhalten neigt, der nimmt oft erst verspätet oder womöglich gar nicht wahr, dass er sich im Kampfmodus befindet. Vielleicht hat ein Umschlag vom kooperativen in den Kampfmodus stattgefunden; vielleicht hat man es auch mit einem echten Falken zu tun, der gar nicht anders kann, als zu konkurrieren. Da kooperative Signale und Beschwichtigungssignale weitgehend deckungsgleich sind, besteht nun die Gefahr, nur deshalb in die unterlegene Position zu geraten, weil man seine besten (kooperativen) Absichten kundtut. Freundliches Entgegenkommen, Hilfsbereitschaft, Verbindlichkeit sind im Kampfmodus nicht angesagt! Jede Form der Grenzüberschreitung muss entschieden zurückgewiesen werden! Akzeptieren Sie, dass Sie es mit einer Spezies zu tun haben, die äußerst aggressiv ist, und dass es keinen Zweck hat, diese Tatsache zu leugnen.

Dominanz ist nicht die Eigenschaft einer Person, sondern einer Beziehung. Die Überlegenheit des einen wird ganz wesentlich durch die Unterlegenheitsgesten des anderen aufrechterhalten. Deshalb können Sie Ihre eigene Position schon dadurch stärken, dass Sie auf Verhaltensweisen verzichten, die Beschwichtigung und Unterwerfung signalisieren. Das erfordert Selbstdisziplin, wenn solche Reaktionen auf das selbstbewusste oder bedrohliche Auftreten anderer quasi automatisch erfolgen, weil sie von frühester Kindheit an eingeschliffen worden sind. Statt Ihre Schwäche zu zeigen, sollten Sie versuchen, den Eindruck von Stärke zu vermitteln. Das ist die Voraussetzung dafür, dass andere Sie ernst nehmen.

Um Unterwerfung zu signalisieren, kann man sich kleinmachen, in Tränen ausbrechen, entschuldigend lächeln, den Kopf einziehen, sich verneigen, den Platz freiwillig räumen, wenn der Überlegene sich nähert, vorauseilend gehorsam sein oder seine Dienste anbieten. Mit Hilfe solcher Signale beschwichtigen Sie vermutlich Ihren Angreifer, aber Sie geben sich damit auch geschlagen. Den Versuch, Sie zu dominieren, können Sie aber auch kontern mit Signalen, die ihre Bereitschaft zum Kämpfen anzeigen. Tiere fletschen die Zähne, plustern sich auf, machen einen Buckel, Brüllen und Kreischen. Sie demonstrieren, dass sie stark und wehrhaft sind. Es gibt also zwei Möglichkeiten, aggressives Verhalten zu entschärfen. Die eine ist die Zurschaustellung der eigenen Schwäche, die andere die Zurschaustellung persönlicher Stärke. Es fällt anderen längst nicht so leicht, Sie auszunutzen, anzugreifen und zu überfahren, wenn Sie keinen Zweifel daran aufkommen lassen, dass Sie stark und selbstbewusst sind. Dazu gehört auch die Fähigkeit, Spannungen auszuhalten. Verbieten Sie es sich, Konflikte unter allen Umständen sofort beizulegen. Wer als Erster die versöhnende Geste macht, der demonstriert damit, dass er mehr auf eine harmonische Beziehung zum anderen angewiesen ist als dieser auf ihn. Zeigen Sie durch Ihr Schweigen Ihre seelische Widerstandsfähigkeit – auch wenn es schwerfällt. Manchmal müssen Sie bluffen. Und manchmal müssen Sie auch Zähne zeigen.

Wenn Sie bereits in die unterlegene Position geraten sind, dann stehen Ihnen nur noch zwei Wege offen: Sie können die Beziehung zum dominanten Partner abbrechen oder Sie können sich ernsthaft darum bemühen, das Machtungleichgewicht in dieser Beziehung zu Ihren Gunsten zu verändern. Unrealistisch ist es, darauf zu hoffen, dass der Dominante freiwillig und auch dann, wenn es gegen seine persönlichen Interessen geht, davon ablässt, Sie zu attackieren. Wenn Sie die Beziehung aufrechterhalten wollen, müssen Sie vielmehr deutlich an Stärke gewinnen, sodass sich schließlich zwei gleichwertige Gegner gegenüberstehen, die gleichermaßen mit Machtmitteln ausgestattet sind und mit der Bereitschaft, sie einzusetzen.

Dies ist kein Plädoyer dafür, sich in endlose Machtkämpfe mit dem Partner, dem Chef, den Eltern oder wem auch immer, der Ihnen als Aggressor gegenübertritt, zu verstricken. Und es ist schon gar nicht als Aufforderung zu verstehen, nun Ihrerseits andere fertigzumachen und kleinzukriegen. Es geht vielmehr darum, der Aggression eines anderen Grenzen zu setzen, indem man sie in reglementierte Bahnen lenkt. Wie die Menschheitsgeschichte lehrt, ist die Kultivierung und Reglementierung von Aggression aber nur da möglich, wo Waffengleichheit herrscht. Jahrhundertelang galt es deshalb als unehrenhaft, einen Schwächeren niederzumachen. Gerade dies ist aber charakteristisch für den Kampfmodus. Verhängnisvoll ist es allerdings, sich lediglich in seinem Status als Opfer bestätigen zu lassen. Sie gewinnen dabei nichts als ein Gefühl moralischer Überlegenheit und die Neigung, dies fälschlicherweise als echte Stärke zu deuten. Wenn Sie fair handeln und fair behandelt werden wollen, dann müssen Sie auf einem Gleichgewicht der Kräfte bestehen. Statt sich weiterhin ausschließlich über die Beziehung zum Überlegenen zu definieren, müssen Sie – notfalls mit fremder Hilfe – so viel Eigenständigkeit entwickeln, dass Sie ihm aus dieser Position heraus Grenzen setzen können. Es gibt nachweislich nur eine einzige Reaktion auf Aggression, die etwas bewirkt: die konsequente Weigerung, sie zu tolerieren.

Im Ernstfall gilt es, die Ruhe zu bewahren

Im Kampfmodus spielt die Fähigkeit, mit Stress umzugehen, eine herausragende Rolle. Eine hohe Stresstoleranz ist die Voraussetzung dafür, eine dominante Position zu erlangen, aber auch dafür, sich nicht so leicht unterkriegen zu lassen. Wie wir gesehen haben, ist die individuelle Stressresistenz zum einen genetisch bedingt, zum anderen abhängig von der frühkindlichen Umwelt. Die Erfahrungen der ersten Lebensjahre, während derer sich wichtige neuronale Verbindungen erst ausbilden, schlagen sich dauerhaft im Nervensystem nieder. Misshandlung und Vernachlässigung haben langfristig zur Folge, dass die Fähigkeit verlorengeht, die Intensität der eigenen Gefühle regulieren zu können. Diese Fähigkeit ist der Kern von Stressresistenz. Stress führt zu dauerhaften morphologischen Veränderungen, einer Schrumpfung des Hippocampus, der maßgeblich ist für die Stressregulierung.

Nun die gute Nachricht. Die Neurowissenschaften haben in den letzten Jahren unser Verständnis von der Biologie der Psyche revolutioniert. Das alte Bild des Zentralnervensystems als eines unveränderlichen Organs ist vollkommen und ersatzlos gestrichen worden. Das ‹neue› Gehirn befindet sich in einem ständigen Wandel. Wir wissen heute, dass sich neuronale Netze fortlaufend verändern, dass neue Verbindungen in Form von Synapsen entstehen, während alte verschwinden. Wir wissen auch, dass das Gehirn neuronale Stammzellen besitzt, die laufend neue Nervenzellen produzieren, welche in verschiedene Hirnstrukturen auswandern, um sich dort zu differenzieren. Stärker benutzte Hirnareale nehmen – ähnlich der Muskulatur bei körperlichem Training – an Volumen zu. Londoner Taxifahrer besitzen beispielsweise einen größeren rechten Hippocampus als Londoner, die nicht Taxi fahren. Musiker verfügen über größere sensumotorische Projektionsfelder für die spezifischen motorischen Funktionen, etwa das Geigespielen. Aus Tierexperimenten weiß man, dass körperliche Aktivität, insbesondere wenn sich das Tier in einer interessanten Umgebung mit mehr Auslauf und mehr sozialen Kontakten befindet, die Neurogenese im Hippocampus fördert.

Gene und Kindheit sind also kein Schicksal! Wir können uns auch als Erwachsene noch verändern. Die Erfahrungen, die wir machen, schlagen sich im neuronalen Netzwerk unseres Gehirns nieder. Sie sind umso leichter abrufbar, je öfter wir sie trainieren.

Das gilt auch für die Fähigkeit, mit Stress umzugehen. Dabei ist es wichtig zu wissen, dass die Stressreaktion hohen Überlebenswert hat. Erst unter Stress werden alle unsere Kräfte mobilisiert. In Sekundenbruchteilen schießen Hormone wie Cortisol, Noradrenalin und Adrenalin ins Blut. Sie sorgen dafür, dass Herzschlag und Atmung sich beschleunigen, mehr Sauerstoff durch den Körper strömt, Gehirn und Muskeln ausreichend Zucker zur Verfügung steht. Problematisch wird es erst, wenn der Stress kein Ende nimmt. In der Frühzeit der Menschheit folgte auf Stress eine körperliche Reaktion wie Flucht oder Kampf. Dabei baute der Körper Blutzucker und Stresshormone wieder ab. In unserer Zeit kann man dem Stress aber meist nicht dadurch begegnen, dass man entweder zuschlägt oder davonläuft – die hohen physiologischen Werte, die eine akute Stressreaktion begleiten, bleiben erhalten. Dies sorgt für ständig erhöhte Blutzuckerwerte, welche die Gefäße ähnlich schädigen wie Diabetes. Die Immunabwehr wird schwächer, Herz und Kreislauf stehen unter Dauerbelastung und nehmen Schaden. Schlafstörungen, Angstzustände und Depressionen sind die psychischen Begleiterscheinungen.

Entspannungstechniken, das ist wissenschaftlich nachgewiesen, helfen, den psychophysiologischen Zustand wieder zu regulieren. Man kann Yoga betreiben oder Autogenes Training, meditieren, sich massieren lassen oder in der Badewanne entspannen. All dies verlangsamt die Atmung und den Herzschlag, beugt Stresserkrankungen vor.

Stresshormone werden durch körperlichen Einsatz abgebaut, ursprünglich durch Kampf oder Flucht. Wer seinen aktuellen Lebensumständen nicht entfliehen kann, der sollte trotzdem laufen. Joggen, Rad fahren oder schwimmen sind hilfreich. Wer einen Angriff auf den Feind nicht für ratsam hält, der sollte Tennis oder Golf spielen, vielleicht eine Kampfsportart ausüben oder einen Salsa-Kurs besuchen.

Es ist der Wechsel zwischen (sportlicher) Anspannung und Entspannung, der die Stressresistenz erhöht. Wenn Sie sich nun nicht mehr so leicht unter Druck setzen lassen, so hat das zur Folge, dass Sie selbstbewusster werden und auch selbstbewusster wirken und entsprechend in der Ranghierarchie ihrer sozialen Bezugsgruppe aufsteigen.

Wenn jeder an sich denkt, dann ist an alle gedacht

Jede Machthierarchie ist zugleich eine Aufmerksamkeitshierarchie. Der Unterlegene richtet seine Aufmerksamkeit auf den Überlegenen als einer potenziellen Quelle der Bedrohung. Je mehr Aufmerksamkeit wir dem Überlegenen schenken, desto leichter machen wir es ihm jedoch, uns zu beeinflussen.

Ihre Gefühlslage und Ihr Verhalten sind unter die Kontrolle eines anderen gelangt,

- wenn Sie sich in seiner Gegenwart angespannt und ängstlich fühlen;
- wenn Sie bei allem, was Sie sagen und tun, auf der Hut sind, weil Sie die Reaktionen des anderen fürchten;
- wenn Sie glauben, unaufhörlich Beweise der eigenen Anhänglichkeit, Dienstbereitschaft und Vertrauenswürdigkeit erbringen zu müssen;
- wenn Sie keine Forderungen zu stellen wagen und Auseinandersetzungen vermeiden, weil Sie sich dem anderen nicht gewachsen fühlen;
- wenn Sie jeder Versuch, eigene Bedürfnisse durchzusetzen, so viel Kraft kostet, dass Sie das Gefühl haben, es sei die Sache nicht wert;
- wenn Sie im vorauseilenden Gehorsam die Forderungen

des anderen erfüllen, noch ehe dieser sie ausgesprochen hat;

- wenn Sie das Gefühl haben, immer alles falsch zu machen;
- wenn Sie einen Eiertanz aufführen, um eine Zurechtweisung durch den anderen zu vermeiden;
- wenn Sie sich nicht sicher genug fühlen, um eine vom anderen abweichende Meinung zu vertreten, ihm zu widersprechen oder sein Verhalten zu kritisieren;
- wenn Sie um des lieben Friedens willen praktisch alles tun, was der andere von Ihnen verlangt.

Im Kampfmodus verfolgt der Unterlegene überwiegend Vermeidungsziele: Er will die Aufmerksamkeit und die Aggressionen des Überlegenen nicht auf sich ziehen. Vermeidungsziele haben aber den Nachteil, dass sie nie wirklich erreicht werden können. Man muss immer auf der Hut sein. Selbst wenn es heute gelingt, den Frieden zu bewahren, kann morgen schon ein offener Konflikt ausbrechen. Vermeidungsziele binden Aufmerksamkeit und sind von ängstlicher Anspannung begleitet. Positive Emotionen stellen sich allenfalls als ein Gefühl der Erleichterung ein, dass das Befürchtete (noch) nicht eingetreten ist. Die an die Vermeidung von Gefahr gebundene Aufmerksamkeit fehlt für die Bewältigung anderer Anforderungen. Die eigenen Bedürfnisse werden nicht befriedigt.

Um die Kontrolle über Ihr Leben wiederzugewinnen, ist es deshalb notwendig, sich innerlich abzuwenden von demjenigen, der versucht, Sie zu beherrschen. Schenken Sie stattdessen sich selbst Aufmerksamkeit. Achten Sie auf Ihr Wohlbefinden, nicht auf das des anderen. Konzentrieren Sie sich auf Ihre Wünsche und Bedürfnisse und die Möglichkeiten, sie zu erfüllen, anstatt auf fremde Erwartungen. Hören Sie auf, darüber nachzugrübeln, was im anderen vorgehen mag – er will Sie nur beherrschen. Solange Sie kein anderes Ziel verfolgen, als möglichen Angriffen von oben zu entgehen, bleiben Sie in seinem Bann.

Lieber zufrieden als zu loyal

Es ist charakteristisch für Tauben, dass sie an Beziehungen auch dann festhalten, wenn diese ihnen schaden. Während Falken versuchen, sich durchzusetzen, oder eine Beziehung abbrechen, wenn diese nur noch unerfreulich ist, sind Tauben über jedes vernünftige Maß hinaus loyal. Auch Loyalität ist übrigens ein Zeichen von Unterlegenheit: Es ist ursprünglich die Treue, die der Vasall seinem Lehnsherrn schuldet. Allerdings nur so lange, wie der Lehnsherr seiner Pflicht der Fürsorge genügt. Wenn das Vertrauen in eine Macht, die uns wohlwollend gegenübersteht, nicht gerechtfertigt ist, dann ist es der Mechanismus der Fluchtumkehr, der zur Loyalität zwingt. Die Aggressionen des Überlegenen und die durch sie ausgelöste Angst wirken als starker Bindungsfaktor. Hinzu kommt, dass eine wesentliche Strategie der Absicherung von Herrschaftsverhältnissen darin besteht, den Unterlegenen von anderen sozialen Bezügen zu isolieren. So scheint die Alternative manchmal nur noch darin zu bestehen, zu bleiben oder allein zu bleiben.

Bevor Sie in diese Falle geraten, sollten Sie es sich zur Gewohnheit machen, die Beziehungen, die Sie pflegen, regelmäßig zu überprüfen. Wie fühlen Sie sich in Gegenwart Ihres Partners, Ihrer Kinder, Ihrer Eltern, im Kreis Ihrer Freunde, Bekannten, Verwandten oder Kollegen? Es gibt Menschen, deren Wertschätzung uns aufleben lässt, und Menschen, durch die wir uns entwertet oder unter Druck gesetzt fühlen. Sie lassen uns aus dem seelischen und körperlichen Gleichgewicht geraten. Wir fühlen uns nicht mehr wohl, verlieren an Zuversicht und Kompetenz, und mögen von uns selbst nicht mehr allzu viel halten. Beziehungen, die uns auf diese Art und Weise demoralisieren, sind Gift für uns. Wir müssen uns deshalb die Frage stellen, ob es zwingende Gründe dafür gibt, sie aufrechtzuerhalten. Auch wenn es die eigenen Eltern sind, die uns zusetzen, die Schwiegereltern, der Bruder oder die Schwester – erlauben Sie sich, ihnen aus dem Weg zu gehen. Sie haben das Recht, sich vor schädlichen Einflüssen zu schützen.

Leider sind nicht alle Fälle so eindeutig. Manche Menschen herrschen mit Zuckerbrot und Peitsche. Sie verstehen es ebenso gut, uns niederzumachen wie uns wieder aufzuwerten. Das Wechselbad der Gefühle, das wir mit ihnen erleben, macht es uns schwer, das grundlegende Muster der Beziehung zu erkennen. Wenn Ihr Wohlbefinden aber davon abhängig ist, wie eine bestimmte Person Sie behandelt, dann haben Sie sich in ein Abhängigkeitsverhältnis begeben, das Sie in hohem Maße verletzlich macht.

Noch schwieriger wird es, die eigene Lage zu durchschauen, wenn Kindheitserfahrungen unsere Realitätssicht verzerrt haben. Ein Kind, das feindseligen oder gleichgültigen Eltern hilflos ausgeliefert ist, muss ungeheuerliche Anpassungsleistungen erbringen. Es muss sich das Vertrauen in Menschen bewahren, die sein Vertrauen nicht verdienen; es muss sich in einer Situation sicher fühlen, die äußerst bedrohlich und angsteinflößend ist; es darf trotz der Unberechenbarkeit seiner Umgebung nicht die Fassung verlieren und trotz der Hoffnungslosigkeit seiner Lage nicht aufgeben. All dies ist nur möglich, wenn weite Teile der Realität ausgeblendet werden: wenn das Kind Misshandlungen und Ungerechtigkeiten ‹vergisst›, die Gefahr verleugnet, in der es sich befindet, die Eltern von jeder Schuld und bösen Absicht freispricht und sie zu jenen Figuren idealisiert, die es zu seinem Schutz braucht. Seine Eltern so wahrzunehmen, wie sie wirklich sind, nämlich bösartig oder auch nur gleichgültig gegenüber ihrem Kind, könnte kein Kind ertragen. Deshalb greift es auf eine Vielzahl von Abwehrmechanismen zurück, die ihm helfen, seelisch zu überleben: Es lernt, Kränkungen und Demütigungen, die ihm zugefügt werden, nicht mehr zu fühlen; für Misshandlungen, die es erfährt, Begründungen zu finden, welche die Eltern entlasten; Vorfälle, die es erschreckt haben, aus dem Gedächtnis zu streichen und die Willkürherrschaft der Eltern als Macht zu bewundern.

Diese in der Kindheit erworbenen Abwehrmechanismen können im späteren Leben jederzeit wieder reaktiviert werden. Die Wahrnehmungsabwehr gegenüber all jenen Aspekten, die eine wichtige Beziehungsperson anderen ‹böse› erscheinen lassen, steigert sich proportional zu deren Macht und Bedeutung. Je größer unsere Abhängigkeit, desto eher neigen wir dazu, unsere Augen vor der Realität zu verschließen, um uns weiterhin sicher fühlen zu können. Um uns vor der Einsicht zu schützen, dass wir feindseligen Menschen ausgesetzt sind, verzerren wir die Realität, mit der möglichen Wirkung, dass wir einen Teil unserer Fähigkeit eingebüßt haben, angemessen mit der Realität umzugehen.

So gehen misshandelte Kinder später meist wieder Missbrauchsbeziehungen ein. Die Daten hierzu sind eindeutig, zumindest im Hinblick auf Frauen. Das Risiko, vergewaltigt oder misshandelt zu werden, verdoppelt sich beispielsweise für Opfer sexuellen Missbrauchs in der Kindheit. Das liegt nicht etwa daran, dass diese Frauen sich gern misshandeln lassen (wie es ihnen mit der These vom weiblichen Masochismus unterstellt wurde), sondern an deren eingeschränkter Wahrnehmungs- und Handlungsfähigkeit. Zum einen sind Menschen, die als Kinder gezwungen waren, frustrierende, aggressive oder sogar brutale Eltern zu idealisieren, auch als Erwachsene meist nicht fähig, andere richtig einzuschätzen, insbesondere deren destruktive Züge wahrzunehmen. Zum anderen können sie sich meist nicht wehren, denn aggressive Eltern neigen in besonderem Maße dazu, Selbstbehauptungsversuche ihrer Kinder zu unterdrücken.

Man sollte also lernen, auf seine Gefühle zu achten: Das Gedächtnis gibt nach, wenn der Druck zu groß ist, der Körper aber erinnert sich. Auch wenn Sie nicht klar darlegen können, warum Sie sich von einem Menschen herabgesetzt und beeinträchtigt fühlen, achten Sie auf Ihre Empfindungen: das Asthma, den Migräneanfall, die Magen- und Darmbeschwerden, das Herzjagen, die feuchten Hände, die Müdigkeit oder die Langeweile, die sich in seiner Gegenwart regelmäßig einstellen. Es sind Alarmsignale, die Sie nicht überhören sollten. Wenn Sie sich nach einer Begegnung dagegen ausgeglichen, zuversichtlich, zufrieden oder auch energiegeladen fühlen, dann ist das ein Hinweis darauf, dass dieser Kontakt Ihnen guttut. Bedenken Sie: Kindern steht tatsächlich kein Ausweg aus destruktiven familiären Verhältnissen offen. Sie sind ihren Eltern auf Gedeih und Verderb ausgeliefert. Sie haben heute als Erwachsener jedoch die Freiheit der Wahl, welchen Einflüssen Sie sich aussetzen wollen.

3 Der Prestigemodus

3.1 Wissenschaftliche Erkenntnisse

Möge der Beste gewinnen

Im Kampfmodus gebraucht man sprichwörtlich seine Ellenbogen, um sich durchzusetzen. Dies ist die archaische Form sozialer Konkurrenz, die der Mensch mit allen anderen sozial lebenden Tieren teilt. Im Laufe der letzten zehn Millionen Jahre ist jedoch noch eine andere Art des Wettbewerbs entstanden: Statt einen Rivalen einzuschüchtern, versucht man sich hervorzutun. Für den Erfolg ist nicht mehr Aggressivität, sondern Leistung ausschlaggebend. Prestige erlangt, wer am schnellsten laufen oder am schönsten singen kann, wer am besten aussieht oder die spektakulärsten Kunstprojekte in Szene setzt, wer sprachgewandt ist oder ein guter Mathematiker.

In den modernen westlichen Gesellschaften wird in der Regel so getan, als ob dies die einzige Art der sozialen Konkurrenz sei, auf die man sich gefasst machen müsse. In der Schule wird den Heranwachsenden vorgeführt, wie ihre Leistungen permanent mit denen anderer verglichen und beurteilt werden. Daneben und dahinter finden zwar stets auch Auseinandersetzungen im Kampfmodus statt, die auf den Schulerfolg jedoch keinen Einfluss haben sollen. Anders dann im ‹wirklichen› Leben: Die Karriereleiter wird natürlich auch mit den Mitteln des Kampfmodus erklommen. Der Prestigemodus, der verantwortlich ist für jeden technologischen und wissenschaftlichen Fortschritt, für Kunst und Kultur, kann seine für die menschliche Zivilisation herausragende Rolle nur in dem Maße spielen, wie es gelingt, den Kampfmodus zurückzudrängen.

Außer dem Menschen gibt es nur eine einzige Spezies, die neben dem Kampfmodus auch den Prestigemodus beherrscht. Dies ist der Schimpanse, unser nächster Verwandter. Der Primatenforscher Michael Chance konnte beobachten, wie sich einzelne Schimpansen vor der Gruppe produzierten. Ihr Ziel war sichtlich nicht, andere einzuschüchtern, sondern Eindruck zu schinden. Sie versuchten, die Aufmerksamkeit auf sich zu ziehen, indem sie sich interessant und damit attraktiv für ihre Artgenossen machten. Solche Vorführungen bestanden beispielsweise darin, auf und ab zu springen oder Gegenstände zu werfen. Die Primatenforscherin Jane Goodall schildert die Karriere des Schimpansen Mike, der ursprünglich eher ein Außenseiter der Gruppe und ziemlich klein war, beides schlechte Voraussetzungen dafür, in der Hierarchie der Gruppe aufzusteigen. Eines Tages entdeckte Mike jedoch, dass man einen gewaltigen Krach machen kann, wenn man auf die Ölkanister einschlägt, die im Lager herumstanden. Er errang mit seinem Getöse hohes Ansehen und hatte sechs Jahre lang die alpha-Position inne, ohne dass er darum hatte kämpfen müssen. Der Primatenforscher Frans de Waal wiederum stellte fest, dass der Schimpanse Yeroen im Arnheimer Zoo seinen übergeordneten Status trotz nachlassender Kräfte bis ins hohe Alter behielt, was er einzig und allein seinen moralischen Qualitäten verdankte. Er war in der Lage zu bemerken, wann sich zwischen Gruppenmitgliedern Streit anbahnte, und besaß das soziale Geschick, zwischen den Kontrahenten zu vermitteln. Dabei war er bemerkenswert unparteiisch und ließ sich beim Schlichten nicht durch seine persönlichen sozialen Beziehungen beeinflussen. Andere Männchen konnten Yeroen im Kampf besiegen, aber sein hoher Status blieb durch den Respekt der Gruppe bestehen.

Die Entfaltung von Talenten setzt freilich ein ganz anderes soziales Klima voraus als die Auseinandersetzungen des Kampfmodus, wie Michael Chance erkannte. Im Kampfmodus sind wir vorwiegend mit unserer Verteidigung beschäftigt; unsere Aufmerksamkeit ist auf potenzielle Gefahren für Leib, Leben, Selbstwertgefühl und Status gerichtet. Wir sind in einem Dauerzustand psychophysiologischer Erregung, der unsere Leistungsfähigkeit herabsetzt. Drohungen, Einschüchterung und Zwang, das sollte endlich bei Eltern und Erziehern angekommen sein, rufen Gegenaggression oder Unterwerfung hervor, aber keine besonderen Leistungen. Nur wenn wir uns sicher fühlen, genießen wir die Freiheit, unsere Intelligenz und Kreativität anzuwenden, und unsere soziale und nicht soziale Umwelt auf ihre interessanten statt auf ihre bedrohlichen Aspekte hin zu erforschen. Der Unterschied zwischen dem Kampfmodus und dem Prestigemodus ist der zwischen Krieg und Frieden. Konkurrenz findet in jedem Fall statt, aber wo es im Krieg nur Sieger und Verlierer gibt, da ist der Frieden produktiv und schafft überdies eine neue Rolle: die des Publikums. Die Konkurrenten versuchen sich nicht gegenseitig einzuschüchtern, sondern kämpfen darum, in den Augen einer dritten Partei attraktiver zu erscheinen als der jeweils andere. Nun fragt man sich nicht mehr, wie stark und wie mächtig man ist, wie leicht man andere einschüchtern kann, sondern wie attraktiv man ist und wie gern andere dazu bereit sind, in einen zu investieren. Die Ressourcen, die man sich im Kampfmodus einfach vom Schwächeren nimmt, werden einem im Prestigemodus freiwillig zugestanden, wenn man Eindruck zu machen versteht. Das Prestige, das man gewinnt, ist die Grundlage der Rangordnung in diesem Modus. Entscheidend ist, dass die Zuweisung des Ranges von dritter Seite erfolgt – es geht darum, den Zuschauer positiv zu beeindrucken. Deshalb müssen sich die Konkurrenten im Prestigemodus nicht einmal persönlich begegnen, um den Ausgang eines Wettbewerbs zu entscheiden. Man kann zur besten Schauspielerin des Jahres gekürt werden, einen Jugend-forscht-Wettbewerb gewinnen, fabelhaft Einrad fahren, ohne seine Konkurrenten auch nur zu kennen.

Der Prestigemodus ist bei uns Menschen ungeheuer elaboriert. Es gibt viele Möglichkeiten, sich hervorzutun, durch Geschick im Ballwerfen oder im Verhandeln, durch eine schöne Stimme oder ein gutes Gedächtnis, durch Ausdauer beim Klettern oder Studieren, durch Erfolge beim Tangotanzen oder beim Kopfrechnen. Die Leistungen, die im Prestigemodus erbracht werden, sind die Grundlage der menschlichen Zivilisation, von Technik, Kunst und Kultur. Deshalb muss jede Gesellschaft darauf achten, den Kampfmodus zugunsten des Prestigemodus so weit wie möglich zurückzudrängen. Recht und Gesetz, Moral und Religion sind jene Institutionen, die vom Menschen geschaffen wurden, um seiner Neigung, durch offene oder verdeckte Gewalt eine Vorrangstellung zu gewinnen, entgegenzuwirken. Der Kampfmodus als der entwicklungsgeschichtlich viel ältere, primitivere Modus ist jedoch tief in unser Genom eingeschrieben; er kann zu jeder Zeit und an jedem Ort aktiviert werden. Nicht selten wird der Prestigemodus auch hinterrücks von Verhaltensweisen unterlaufen, die dem Kampfmodus zuzurechnen sind. In der Schule oder am Arbeitsplatz geht es offiziell um Leistungs-, nicht um Aggressionsbereitschaft. Wenn potenzielle Konkurrenten jedoch nicht mit individueller Leistung, sondern mittels aggressiver Attacken aus dem Feld geschlagen werden, so wird die Rangposition des Einzelnen doch wieder vom Kampfmodus bestimmt.

Die Evolutionspsychologen Ole Christer Lund und David Buss haben 2006 in einer großangelegten Studie festgestellt, dass Menschen eine von drei grundlegenden Taktiken anwenden, um im Beruf Erfolg zu haben: Kooperation, Aggression und Manipulation und schließlich Leistung. Dies entspricht den Strategien, die im kooperativen Modus, im Kampfmodus und im Prestigemodus Anwendung finden. Je nachdem, welcher Modus im konkreten Fall dominiert, wird man auch ein entsprechendes Betriebsklima vorfinden.

- Wer auf Kooperation setzt, der pflegt Freundschaften und Beziehungen, schmiedet Allianzen und knüpft an seinem sozialen Netzwerk. Er ist hilfsbereit und umgänglich, ein guter Zuhörer und allgemein gern gesehen. Er ist immer bereit, anderen einen Gefallen zu tun, und bleibt niemandem etwas schuldig. Er befolgt das Prinzip der Gegenseitigkeit.

- Wer im Berufsleben eine aggressive Taktik verfolgt, der sucht keine Freunde zu gewinnen, sondern seine Konkurrenten auszuschalten oder aktiv zu behindern. Er wertet sich selbst auf, während er andere niedermacht. Er versucht, andere einzuschüchtern und zu manipulieren und ihnen die Schuld für eigene Fehler in die Schuhe zu schieben. Er provoziert Konflikte und hat keine Skrupel, die Ideen anderer für eigene auszugeben oder negativen Klatsch zu verbreiten. Bei Höhergestellten schmeichelt er sich ein.

- Wer meint, dass Leistung etwas zähle, der leistet einen hohen Arbeitseinsatz. Er ist bereit, sich notwendiges Wissen und Können anzueignen und dazu, Führung und Verantwortung zu übernehmen. Er setzt sich präzise Ziele, ist organisiert und einsatzfreudig.

Jede dieser Taktiken ist in ihrem Modus erfolgversprechend. Im wirklichen Leben kommen die einzelnen Modi jedoch nicht in Reinkultur vor; es hängt auch von den Beteiligten einer sozialen Interaktion ab, welcher Modus vorherrscht. Welche Taktik ist also im wirklichen Leben überlegen?

Dies haben Ole Christer Lund und David Buss an 315 norwegischen Berufstätigen aus den Bereichen Forschung und Wirtschaft untersucht. Sie ermittelten zum einen, welche Taktik jeder Einzelne bevorzugt anwandte, und zum anderen sein Gehalt. Dabei stellte sich heraus, dass sowohl Aggression als auch Leistung mit einem hohen Gehalt verbunden waren.

- Die Taktik Aggression und Manipulation führte vor allem dann zum Erfolg, wenn Methoden der Einschüchterung und des Ausschlusses von Konkurrenten angewandt wurden, kombiniert mit Selbsterhöhung durch Täuschung.
- Die Taktik Leistung wurde dann mit einem hohen Gehalt belohnt, wenn der Betreffende bereit war, Führung zu übernehmen, verbunden mit harter Arbeit und hohem Wissensstand.
- Kooperation stand mit der Höhe des Gehalts dagegen in einem negativen Zusammenhang, korrelierte jedoch hoch mit Lebenszufriedenheit (diese war am niedrigsten bei jenen Leuten, die auf Manipulation und Aggression setzten).

Die Unternehmensberaterin Hedwig Kellner schreibt: «Es entspricht unserer Lebenserfahrung, dass nicht unbedingt die Fleißigen, Gewissenhaften und Klugen beruflich aufsteigen und erfolgreich sind. Im Gegenteil, manchmal scheint es so, als seien Fachwissen und die engagierte Erledigung von Aufgaben eher hinderlich für den Erfolg. Besonders im Hinblick auf ‹Teamfähigkeit› lässt sich beobachten, dass ausgerechnet jene Kollegen, die sich am meisten für das Team einsetzen, denen das Team am meisten zu verdanken hat, letztlich in den unteren Rängen der Hierarchie hängenbleiben, während die teamunfähigen Einzelgänger und Egoisten kontinuierlich die Karriereleiter hinaufsteigen.» (Hedwig Kellner. *Die Teamlüge*, S. 96). Gleichzeitig vermerkt die Autorin, dass von neuen Mitarbeitern neben der fachlichen Qualifikation und beruflichen Erfahrung heutzutage unbedingt auch Teamfähigkeit, also Kooperationsbereitschaft, verlangt wird. Ein harmonisches Miteinander entspricht unserem Ideal menschlichen Zusammenlebens und -arbeitens, das von vielen Menschen jedoch heimlich unterlaufen wird. Deutsche Manager etwa verwenden einen großen Teil ihrer Energie und Arbeitszeit darauf, am Stuhl ihres Vorgesetzten zu sägen und den Aufstieg gleichrangiger Kollegen zu behindern. Zu diesem Schluss kamen die Bremer Sozialwissenschaftler Wilhelm Eberwein und Jochen Tholen, die 1989 Führungskräfte aus 35 Unternehmen einer eingehenden Befragung unterzogen. Der Einsatz der Ellenbogen nimmt demnach mit aufsteigender Hierarchie zu, die Bereitschaft zu Teamarbeit und offener Kommunikation dagegen ab.

Der Anthropologe Christopher Boehm hat Naturvölker wie die berühmten !Kung oder die Inuit untersucht, die als wahrhaft egalitär gelten, und ist dabei zu dem Schluss gekommen, dass ein gleichberechtigtes Miteinander, demokratische Verhältnisse also, sich nicht von selbst ergeben. Sie müssen vielmehr immer wieder neu erkämpft werden, indem den Versuchen Einzelner, Dominanzhierarchien aufzubauen, um sich an deren Spitze zu stellen, Widerstand entgegengebracht wird. In den gleichberechtigten Gesellschaften der Naturvölker werden Menschen, die andere zu dominieren versuchen, systematisch sabotiert. Wer seine Überlegenheit geltend machen will, erntet nur Spott und Hohn. Ein Möchtegernboss, der anderen meint sagen zu müssen, was sie tun sollen, wird von der ganzen Gemeinschaft boykottiert. Auch drastischere Maßnahmen wie Mord werden ergriffen. Individuen, die im Kampfmodus unterliegen würden, bilden also politische Koalitionen mit dem ausschließlichen Ziel, den aggressiven Aufsteiger davon abzuhalten, die Friedfertigeren zu dominieren. Nur weil sie den Despoten in ihrer Mitte ständig unter Kontrolle haben, entsteht eine gleichberechtigte Gruppe und eine soziale Atmosphäre, die es jedem Einzelnen erlaubt, seine spezifischen Talente und Fähigkeiten zu entfalten.

Aggression von unten nach oben, um einen Despoten in seine Schranken zu verweisen, findet sich auch bei Primaten. Hier sind es nicht selten die Weibchen, die gegen einen Aggressor aus der eigenen Gruppe einschreiten. Im Yerkes-Primatenforschungszentrum konnte Frans de Waal beobachten, dass die erwachsenen Weibchen mehrere Männchen gemeinsam attackierten, die eine alpha-Position angestrebt hatten, und schließlich Jimoh als Boss akzeptierten, der zwar deutlich kleiner als die anderen Männchen war, aber ihre Billigung fand. Auch Jimoh musste es sich jedoch gefallenlassen, von den weiblichen Mitgliedern seiner Truppe kontrolliert zu werden. Als er einmal ein heranwachsendes

Männchen angriff und der Konflikt zu eskalieren drohte, begannen einige Weibchen den ‹woaow›-Ruf auszustoßen. Dieser durchdringende Ton wird gegen Aggressoren und Eindringlinge eingesetzt. Bald stimmten andere Weibchen ein, und schließlich die ganze Gruppe, sodass ein ohrenbetäubender Lärm entstand. Jimoh brach seinen Angriff mit einem nervösen Grinsen ab; er hatte die Botschaft verstanden.

Bei sozial lebenden Tieren entwickelt jede Gruppe eine spezifische ‹Kultur› – auch innerhalb einer Art können sich Gruppen im Hinblick auf ihre Friedfertigkeit unterscheiden. Entsprechend kann der Kampfmodus oder der Prestigemodus überwiegen. Schimpansen beispielsweise befinden sich meist im Kampfmodus, weil die Gruppen von ein paar männlichen Despoten dominiert werden. Wenn diese Männchen jedoch sterben oder aus der Gruppe entfernt werden oder die Weibchen dazu fähig sind, als vereinte politische Kraft zu agieren, dann können Schimpansengruppen überraschend friedfertig sein. Selbst wenn neue Männchen erwachsen werden und die hohen Ränge besetzen, bleibt die friedfertige Kultur erhalten. Natürlich können und sollen Menschen Einfluss darauf nehmen, wie sie ihr Zusammenleben gestalten. Eine Kultur, in der alle gleichermaßen zu ihrem Recht kommen und ihre Fähigkeiten und Talente verwirklichen können, ohne sich der ständigen Bedrohung durch andere ausgesetzt zu sehen, ergibt sich allerdings nicht von selbst, sondern muss immer wieder neu erarbeitet und verteidigt werden. Dies gilt für die Gesellschaft als ganze wie auch für kleine Gruppen wie den Betrieb oder die Familie.

Man müsste Klavier spielen können

Macht ist sexy. Eine stark ausgeprägte Gewaltbereitschaft findet jedoch weder bei Primatenweibchen noch bei Menschenfrauen besonderen Anklang. Als Väter ihrer Kinder bevorzugen sie solche Mitglieder des anderen Geschlechts, die genügend Ressourcen für die Aufzucht des Nachwuchses bereitstellen können, die zuverlässig sind und Ansehen genießen. Die Darstellung der eigenen Vorzüge im Prestigemodus diente nach Meinung vieler Evolutionsbiologen deshalb ursprünglich vor allem dazu, das andere Geschlecht zu beeindrucken.

Die meisten Menschen setzen Evolution mit ‹survival of the fittest› gleich, also dem Überleben des jeweils am besten Angepassten. In den Eiswüsten der Antarktis setzt sich der Eisbär mit seinem weißen Fell auf schwarzer Haut durch, während der Braunbär dort keine Chancen hat; in den Wäldern, die der Braunbär besiedelt, ist es umgekehrt. Neben dieser natürlichen Selektion gibt es jedoch noch eine andere Art der Auslese, nämlich die sexuelle Selektion durch Partnerwahl. Diejenigen Vormenschen, die bei ihren Artgenossen kein sexuelles Interesse weckten, wurden nicht zu unseren Vorfahren, gleich, wie fit sie waren. Der Evolutionspsychologe Geoffrey Miller vertritt deshalb die gewagte These, dass zahlreiche Aspekte des menschlichen Geistes ein Produkt der sexuellen Selektion sind. Wir seien intelligent, nachdenklich, hilfsbereit, freundlich, gesprächig, witzig, weil unsere Vorfahren einst – so wie wir heute – ihre Sexualpartner nach diesen Merkmalen aussuchten. Kunst, Moral, Kreativität, Humor, Bewusstsein und Sprache haben sich demnach durch sexuelle Selektion entwickelt. (Anmerkung: Ich referiere hier Hypothesen, i.e. Annahmen, nicht

Forschungsergebnisse, i.e. gesicherte Tatsachen. Das geht aus dem Text klar hervor. Ich finde diese Thesen interessant genug, um sie mitzuteilen – der Leser kann sich dazu stellen, wie er will. Forschungsergebnisse muss er dagegen in der Regel akzeptieren, auch wenn sie ihm nicht gefallen.)

Der menschliche Geist verdankt seine Entstehung aus dieser Perspektive den gleichen biologischen Mechanismen wie beispielsweise der Schwanz des Pfaus. Der Pfauenschwanz entwickelte sich, weil Pfauenhennen größere, farbenprächtigere Schwänze bevorzugten. Pfauenmännchen hätten zwar mit kürzeren, leichteren und farbloseren Schwänzen bessere Überlebenschancen, doch die sexuelle Selektion führte bei den Pfauen zu großen, schillernden Federn, die beim Wachstum Energie und beim Putzen Zeit verschlingen und eine Flucht vor Raubfeinden erschweren. Die beeindruckendsten Fähigkeiten des menschlichen Geistes gleichen nach Ansicht von Geoffrey Miller dem Pfauenschwanz: Sie sind Werkzeuge zur Partnerwerbung. In diesem Sinne hat sich der Mensch selbst erschaffen.

Eine besondere Rolle kommt dabei den Mitgliedern des weiblichen Geschlechts zu. Da sie weitaus mehr Zeit und Energie in den Nachwuchs investieren, sind sie bei der Wahl eines Sexualpartners von Natur aus anspruchsvoller als das männliche Geschlecht. Ein häufiges Auswahlkriterium ist beispielsweise die Fähigkeit des Vaters in spe, angemessen für Weib und Kind zu sorgen. Bei den Mückenhaften der Art hylobittacus apicalis fangen die Männchen mit ihren Hinterextremitäten verschiedene Beute wie Fliegen, Spinnen oder Blattläuse und bieten diese den Weibchen als ‹Hochzeitsgeschenk› an. Sobald das Weibchen zu fressen beginnt, leitet das Männchen die Kopulation ein. Die Weibchen sind jedoch sehr wählerisch bei der Annahme dieser Gaben. Entsprechen sie nicht ihren Erwartungen, brechen die Weibchen die Kopulation ab. Den intrasexuellen Wettbewerb gewinnen also jene Männchen mit dem größeren Jagderfolg. Die wegen zu kleiner Beute abgelehnten Männchen haben praktisch keine Chance zur Fortpflanzung.

Ein anderes Auswahlkriterium ist die Vitalität des Partners, weil sie gesunden Nachwuchs verspricht. Bekannte Beispiele sind die langen Schwanzfedern der Paradiesvögel, das Pfauenrad oder die roten Kehlsäcke der Fregattvögel, die offenbar zu nichts anderem nütze sind, als um die Akzeptanz der Weibchen zu werben. Sie sind zweckdienlich für die sexuelle Selektion, nicht aber unbedingt auch für die natürliche Selektion. Lange Schwanzfedern beeinträchtigen das Flug- und Beutefangvermögen. Außerdem locken solche Merkmale nicht nur Weibchen, sondern auch Raubtiere an. Sie sind also ein Handicap. Wer trotz eines solchen Handicaps gut zurechtkommt, so die Argumentation des Biologen-Ehepaares Amotz und Avishag Zahavi, der muss über eine exzellente genetische Ausstattung verfügen. Tatsächlich steht die Pracht des Gefieders in engem Zusammenhang mit der Leistungsfähigkeit des Immunsystems.

Auch wir beurteilen unsere Mitmenschen zu einem großen Teil aufgrund von Signalen, die wie der Pfauenschwanz mit hohen Kosten verbunden sind und auf verborgene Qualitäten verweisen sollen. Dazu gehören alle Produkte, die Hinweise auf die Finanzkraft ihres Besitzers zu geben vermögen, Autos, Uhren einer bestimmten Marke, Designer-Kleidung, exklusive Urlaubsziele. Da diese Statussymbole teuer sind, weisen sie ihren Besitzer als jemanden aus, der es sich leisten kann, verschwenderisch mit seinem Geld umzugehen. Was als Statussymbol gilt, variiert je nach gesellschaftlicher Gruppe und unterliegt überdies einem historischen Wandel. In ihrem Buch «Angeber haben mehr vom Leben» untersuchen Matthias Uhl und Eckart Voland die Darstellungen von Managern in Wirtschaftsmagazinen. Während sich Firmenchefs früher vor imposanten Gebäudekomplexen ablichten ließen, scheint es heute üblich zu sein, sich vor einem Gemälde moderner Kunst fotografieren zu lassen. Man zeigt damit nicht nur materiellen Wohlstand, sondern auch Kunstverstand. Wissenschaftler werden in den Medien dagegen vor einer Bücherwand oder am PC präsentiert. Der firmeneigene Parkplatz, die Gegend, in der man wohnt, der Friseur, den man besucht, die Zahl der Kinder, die man sich leisten kann, großzuziehen – all dies kann zum Statussymbol werden. Auch selbstauferlegte Handicaps kommen bei uns zum Einsatz. Ein Geländewagen beispielsweise, der nicht in den unwegsamen Gegenden gefahren wird, für die er vorgesehen ist, sondern in einer Großstadt, ist auf dem dort begrenzten Raum schwer zu rangieren und nicht ohne weiteres abzustellen. Viele Menschen scheuen die Mühen, die ihnen ein solches Gefährt abverlangt, ganz zu schweigen von den Kosten, die seine Anschaffung und sein Unterhalt erfordern; manche Menschen nehmen das Handicap jedoch auf sich, um sich attraktiv zu machen. Oder haben Sie schon einmal überlegt, warum Frauen hohe Absätze tragen? Zugeben, hohe Absätze machen schöne Beine. Aber eine Frau auf hohen Schuhen ist auch unbeholfen. Schnell vorankommen wird sie auf keinen Fall, und wenn der Boden uneben oder rutschig oder geneigt ist, dann ist sie auf den stützenden Arm eines Begleiters angewiesen. Stöckelschuhe zu tragen bedeutet also auch, die eigene körperliche Geschicklichkeit einzugrenzen. Ein Nachteil? Sicher ein Nachteil, wenn man etwas zu tun hat. Wenn man flink auf den Beinen sein muss. Wenn man größere Strecken aus eigener Kraft überwinden muss. Die Trägerin hoher Schuhe signalisiert jedoch, dass sie das alles nicht nötig hat. Sie muss nicht anderen zu Diensten und deshalb eilfertig sein, sie muss sich noch nicht einmal um sich selbst kümmern: Wo eine Frau hohe Schuhe trägt, da kann der Kavalier nicht weit sein. Ihr ergebener Diener bietet ihr seinen Arm, lotst sie zu ihrem Sitzplatz, chauffiert sie nach Hause. Eine Frau auf Stöckelschuhen ist also eine hochstehende Person.

Schließlich wird auch das Engagement in Tätigkeiten, die keinen praktischen Nutzwert haben, jedoch großes Können und hohen Zeitaufwand voraussetzen, von Geoffrey Miller etwas provokativ als Werbungsstrategie identifiziert. Seiner Meinung nach ist der Drang, Kunstwerke zu schaffen, eine Paarungstaktik, nämlich eine Methode, um potenzielle Partner zu beeindrucken. Künstlerische Begabung ist vergleichsweise selten, lässt sich schwer fälschen und findet allgemeine Anerkennung. Die Natur liefert einen Präzedenzfall: die Seidenlaubenvögel in Australien und Neuguinea. Die Männchen bauen komplizierte Nester und schmücken sie auf das Prächtigste mit farbigen Objekten wie Orchideen, Muschelschalen, Beeren und Rinde. Einige bemalen ihre Lauben mit hochgewürgten Fruchtresten, wobei sie Blätter oder Rindenstücke als Pinsel benutzen. Die Weibchen begutachten die Lauben und paaren sich mit den Schöpfern der symmetrischsten und ansprechendsten Bauwerke.

Von den Leistungen, die im Prestigemodus erbracht werden, profitieren bei uns jedoch nicht nur Frauen, sondern alle Menschen. So wirken Kunst und Kultur nach einer These des Literaturwissenschaftlers Kurt Eibl stressmindernd. Mitteln, die bei der Bewältigung von Stress helfen, kommt eine große Bedeutung zu, da Stressresistenz ein starker Selektionsfaktor ist. Er vermag die Chancen des Einzelnen, das

Leben zu bestehen, nachhaltig zu beeinflussen. Unser Streben nach Entspannung und Glück, nach Ablenkung und Unterhaltung ist deshalb kein überflüssiges Beiwerk im Daseinskampf, sondern ein womöglich spielentscheidender Fitnessfaktor. Wenn wir Musik hören oder einen Roman lesen, wenn wir eine kunstvoll zubereitete Mahlzeit genießen oder Freude daran haben, ins Museum zu gehen, wenn wir ein Fußballspiel oder eine Ballettaufführung besuchen, dann hat das alles eine wohltuende Wirkung auf unseren Geist und unseren Körper: Wir entspannen uns, und unser Immunsystem wird gestärkt.

Andere Leistungen des Prestigemodus zielen auf die Verbesserung unserer äußeren Lebensumstände ab. Was Menschen von allen anderen Spezies auf der Erde unterscheidet, das ist ihr Gestaltungsdrang. Menschen nehmen die Welt, in der sie leben, nicht einfach hin, sondern versuchen unermüdlich, sie zu verändern, damit sie ihren eigenen Bedürfnissen und Vorstellungen besser entspricht. Brücken werden gebaut, Dämme errichtet, Wälder abgeholzt, Seen trocken gelegt; in den Gärten werden die Pflanzen, die dort von Natur aus wachsen, ausgerissen und andere Pflanzen an ihrer Stelle eingesetzt. Steine werden behauen, Straßen gebaut, Häuser eingerichtet, Kleidungsstücke entworfen. Großes Nachdenken und viel Tatkraft werden darauf verwendet, das Problem zu lösen, wie der Mensch sich am schnellsten und bequemsten von Punkt A nach Punkt B bewegt, ohne dabei seine Beine zu gebrauchen oder um die Frage zu beantworten, wie sich die Raumtemperatur regulieren lässt. Die Idee, die hinter all diesem Tun steht, ist die einer Optimierung der Welt, und den Weg dorthin nennt man Fortschritt.

Saboteure und Abstauber

Wer im Prestigemodus Erfolg hat, der findet Anerkennung. Nicht selten erweckt er jedoch auch Neidgefühle bei seinen Konkurrenten, die auf den Kampfmodus umschalten können, wenn sie im Prestigemodus das Nachsehen haben. So engagierte einen Monat vor Beginn der Olympischen Spiele 1994 der Ehemann der Eiskunstläuferin Tonya Harding einen Attentäter, um Hardings Konkurrentin Nancy Kerrigan mit einer Eisenstange das Knie zu zertrümmern. Kerrigan konnte deshalb nicht an den amerikanischen Meisterschaften teilnehmen, und Tonya Harding siegte. Die Ermittler waren schnell auf der richtigen Spur, doch Harding konnte ihre Teilnahme an den Olympischen Winterspielen gerichtlich durchsetzen. Die genesene Nancy Kerrigan gewann sensationell Silber. Tonya Harding belegte den achten Platz. Rechtskräftig verurteilt wurde Harding nach den Spielen lediglich wegen der Behinderung der Ermittlungen.

Der Einsatz physischer Gewalt ist unter Frauen allerdings relativ selten. Weil Männer sanfte weibliche Wesen bevorzugen, kommen unter Frauen häufiger indirekte Formen der Aggression und Behinderung zum Einsatz. Besonders heranwachsende Mädchen sind nach den Untersuchungen der Politologin und Psychologin Rachel Simmons äußerst heimtückische Kontrahenten. Erwachsene bemerken meist nicht, wie bösartig Mädchen zueinander sein können: Da gibt es anonyme Schreiben, die unbemerkt in der Schulklasse herumgehen, in denen ein bestimmtes Mädchen diffamiert wird; da gibt es das ‹zufällige› Anrempeln, den abgewandten (kalten) Rücken, den nicht erwiderten Blick oder Gruß, die Verabredung einer Clique, kein Wort mehr mit dem Opfer zu sprechen, Stigmatisierung und Ausgrenzung.

Zielscheibe solcher Attacken sind meist Mädchen, die im Prestigemodus überlegen sind: das hübscheste, das klügste, das schlankste, das bestgekleidete Mädchen. Und vor allem: dasjenige, das bei den Jungen besonders gut ankommt. Das dringend benötigte Gefühl, dazuzugehören und akzeptiert zu werden, wird so nachhaltig beschädigt, dass das betroffene Mädchen keine Vorteile mehr aus seinem ursprünglich hohen Prestige zu ziehen vermag. Es wird zum schüchternen Mauerblümchen, das es nicht mehr wagt, auf sich aufmerksam zu machen, nicht einmal mehr durch gutes Aussehen oder durch gute Schulnoten. Die norwegischen Forscher Kaj Bjoerkqvist und Mirkko Niemela bezeichneten die Beziehungen von Mädchen untereinander deshalb als «unbarmherzig», «aggressiv» und «grausam». Dem außenstehenden Beobachter (vor allem dem männlichen) wird jedoch eine Fassade von Freundlichkeit präsentiert, denn ein aggressives Mädchen ist nicht attraktiv.

Eine weitere Variante, den Erfolg eines anderen zu sabotieren, besteht darin, dessen Leistungen als die eigenen auszugeben. Ein Beispiel für eine solche vampiristische Ausbeutung bietet das berühmte Schriftsteller-Ehepaar Zelda und Scott Fitzgerald. Scott sah in Zelda seine Muse, die ihm die notwendigen Impulse zum Schreiben vermitteln sollte. Das heißt, er erwartete von ihr Intelligenz, Stilgefühl und Kreativität, aber all diese Fähigkeiten sollte sie nicht für sich selbst nutzen, sondern ihm zur Verfügung stellen. Konkret sah die Inspiration Scotts durch Zelda so aus, dass er einfach ganze Passagen aus ihren Texten in seine Romane übernahm, ohne sich um Urheberrechte zu kümmern, und dass sogar Romane und Kurzgeschichten von Zelda unter seinem Namen veröffentlicht wurden. Auf Dauer wollte Zelda sich jedoch nicht mit ihrer Rolle als Muse eines genialen Schriftstellers zufriedengeben. Stets war sie mit eigenen Schreibprojekten beschäftigt, die Scott zu kontrollieren versuchte. 1930 wurde Zelda nach einem Selbstmordversuch in eine psychiatrische Klinik eingeliefert. Dies war der Anfang einer 18-jährigen Odyssee durch die verschiedensten psychiatrischen Kliniken in Europa und Amerika. Scott verstand auch daraus etwas zu machen: Zeldas Briefe aus der Psychiatrie wurden von ihm fast wörtlich in seinen Roman «Zärtlich ist die Nacht» übernommen. 1932 erschien Zeldas Roman «Schenk mir den Walzer» unter ihrem eigenen Namen. Scott war außer sich. Er fühlte sich hintergangen, weil Zelda ihm den Roman nicht vorher zur Begutachtung vorgelegt hatte. Er verlangte von Zelda in Gegenwart ihrer Ärzte, dass sie mit dem Schreiben aufhören solle, und drohte damit, dass er andernfalls alle ihre Manuskripte vernichten würde.

Die feindliche Übernahme der Leistungen anderer ist auch im Tierreich bekannt. Wer nicht über genügend Ressourcen verfügt, um Weibchen anzulocken, oder nicht vital genug ist, um die entsprechenden Merkmale optimal auszubilden, der muss auf alternative Taktiken zurückgreifen.

So können männliche Blaukiemenbarsche drei verschiedenartige Reproduktionstaktiken verfolgen. Die übliche ist die ‹Bourgeois-Taktik›: Männchen errichten Nester, um Weibchen anzulocken. Einige Männchen ersparen sich den Aufwand von Nestbau und Brutpflege jedoch: Sie kopieren Weibchen in Bezug auf Körpergröße, Farbzeichnung und Verhalten und werden deshalb von den Bourgeois nicht als männliche Mitkonkurrenten erkannt, sondern im Nest geduldet. Dort besamen sie die Eier des echten Weibchens. Der Bourgeois zieht die Nachkommen seines Rivalen groß.

Andere Blaukiemenbarschmännchen verlegen sich auf die Taktik des Abstaubens. Sie halten sich in der Vegetation am Nestrand versteckt, warten dort auf den Moment des Ablaichens, um dann blitzartig in das Nest des Bourgeois einzudringen und sich an der Besamung zu beteiligen. Manchmal stürmen mehrere Abstauber gleichzeitig in das Nest, wodurch der Bourgeois in seinen Verteidigungsbemühungen verwirrt und überfordert wird.

Grillen-Kröten- und Froschmännchen werben mit Rufsignalen um Weibchen. Aber nicht nur Weibchen, auch Räuber werden so angelockt. Einige Männchen umgehen dieses Risiko, indem sie sich als sogenannte Satelliten stumm in der Nähe der Rufer aufhalten und die sich nähernden Weibchen abzufangen versuchen.

Unter Piraten schließlich versteht man Männchen, die nicht aufgrund einer List, sondern wegen ihrer körperlichen Überlegenheit einen von anderen erbrachten Paarungsaufwand für sich selbst auszunutzen verstehen. So übernehmen die größten und kampfstärksten Lippfische einfach die Nester anderer Männchen, insbesondere solche, die als attraktiv für Weibchen gelten können.

Stille Wasser sind tief

Auch wenn man von Angriffen und Ausbeutungsversuchen unbehelligt bleibt, ist der Prestigemodus nicht das Paradies. Nicht jedem gelingt es, für sich und seine Produkte Anerkennung zu finden. Im ‹global village› des Informationszeitalters sehen wir uns überdies einem globalen Wettbewerb ausgesetzt. Wir haben eine so ungeheure Zahl an Vergleichsmöglichkeiten, dass unsere individuellen Fähigkeiten und Talente nie gut genug erscheinen. Wer hübsch ist, sieht sich tagtäglich mit Bildern von Menschen konfrontiert, deren nahezu perfektes Aussehen ihn dann doch wieder in den Schatten stellt. Wer im kleinen Rahmen seiner Schulklasse durch sein in Deutschaufsätzen dokumentiertes Erzähltalent auffiel, der muss später feststellen, dass er im Vergleich mit dem gesamten Rest der Menschheit nicht besonders gut abschneidet. Wer im lokalen Fußballverein eine Starrolle einnimmt, der weiß dennoch, dass er in der oberen Liga nicht mithalten kann. Nur wenigen ist es heute noch möglich, in irgendeiner Disziplin der Beste zu sein. Dies mag mit ein Grund dafür sein, dass mangelndes Selbstwertgefühl bis hin zu Depressionen zu den modernen Zivilisationskrankheiten zählen. (Einen Schutz dagegen bietet der sogenannte Überlegenheitsfehler: Menschen haben eine starke Neigung, sich selbst besser als die meisten anderen oder als der Durchschnitt in Bezug auf eine Vielzahl von Eigenschaften und Fähigkeiten einzuschätzen. So meinen beispielsweise mindestens 40 Prozent der Berufstätigen in unterschiedlichsten Jobs, dass sie zu den 10 Prozent der Besten in ihrem Beruf gehören. Solche Selbstüberschätzungen sind sehr schwer zu beeinflussen, und was noch wichtiger ist, sie stehen in engem Zusammenhang mit seelischer Gesundheit! Depressive Menschen neigen dagegen nicht zur Selbstüberschätzung, sondern pflegen einen ‹depressiven Realismus›.)

Im Prestigemodus geht es jedoch nicht immer darum, hohen und allerhöchsten Ansprüchen zu genügen. Im normalen Alltag reicht es aus, akzeptiert zu werden, um unser angeborenes Bedürfnis nach Zugehörigkeit und Anerkennung zu befriedigen. Man will jemand sein, für den andere sich interessieren, mit dem befreundet zu sein sich lohnt, in den man Zeit, Geld, Engagement zu investieren bereit ist. Der Status eines Menschen im Prestigemodus ist abhängig von seiner Fähigkeit, positive soziale Aufmerksamkeit auf sich zu ziehen. Wenn man einen Partner für sich gewinnen will oder einen Freund, sich um die Aufnahme in einer Gruppe bemüht oder um einen Arbeitsplatz, immer müssen wir Interesse an unserer Person zu wecken versuchen und möglichst auch aufrechterhalten. Gleichgültiges, ablehnendes und geringschätziges Verhalten anderer unterminiert nicht nur unser Selbstwertgefühl, sondern kann auch auf physiologischer Ebene teuer zu stehen kommen. Man weiß heute, dass Stresshormone, Neurotransmitter und das Immunsystem sehr empfindlich auf soziale Signale reagieren. Ein Mangel an sozialer Unterstützung und Wertschätzung vermag unser psychophysiologisches Gleichgewicht ebenso zu stören wie eine aggressive Attacke.

Wenn der Versuch scheitert, anderen ein anziehendes Bild von uns selbst zu vermitteln, dann möchten wir vor Scham in den Boden versinken – auch dies ein universelles Erbe unserer evolutionären Vergangenheit. Wie die amerikanische Psychologin Sally Dickerson festgestellt hat, gleicht die körperliche Reaktion beim Schämen der einer Infektion. Das Blut wird in einer solchen Situation regelrecht mit entzündungsfördernden Botenstoffen (Zytokinen) überschwemmt. Es kommt zu einer Reaktion des Immunsystems wie beim Eindringen von Krankheitserregern: Die Durchblutung wird angekurbelt, eine Entzündungsreaktion wird ausgelöst. Wir bekommen einen roten Kopf und fühlen uns krank. Dieses allgemeine Unwohlsein führt zu dem Drang, sich zu verkriechen. Zuständig für die Schamgefühle und das dazugehörige Rotwerden ist eine winzige Gehirnregion direkt oberhalb der Augen, die den Namen orbitofrontaler Cortex trägt. Sie ist Teil eines Systems, das Erlebtes emotional bewertet. Zieht man durch ein Missgeschick, eine unpassende Bemerkung oder eine offensichtliche Schwäche die negative Aufmerksamkeit der Umwelt auf sich, so werden Schamgefühle ausgelöst. Sie sollen den Betroffenen vor einer spezifischen Gefahr warnen, nämlich davor, gegen die Gruppenregeln zu verstoßen. Dies kann im schlimmsten Fall zum Ausschluss aus der Gruppe führen, was wiederum Gefahr für Leib und Leben bedeutet. Damit dies nicht passiert, hat die Natur für einen solchen Fall Rotwerden vorgesehen, meinen Evolutionsbiologen. Wer errötet, signalisiert damit den anderen: Ich habe einen Fehler gemacht! Durch das öffentliche Erröten unterstreichen Menschen ihre Unterstützung für die Spielregeln, die sie übertreten haben, und bekunden implizit, dass ihr ungeschicktes, dummes oder unerwünschtes Verhalten keineswegs als Ausdruck ihrer Persönlichkeit missverstanden werden soll. Schamreaktionen sind also keineswegs nur anerzogen, sie gehören zu den beschwichtigenden Verhaltensweisen, mit denen uns die Evolution ausgestattet hat. Scham ist eine Schadensbegrenzungsstrategie, die automatisch ausgelöst wird, also auch gegen den Willen des Betroffenen, der lieber cool erscheinen würde als rot anzulaufen.

Gleichzeitig werden wir durch Schamgefühle dazu veranlasst, uns zurückzunehmen. In den Augen der anderen sind wir offenbar inakzeptabel. Es mangelt uns an Talent, an Fähigkeiten, an gutem Aussehen, Manieren oder Charme. Deshalb werden wir übergangen, ignoriert oder aktiv zurückgewiesen. Schlimmer noch: Wir können zum Gegenstand der Verachtung und der Demütigung werden. Wer wiederholt solche beschämenden Erfahrungen gemacht hat, dessen Angst vor negativer Bewertung durch andere interferiert schließlich mit dem Wunsch, sich positiv zu präsentieren. Der Versuch, für andere attraktiv zu sein, mündet in einem unsicheren Auftreten, das nicht für sich einnimmt. Verlegenheit und Befangenheit gehen einher mit ungeschickten Bewegungen, Stottern, einer ungewöhnlich hohen Stimme, Schwitzen, Erbleichen, Händezittern, Geistesabwesenheit und Verwirrtheit. Das psychophysiologische Gleichgewicht ist so gestört, dass der Betroffene seine motorischen und intellektuellen Kräfte im Augenblick nicht für die anstehenden Anforderungen einsetzen kann. Die Furcht vor Ablehnung kann uns also auch daran hindern, unsere Fähigkeiten überhaupt vorzuführen. Soziale Ängstlichkeit produziert damit genau das, was gefürchtet wird: Zurückweisung, Scham, die damit einhergehende Selbstkritik und eine Abnahme der Leistungsfähigkeit.

Dabei sind manche Menschen anfälliger für die Entwicklung sozialer Ängstlichkeit als andere. Sensible Naturen, die dazu neigen, auf Reize aller Art sehr stark zu reagieren, ziehen sich schon auf leiseste Anzeichen von Missbilligung zurück. Außerdem benötigen sie viel Ruhe, um optimal zu funktionieren. Ein mittleres Erregungsniveau ist die Voraussetzung für Leistungsfähigkeit und Wohlbefinden. Ist die Umgebung zu arm an interessanten Reizen, so ist das Erregungsniveau niedrig, und wir empfinden Langeweile. Sind wir zu vielen oder zu starken Reizen ausgesetzt, so ist das Erregungsniveau zu hoch und wir leiden an einer Übererregung, die unsere Leistungsfähigkeit herabsetzt. In der gleichen Situation und bei ein und demselben Reiz ist das Erregungsniveau des Nervensystems jedoch individuell unterschiedlich. Dieser Unterschied wird hauptsächlich vererbt; man kann ihn bei allen höheren Tierarten feststellen. Es ist in der Biologie inzwischen allgemein anerkannt, dass es innerhalb einer Art zwei deutlich voneinander unterscheidbare Persönlichkeitstypen gibt, die unterschiedliche Überlebensstrategien verfolgen. Dies ist kein Kontinuum, bei dem sich die Mehrheit der Individuen in der Mitte befindet; es handelt sich um zwei getrennte Klassen. Wir haben sie Tauben und Falken genannt. Es werden jedoch eine ganze Reihe weiterer Bezeichnungen verwendet, wie sensibel/robust, high reactors/low reactors, scheu/kühn, aggressiv/friedfertig, ängstlich/furchtlos – je nach dem Untersuchungskontext. Innerhalb der Arten ist die Zahl derer, die auf Reize sehr empfindlich reagieren, fast immer gleich hoch: 15–20 Prozent. Da erhöhte Reizempfänglichkeit bei allen höheren Tierarten vorkommt, ist anzunehmen, dass diese Eigenschaft durchaus in vielen Situationen ihre Berechtigung besitzt. Wahrscheinlich hat es sich für in Gruppen lebende Tiere als vorteilhaft erwiesen, wenn einige von ihnen hochsensibel sind und bereits auf kleinste Reize prompt reagieren. 15–20 Prozent scheinen genau der richtige Anteil zu sein, den man braucht, um wachsam zu bleiben gegenüber Gefahren, neuen Futterquellen, den Bedürfnissen der Jungen und Kranken und gegenüber den Gewohnheiten anderer. Selbstverständlich ist es ebenso gut, auch einige in der Gruppe zu haben, die nicht in jeder Situation eine Gefahr oder verhängnisvolle Folgen wittern. Diese robusten Gruppenmitglieder sind bereit, Risiken einzugehen, alles Neue zu erforschen oder für die Gruppe und ihr Gebiet zu kämpfen. Jede Gemeinschaft braucht beide Typen.

Jerome Kagan, ein Psychologe an der Universität von Harvard, hat Säuglinge untersucht, um herauszufinden, welche von ihnen später eine erhöhte Sensibilität entwickeln würden. Er fand heraus, dass sich etwa 20 Prozent aller Babys extrem reaktiv verhalten, wenn sie verschiedenen Reizen ausgesetzt sind: Sie strecken und beugen ihre Gliedmaßen lebhaft, bäumen sich auf, als ob sie aufschrecken oder ausweichen wollten, und schreien häufig. Ein Jahr später wurden zwei Drittel dieser Babys von geschulten Beobachtern als gehemmt und ängstlich bezeichnet. Jerome Kagan hat ihre Entwicklung weiterverfolgt. Nach Aussage ihrer Eltern litten die ängstlichen Kinder im Säuglingsalter häufiger unter Allergien, Koliken, Verstopfung und Schlaflosigkeit als durchschnittlich sensible Kinder. Unter Laborbedingungen war ihr Herzschlag deutlich erhöht. Ihre Körperflüssigkeiten wiesen einen höheren Cortisol- und Noradrenalinpegel auf als die anderer Kinder – sowohl unter Stressbedingungen als auch im entspannten Zustand. Die Kehrseite der Sensibilität ist also verminderte Stressresistenz. Daran ändert sich im Laufe der Jahre nicht sehr viel. Erwachsene haben es zwar meist gelernt, der Welt eine Maske der Gelassenheit zu präsentieren. Die Sensiblen unter ihnen erkennt man jedoch an der dauerhaft erhöhten Herzrate.

Stille Wasser sind jedoch tief. Wie Julius Kuhl, Professor für Persönlichkeitspsychologie, dargelegt hat, verfügen Menschen mit niedriger Stresstoleranz über eine erhöhte Fähigkeit zur Verarbeitung komplexer Wissens- und Erfahrungsbestände unter stressfreien Bedingungen. Bei stressresistenten Personen ist die Leistungsfähigkeit in Ruhephasen dagegen herabgesetzt, weil das Aktivationsniveau unterhalb seines für sie optimalen Wertes liegt. Sensible Menschen zeigen also unter Stressbedingungen weniger Kompetenz, verfügen aber letztlich über mehr integratives Wissen. Sie sind den robusteren Menschen im Prestigemodus überlegen, können aber im Kampfmodus nur schwer mithalten. Julius Kuhl stellt sich die Frage, wie sich Beziehungen gestalten, wo eine Person mit erhöhter Sensibilität erleben muss, wie ihr robuster Partner mit alltäglichen Belastungssituationen weitaus besser umgehen kann als sie, ihr im Vergleich zu ihrem latenten Wissen aber trotzdem oberflächlich erscheinen muss. Wie geht der stressresistente Partner mit der Wahrnehmung um, dass sein stiller Partner doch irgendwie überlegen zu sein scheint? Eine Konsequenz dieser Konstellation kann sein, dass der Stressresistentere seine ‹äußere› Stärke ausspielt und dafür sorgt, dass sein Partner keine Chance bekommt, seine ‹innere› Stärke zu zeigen. Eine andere Möglichkeit besteht in der gegenseitigen Ergänzung. So gibt es in der Pilotenausbildung die Erfahrung, dass ein optimales Team aus einem stressresistenten, handlungsorientierten Piloten und einem ‹sensiblen› Copiloten besteht, der die aktuelle Lage sorgfältig überprüft und potenzielle Gefahren früh erkennt.

Eine entsprechende Arbeitsteilung findet man nach den Untersuchungen der Primatenforscherin Margaret Power auch bei Schimpansen. Sie konnte unter ihnen zwei grundlegende Persönlichkeitstypen ausmachen: Individuen mit großem Selbstvertrauen und hoher Stressresistenz, und ängstlichere, leicht erregbare Tiere, die durch ihre schnelle Reaktion auf Störungen in der Gruppe oder Gefahren von außen jene alarmieren, die weniger aufmerksam sind. Diese übernehmen dann die Führung, unterstützt von den anderen Gruppenmitgliedern. Die einen fungieren also als Warnsystem, die anderen treffen die Entscheidungen, was im Falle einer Bedrohung zu tun ist.

Was passiert, wenn man einseitig auf Falken setzt, also auf die durchsetzungsfähigeren, aggressiveren Individuen einer Gruppe, hat der Verhaltensforscher William Muir demonstriert. Er hatte versucht, die Produktivität von Legehennen zu steigern, von denen jeweils neun in einem Käfig zusammenlebten. Die erste Methode bestand darin, die jeweils legefreudigsten Hennen aus mehreren Käfigen auszuwählen, um mit ihnen eine neue Gruppe zu bilden, welche die nächste hochproduktive Generation ausbrüten sollte. Die zweite Methode bestand darin, die produktivste Gruppe und deren Nachkommen zu fördern. Der Unterschied zwischen beiden Verfahren scheint nicht groß zu sein, und die erste Methode wirkt auf den ersten Blick vielversprechender. Es sind schließlich einzelne Hennen, die Eier legen. Deshalb sollte es effizienter sein, die produktivsten Individuen auszuwählen als die produktivste Gruppe.

Sechs Generationen später ergab sich jedoch für Methode eins ein ganz anderes Bild: Es lebten nur noch drei Hennen, die anderen sechs waren von ihren Käfiggenossen umgebracht worden. Die drei Überlebenden hackten weiter ununterbrochen aufeinander ein und waren deshalb fast federlos. Die Eierproduktion war im Verlauf des Experiments stark zurückgegangen, obwohl in jeder Generation die jeweils produktivsten Hennen ausgewählt worden waren. Was war passiert? Die produktiven Hennen waren nur deshalb so erfolgreich gewesen, weil sie die Produktivität ihrer Käfiggenossen durch ihre Aggressivität unterdrückt hatten. William Muir hatte also gar nicht die produktivsten, sondern die aggressivsten Hennen ausgewählt, die nach sechs Generationen Hennen mit geradezu mörderischen und selbstmörderischen Impulsen hervorgebracht hatten. Methode Nummer zwei – Auswahl der besten Gruppe – führte nach sechs Generationen zu einer Gruppe von neun Hennen, die allesamt wohlgenährt waren und ihr volles Federkleid besaßen. Die Eierproduktion war von Generation zu Generation dramatisch gestiegen. Indem William Muir eine ganze Gruppe von Hennen ausgewählt hatte, hatte er offenbar kooperative Züge selektiert, welche den Hennen ein harmonisches Zusammenleben ermöglichten.

3.2 Alltagsbeobachtungen

Im Prestigemodus kommt es darauf an, mit seinen Fähigkeiten und Talenten zu glänzen, um Menschen für sich zu
gewinnen – als Freund, als Partner, als Kaufinteressent, als
Arbeitgeber. Man muss demonstrieren, was man hat, und
zeigen, was man kann. Der Prestigemodus ist dadurch charakterisiert, dass das Stressniveau niedrig ist. Das kommt
den Tauben entgegen, die unter dieser Bedingung optimal
leistungsfähig sind. Weil sie geringen Wert auf eine geschick-
te Selbstpräsentation legen, finden Tauben jedoch oft weniger Beachtung als Falken. Diese sind auch deshalb häufig
im Vorteil, weil sie im Prestigemodus Methoden des Kampfmodus anwenden, also versuchen, andere daran zu hindern,
Erfolg zu haben.

Tauben sind sie selbst,
Falken stellen etwas dar

Jeder Mensch versucht, sich in einem günstigen Licht darzustellen. Er verhält sich anderen gegenüber so, dass er bei
ihnen den Eindruck hervorruft, den er hervorrufen möchte. Wer für eine gute Hausfrau gehalten werden will, der achtet darauf, dass die Fußböden immer sauber sind und die
Papierkörbe regelmäßig geleert werden; wer auf einem bestimmten Gebiet kompetent wirken möchte, der zeigt sich
darüber informiert; und wer als guter Schachspieler gelten
will, der gibt gelegentlich Proben seines Könnens.

Was Tauben von Falken unterscheidet, das ist die Einstellung, die sie zu ihren eigenen Darbietungen haben. Tauben sind aufrichtige Darsteller, das heißt, sie glauben an

das, was sie vorführen. Falken bewahren sich dagegen stets eine gewisse Distanz zu den Rollen, die sie spielen. Dadurch befreien sie sich von dem Joch der Moral, das auf dem Menschen als Schauspieler nicht so schwer lastet wie auf einem, der er selbst ist. Denn wenn man eine Zeitlang den Bösewicht spielt, so ist man deshalb noch kein schlechter Mensch.

Auch die Ziele, welche Tauben und Falken mit ihren Selbstdarstellungen verfolgen, sind unterschiedlich. Tauben wollen als das erkannt werden, was sie wirklich sind. Falken setzen ihre Selbstinszenierungen dagegen strategisch ein: Sie wollen damit etwas erreichen. Aus diesem Grund sind sie vielseitiger als Tauben. Sie können auf ein großes Repertoire an Charakterdarstellungen zurückgreifen, die sie einsetzen, wie es die Umstände gerade erfordern. Auch verwenden sie mehr Sorgfalt als Tauben auf ihre Darstellungen. Sie sind geplant, während Tauben sozusagen aus dem Stegreif agieren. Da Falken sehr viel mehr Mühe als andere darauf verwenden, in einem günstigen Licht zu erscheinen, wirken sie oft überzeugender.

So ist es beispielsweise eine Sache, bestimmte Emotionen zu haben, und eine andere Sache, diese Emotionen zu zeigen. Menschen, die von ihren Gefühlen absorbiert werden, sind meist gar nicht sonderlich expressiv. Ein guter Schauspieler, der eine Gefühlsregung überzeugend darstellen kann, lässt sich von dieser Gefühlsregung deshalb nicht wirklich anstecken. Er konzentriert sich auf ihren Ausdruck.

Tauben überlassen sich ihren Gefühlen. Wer aber wirklich betroffen ist, dem fehlen möglicherweise sogar die Worte, um seine Betroffenheit auszudrücken. Wer sich dagegen betroffen zeigt, wie es Falken tun, der setzt mimische, gestische und sprachliche Mittel gezielt ein, um diese Empfindung darzustellen. Die Empfindung selbst tritt dabei freilich in den Hintergrund.

Als Zuschauer können wir nur auf das reagieren, was wir wahrnehmen – wir nehmen es für wahr. Wie betroffen ein Mensch sich in seinem Innersten fühlen mag, welche Leidenschaften ihn bewegen mögen, welche Ängste – wir schließen aus seinem äußeren Verhalten auf seinen inneren Zustand. Deshalb sprechen wir Menschen, die einen Gefühlszustand gut darzustellen vermögen, eine größere Gefühlstiefe zu – es sei denn, die Darstellung ist so überzogen, dass sie theatralisch wirkt. (Ein deutlicher Hinweis darauf, dass Sie es mit einem Falken zu tun haben.)

Ein anderes Beispiel ist die Aufmerksamkeit oder die Hingabe, mit der sich ein Mensch einer bestimmten Sache widmet. Die Anforderungen, die an die Konzentrationsfähigkeit selbst gestellt werden sind andere als die, welche die Darstellung von Konzentriertheit verlangt. Man wird sich deshalb entscheiden müssen, ob man einem anderen aufmerksam zuhören oder ob man bei ihm den Eindruck erwecken will, ein aufmerksamer Zuhörer zu sein. Im letzten Fall wird einem vieles von dem entgehen, was der andere sagt, aber man wird beim Vortragenden Pluspunkte sammeln, weil Menschen es schätzen, wenn man sich für ihre Ausführungen interessiert.

Tauben lehnen es ab, den aufmerksamen Zuhörer zu spielen. Was ihrer Meinung nach zählt, ist das echte Interesse, die wirkliche Anteilnahme, die empfundene Sympathie – und sie machen sich wenig Gedanken darüber, wie sie das Echte ‹rüber›-bringen und wie sie damit ‹ankommen›. Falken können sich nicht für die Idee erwärmen, dass es allein auf die inneren Werte ankommt. Was ihrer Meinung nach zählt, ist das, was nach außen sichtbar wird.

Tauben sagen die Wahrheit,
Falken schmücken die Wahrheit aus

Falken gehen davon aus, dass die Welt betrogen werden will. Als Darsteller sind sie an moralischen Fragen nicht interessiert, sondern nur daran, Eindruck zu machen. Deshalb nehmen sie es auch nicht so genau mit der Wahrheit. Denn worum handelt es sich dabei eigentlich? Es geht um Aussagen, die über die Wirklichkeit gemacht werden, um Sätze, die man ganz nach eigenem Belieben zusammenfügen und aneinanderreihen kann. Die Welt der Sprache ist plastisch. Und die Ansichten darüber, was eine zutreffende Beschreibung der Wirklichkeit ist, gehen auseinander. Schon ein alltägliches Ereignis wie zum Beispiel ein Kaffeehausbesuch wird von denen, die daran teilnehmen, unterschiedlich beschrieben werden: Das Mädchen, das den Kaffee serviert, kann sich an das Aussehen der Gäste kaum erinnern, sondern nur daran, dass sie ihr kein Trinkgeld gegeben haben. Der eine Gast geht in dem Bewusstsein nach Hause, ein anregendes Gespräch mit dem anderen Gast geführt zu haben, während dieser seiner Frau berichten wird, dass sie sich gestritten haben und dass er als Sieger aus der Auseinandersetzung hervorgegangen ist. Worauf es im Zweifelsfall ankommt, ist, der eigenen subjektiven Sicht der Dinge den Status objektiver Wirklichkeit zu verleihen – und das ist eine Frage der Überzeugungskraft, nicht der Aufrichtigkeit (wie Tauben fälschlicherweise meinen).

Während Tauben Worte benutzen, um sich mitzuteilen, und dabei strikt zwischen Wahrheit und Lüge unterscheiden, verwenden Falken Worte, um sich durchzusetzen und um in einem günstigen Licht zu erscheinen. Da kann es schon vorkommen, dass sie Tatsachen verdrehen, Fakten unterschlagen oder etwas hinzuerfinden. Es geht ihnen nicht darum, ob etwas wahr oder falsch ist, sondern ob sie selbst glaubwürdig erscheinen. Und um glaubwürdig zu sein, reicht es nicht aus und ist es nicht einmal notwendig, ehrlich zu sein. Es geht allein darum, die anderen davon zu überzeugen, dass man aufrichtig ist. Wer darüber hinaus bei seinem Zuhörer Eindruck machen will, der schmückt den Text, den er sich zurechtgelegt hat, aus. Denn eine gut erfundene Geschichte ist häufig fesselnder als die Wahrheit. In Gesprächen mit Falken gewinnt man deshalb meist den Eindruck, dass ihr Leben bunter und abwechslungsreicher ist als das von anderen Menschen und voll von dramatischen Höhepunkten – ein Eindruck, der trügt, was einen aber nicht davon abhalten sollte, die Kreativität von Falken zu bewundern.

Tauben wollen etwas leisten, Falken wollen Erfolg

Jede Gesellschaft braucht Menschen, die fleißig und kompetent sind. Das sind jedoch nicht unbedingt diejenigen, die an der Spitze stehen. Kontinuierlicher Arbeitseinsatz ist nicht dazu angetan, Eindruck zu machen. Wenn jemand vorankommt, so liegt das zu 10 Prozent an seiner persönlichen Leistung, zu 30 Prozent an seinem Image und zu 60 Prozent an dem Bekanntheitsgrad, den er bei den maßgeblichen Leuten hat. Nicht die Leistung macht den Erfolg, sondern die Selbstdarstellung. Dennoch hält man hartnäckig an der Vorstellung fest, dass jeder Erfolg auf einer entsprechenden Leistung gründe, und Tauben sind auch bereit, das zu glauben. Falken wissen jedoch, dass der Beweis für eine Leistung und die Leistung selbst nicht dasselbe sind. Aus dem Grundsatz: Wer etwas leistet, der hat Erfolg, folgt für sie im Umkehrschluss: Wer erfolgreich ist, von dem nimmt man auch an, dass er etwas geleistet hat. Also kann es eigentlich nur darum gehen, Erfolg zu haben, nicht unbedingt darum, etwas zu leisten. Deshalb streben sie den Erfolg direkt an mittels einer einzigen, aufsehenerregenden Aktion – der Heldentat – oder dadurch, dass sie sich den bloßen Anschein von Erfolg geben (was nicht selten den wirklichen Erfolg nach sich zieht), während Tauben erst etwas zu leisten versuchen, in der Erwartung, dass sich der Erfolg dann als Resultat ihrer Leistungen einstellt. In kleinen Schritten voranzugehen, wie das Tauben in der Hoffnung auf Erfolg tun, ist für Falken jedoch ein Zeichen von mangelnder Intelligenz, fehlender Begabung oder Dummheit. Nichtstun oder wenig tun und gleichzeitig großen Erfolg zu haben ist für sie dagegen das unbezweifelbare Zeichen dafür, dass sie überlegen sind.

Tauben kennen keine andere Methode, zu Erfolg und Ansehen zu gelangen, als die, etwas zu leisten. Es ist ein steiniger Weg, weil Tauben die Vorstellung haben, dass nur jene Leistung etwas zählt, die mühsam errungen ist. Über den Anstrengungen, die sie unternehmen, um eine Arbeit möglichst gut zu erledigen, vergessen sie häufig, diese Anstrengungen und die daraus resultierende Leistung auch nach außen hin sichtbar zu machen. Sie verwenden kaum Mühe darauf, ihre Kundschaft vom Wert ihrer Arbeit zu überzeugen, weil sie meinen, eine gute Leistung spräche für sich selbst.

Falken gehen den umgekehrten Weg. Statt sich auf das zu konzentrieren, was sie anzubieten haben, kümmern sie sich vor allem um die Nachfrage nach ihren Produkten. Wer glaubhaft machen kann, dass viele Menschen an dem interessiert sind, was man zu bieten hat, der kann auf diese Weise echte Interessenten gewinnen.

Jeder von uns hat schon festgestellt, dass man in vielen Arztpraxen sehr lange warten muss, selbst dann, wenn man einen Termin ausgemacht hat. Was wie die Folge einer Fehlorganisation aussieht, ist in Wirklichkeit das Ergebnis sorgfältiger Planung: Der Eindruck, der von einem überfüllten Wartezimmer hervorgerufen wird, ist der, dass es sich bei dem betreffenden Arzt um einen gefragten (also guten) Arzt handeln muss. Ein leeres Wartezimmer und geringe Wartezeiten signalisieren dagegen nach Meinung vieler Menschen, dass es sich nicht lohnt, diesen Arzt zu konsultieren.

Das gleiche Prinzip wird auch in privaten Beziehungen wirksam: Falken verstehen es, sich interessant zu machen, indem sie die Umworbenen spielen. Das ist mit ein Grund dafür, dass sie so häufig in Dreiecksverhältnisse verwickelt sind. Tauben meinen derweil, es käme darauf an, ihre Treue unter Beweis zu stellen. Weil sie sorgfältig darauf achten, keinen Anlass zu Eifersucht und Rivalität zu bieten, wirken sie bisweilen so, als hätten sie nichts zu bieten.

Um wirklich erfolgreich zu sein und nicht nur so zu wirken, ist es irgendwann natürlich auch notwendig, auf Leistungen zurückzugreifen. Das müssen jedoch nicht unbedingt die eigenen Leistungen sein. Falken bedienen sich gerne der Intelligenz, des Fleißes und des Knowhows anderer, um ihre eigene Sache voranzubringen. Politiker beispielsweise lassen sich ihre Reden gern von jemandem schreiben, der wortgewandter ist als sie selbst; aber sie tragen diese Reden höchstpersönlich vor und streichen auch die Anerkennung dafür ein. Es gibt auch Sänger, die andere singen lassen und sich darauf beschränken, auf der Bühne zu stehen und die entsprechenden Mundbewegungen zu machen: Kaum jemand findet etwas dabei. Wer nicht direkt im Rampenlicht steht, aber immerhin auf den Schauplätzen, die ein ‹normales› Leben bietet – Familie und Arbeitsplatz – als erfolgreich gelten will, der versucht im Kleinen zu tun, was prominente Darsteller im großen Maßstab machen. Falken überlassen es beispielsweise gern ihren Kollegen, zeitaufwendige Vorarbeiten durchzuführen. Aber sie behalten es sich selbst vor, deren Ergebnis vorzutragen. Falken scheuen auch die mühseligen Vorbereitungen, welche die Zubereitung einer warmen Mahlzeit erfordert; aber sie sind dazu bereit, die Sauce noch einmal abzuschmecken oder den Braten kunstfertig zu tranchieren, womit sie sich das Ergebnis der Bemühungen anderer symbolisch aneignen. Auf diese Weise haben sie wenig Arbeit, aber viel Erfolg.

Tauben halten sich zurück, Falken setzen sich in Szene

Die Übernahme einer Rolle ist immer auch mit der Übernahme bestimmter Aufgaben verbunden. Diese Aufgaben zu erfüllen ist eine Sache; eine andere Sache ist es, den Eindruck zu vermitteln, dass es sich erstens um wichtige Aufgaben handelt, die man zweitens gut erfüllt. Es besteht also bei allen Rollen ein mehr oder weniger großer Widerspruch zwischen den Anforderungen, welche die Rolle selbst stellt, und den Anforderungen, die sich aus der dramatischen Gestaltung der Rolle ergeben. Gerade diejenigen, die sich darum bemühen, eine Aufgabe gut zu erfüllen, haben oft wenig Zeit und Interesse, anderen vorzuführen, wie gut sie das tun. Umgekehrt haben diejenigen, die ihre Zeit und Energie darauf verwenden, die Bedeutung der Aufgabe auszudrücken, der sie sich widmen, häufig wenig Zeit, sie tatsächlich zu erfüllen.

Manche Rollen verkaufen sich von selbst, zum Beispiel die des Chirurgen oder des Dirigenten oder des Popstars. Man wird hier kaum Unterschiede zwischen Tauben und Falken finden. Andere Rollen sind dagegen weniger dazu geeignet, die Fähigkeiten und Eigenschaften, auf die der Rolleninhaber Anspruch erhebt, sichtbar zu machen. Der Chef eines Unternehmens etwa, der den ganzen Tag am Schreibtisch verbringt wie alle seine Angestellten auch, muss Hilfsmittel einsetzen, um seinen Rang zu betonen: Er beschäftigt eine Reihe von Vorzimmerdamen, okkupiert das größte Büro, lässt sich von einem Chauffeur an seinen Arbeitsplatz fahren und ist am schwersten zu erreichen – wenn er zu den Falken zählt und in einem traditionellen Unternehmen arbeitet. In jungen Unternehmen mit ‹flachen Hierarchien› sind die Insignien der Macht andere: Chef ist derjenige mit der neuesten technologischen Ausstattung, welche Falken selbstverständlich besitzen und deren Funktionen zu studieren sie sich viel Zeit kosten lassen. Gelangt eine Taube in die Chefetage, so wird sie nicht etwa versuchen, ihre Bedeutung herauszustreichen oder ihren mühelosen Umgang mit Hightech-Geräten zu demonstrieren, sondern zuallererst die notwendige Arbeit leisten. Das Ergebnis dieser unterschiedlichen Bemühungen ist, dass Falken in der Rolle des Chefs ernster genommen werden als Tauben, und zwar unabhängig davon, welche Qualitäten sie für die Bewältigung ihrer Aufgaben tatsächlich mitbringen.

Eine Rolle dramatisch auszugestalten macht allerdings nur Sinn, wenn ein Publikum anwesend ist, das die Vorführung zu würdigen weiß. Wem dagegen daran gelegen ist, seine Sache gut zu machen, der fühlt sich dabei durch die Anwesenheit anderer eher gestört: Tauben werden unsicher, wenn sie den Blicken anderer ausgesetzt sind. Auch überlassen sie es dem Zufall, ob man auf ihre Qualitäten aufmerksam wird. Sie warten darauf, dass man ihre guten Eigenschaften und ihre Fähigkeiten ‹entdeckt›. Sie sind zu schüchtern oder auch, was nur die Kehrseite der Medaille ist, zu stolz, um Propaganda in eigener Sache zu machen. Falken nehmen ihre Angelegenheiten dagegen selbst in die Hand. Ihre Selbstdarstellungen erreichen bisweilen den Stellenwert hochkomplexer Inszenierungen. Sie verlassen sich nicht darauf, dass sich irgendwann einmal die Gelegenheit ergibt, sich so darzustellen, wie sie sich darstellen wollen, sondern sie arrangieren Situationen, in denen sie entsprechend auftreten können.

So gibt es unter den Menschen immer eine gewisse Anzahl von Leuten, deren brennender Wunsch es ist, ein Feuer zu löschen und dabei womöglich auch noch Leben zu retten. Häufig werden diese Leute Feuerwehrmänner, aber das bedeutet noch lange nicht, dass sie auch in absehbarer Zeit die Chance bekommen, löschend und rettend tätig zu werden. Deshalb gibt es unter den Feuerwehrmännern immer einige, die ein Gebäude selbst in Brand stecken, um es dann nach allen Regeln der Kunst löschen zu können.

In diesem Beispiel ist das Grundprinzip aller Inszenierungen enthalten: Man wartet nicht ab, bis sich die Gelegenheit zu einer bestimmten Selbstdarstellung ergibt, sondern bereitet seinen Auftritt vor. Dabei ist auf Folgendes zu achten: Ein gewisses Maß an Öffentlichkeit ist Voraussetzung, denn es lohnt kaum, sich in Pose zu setzen, wenn niemand Zeuge der Vorstellung wird. Um die Aufmerksamkeit zu erhalten, die man braucht, ist auch ein sorgfältiges Timing notwendig. Es empfiehlt sich beispielsweise, sehr viel später als alle anderen Gäste auf einer Party zu erscheinen, um sich ein großes Publikum zu sichern. Ebenso wichtig wie das Publikum sind die Mitspieler, denn das Publikum ist geneigt, den Darsteller auch nach Art seiner Mitspieler zu beurteilen. Es gibt darunter solche, deren hohes Ansehen den Wert der eigenen Person heraufsetzt. Falken lassen sich deshalb gern in Begleitung prominenter oder besonders gutaussehender Menschen sehen. Manche Mitspieler sind wiederum gerade deshalb besonders geeignet, die eigene Bedeutung zu unterstreichen, weil sie unscheinbar sind: Mit ihnen lassen sich Nebenrollen hervorragend besetzen. Es gibt aber auch Mitspieler, von denen zu vermuten ist, dass sie die eigene Vorstellung stören, weil sie etwa einen schlechten Eindruck machen, der auf jeden abfärbt, der mit ihnen zusammen gesehen wird, oder weil sie über Informationen verfügen und die Bereitschaft, diese preiszugeben, die man den anderen vorenthalten möchte.

Tauben lassen jeden mitspielen, Falken legen Wert auf Exklusivität

Ihr ganzes Leben hindurch stellen Menschen einander die Frage, ob sie mitspielen dürfen. Das fängt bei den kleinen Kindern an. Ist eine Gruppe von ihnen in ein Spiel vertieft und ein weiteres Kind kommt hinzu, so fragt es: «Darf ich mitspielen?» Nicht immer lautet die Antwort: «Ja.» Manche Kinder werden häufiger abgewiesen als andere; den Grund hierfür kennen sie meist nicht. Aber sie beginnen daran zu zweifeln, dass sie normal sind. Später wird die Frage nicht mehr so offen gestellt, und die Antwort fällt nicht mehr so unverblümt aus: Das ermöglicht es dem Antragsteller, im Falle einer Abweisung sein Gesicht zu wahren.

Tauben lassen fast jeden mitspielen, selbst auf die Gefahr hin, dass ihr eigenes Spiel dabei durcheinandergebracht wird. Sie versuchen, auch schwierige Menschen zu integrieren, und akzeptieren auf ihrer Bühne auch solche, von denen sie sich in den Schatten stellen lassen müssen. Falken nehmen es dagegen bei der Frage, wer mitspielen darf (und sei es auch nur in einer unbedeutenden Nebenrolle) sehr genau: Sie sind nicht an einer aufrichtigen, sondern an einer optimalen Darstellung interessiert. Kinder beispielsweise sind nicht zu allen Anlässen zugelassen, wenn ihre Eltern zu den Falken zählen, da sie noch nicht über die nötige Bühnenreife verfügen, dafür aber über viele Informationen, die ihre Eltern als unaufrichtige Darsteller entlarven können. (Mami hat den Kuchen gar nicht selbst gemacht, sondern gekauft.) Andere Personen werden ausgeschlossen, um sie mittels dieser Geste auf ihren Platz zu verweisen: Sie sind offenbar nicht gut genug, um mitspielen zu dürfen. Ist ein solcher Zweifel erst einmal geweckt, so akzeptiert der Ausgeschlossene in der Regel seine eigene Schwäche und die Überlegenheit des anderen. Er wird gefügig, um doch noch in den Kreis derer aufgenommen zu werden, die mitspielen dürfen. Anders ausgedrückt: Falken gehen mit ihrer Gunst bei weitem nicht so verschwenderisch um wie Tauben. Ein Spiel, bei dem jeder mitspielen darf, ist nämlich nach Ansicht von Falken einer Teilnahme nicht wert. Sie bestehen auf Exklusivität – dieses Wort leitet sich von dem lateinischen ‹excludere› ab, was so viel bedeutet wie ‹ausschließen›. Der Witz eines ‹exklusiven› Spiels besteht gerade darin, dass nicht alle, die daran teilnehmen wollen, auch daran teilnehmen dürfen. Nur dann haben die Mitspieler ausreichenden Grund dafür, sich für etwas Besseres zu halten.

Tauben geben sich mit Nebenrollen zufrieden, Falken wollen die Hauptrolle spielen

Die Welt als Bühne: Wenn man Tauben und Falken vor diesem Hintergrund betrachtet, dann wird deutlich, dass zwar beide im gleichen Stück mitspielen und dass beider Rollen gleichermaßen wichtig für den Fortgang dieses Stückes sind. Es sind jedoch die Falken, welche Regie führen und sich zugleich die Hauptrollen zuweisen wollen. Tauben tendieren dazu, den großen Auftritt anderen zu überlassen und sogar in ihrem eigenen Leben eine Nebenrolle zu spielen. Sie sind allzu leicht davon zu überzeugen, dass andere dafür geeigneter sind, Heldentaten zu vollbringen. Weil sie sich ungern exponieren und es für eine Tugend halten, sich nicht in den Vordergrund zu spielen, übernehmen sie die Rolle des Kammerherrn oder der Kammerzofe, desjenigen, der sich unauffällig im Hintergrund zu schaffen macht, während die Falken ihren nächsten großen Auftritt als Held oder Heldin vorbereiten.

Die Taten, die Helden vollbringen, sind spektakulär, und die Zeitspanne, die nötig ist, um sie auszuführen, ist meist relativ kurz, gemessen an den mühseligen, immer wiederkehrenden, zeitraubenden Arbeiten, die Menschen verrichten müssen, die in einer Nebenrolle beschäftigt sind. Die bekannteste Nebenrolle ist die der Hausfrau: Ihre Bemühungen nehmen kein Ende, aber ihre Arbeit hinterlässt keine sichtbaren Spuren und ist schon gar nicht dazu geeignet,

Eindruck zu machen. Manche Leute hegen und pflegen deshalb den (unzutreffenden) Verdacht, dass Frauen, die sich zu Hause um ihre Familie kümmern, gar nichts tun. Tatsächlich sind die Tätigkeiten, die eine Hausfrau verrichtet, außerordentlich vielseitig und auch nützlicher als manche Heldentat; sie sind jedoch in dem Sinne banal (und unbezahlt), als sich damit kein Staat machen lässt.

Während Tauben tun, was getan werden muss, und den Abfalleimer ohne Murren jeden Tag aufs Neue die Treppe hinuntertragen, haben Falken eine ausgeprägte Abneigung gegen Tätigkeiten, die wenig oder gar nichts über den aussagen, der sich dazu bereit erklärt, sie auszuführen. Der allgemeine Nutzen solcher Tätigkeiten mag hoch sein – man denke nur an Putzen, Kochen, die Pflege von sehr jungen und sehr alten oder kranken Menschen –, aber sie sind nicht mit Prestige verbunden und für Falken deshalb denkbar unattraktiv. So ehrgeizig sie sonst sein mögen: Es macht für Falken einfach keinen Sinn, Meisterschaft auf Gebieten anzustreben, die Zeit und Energie kosten, aber nicht prestigeträchtig sind und meist auch schlecht entlohnt werden. Sie engagieren sich lieber bei solchen Tätigkeiten, deren gemeinschaftlicher Nutzen zwar fadenscheinig sein mag, die symbolisch aber aufgewertet werden, weil sie mit einer Aura von Risiko und Einmaligkeit einhergehen.

3.3 Konsequenzen

Erfolg besteht im Prestigemodus darin, die Anerkennung und Wertschätzung anderer zu erringen. Auch wenn Sie nicht so ehrgeizige Ziele verfolgen wie die, den Nobelpreis verliehen zu bekommen oder Madonna den Rang abzulaufen, müssen Sie sich und Ihre Produkte, Ihre Talente und Ihre Fähigkeiten doch präsentieren, und Sie dürfen Ihr Licht dabei nicht unter den Scheffel stellen.

Lächle, und die Welt lächelt mit dir

Der Psychologieprofessor Siegfried Frey hat nachgewiesen, dass wir in Sekundenbruchteilen von Aussehen und Aufmachung einer Person auf deren Eigenschaften schließen – ob sie intelligent, entspannt, interessant und nett oder langweilig und dumm ist. Der Eindruck, den wir von einer Person gewinnen, wird dabei maßgeblich bestimmt durch ihre Art, den Kopf zu neigen: Ein seitlich gekippter, leicht nach vorn geneigter Kopf (Lady Di!) zeugt von Entgegenkommen und löst Sympathie aus. Eine aufrechte Kopfhaltung, bei der das Kinn leicht angehoben ist, wirkt arrogant und stößt auf Ablehnung.

Noch informativer als das Aussehen und die Haltung einer Person sind ihre Bewegungen. Dies wies Siegfried Frey in Attrappenversuchen nach, bei denen mit Hilfe einer Puppe typische Bewegungen von Politikern imitiert wurden. Allein aufgrund der Bewegungsinformation gelangten die Betrachter zu einem eindeutigen Urteil über die Person. Und obwohl die Puppe das Gesicht eines Playmobil-Männchens hatte, wurde sogar ihre Schönheit unterschiedlich bewertet – je nach ihrem Bewegungsprofil!

Eine weitere Determinante des Eindrucks, den wir hinterlassen, ist unser Ausdruck: Wer Gefühl zeigt, der setzt sich nicht nur im Kampfmodus leichter durch, sondern erringt auch im Prestigemodus eher Aufmerksamkeit als zurückhaltende Menschen.

Haltung, Bewegung, Ausdruck – wer nicht als Schauspieler oder Politiker darin trainiert worden ist, sie willentlich zu steuern, der wird hier keinen Ansatzpunkt finden, um Eindruck zu machen. Es liegt jedoch in Ihrer Macht, durch ein gepflegtes Erscheinungsbild und gute Manieren zu punkten. Auch kommt es darauf an, sich im ‹small talk› als angenehmer Gesprächspartner zu präsentieren. Es verbietet sich zu Beginn einer Bekanntschaft von selbst, die ernsthafte Erörterung möglicherweise konflikträchtiger Themen anzustreben oder dem anderen tiefe Einblicke ins eigene Leben zu geben. Es ist nicht einmal ratsam, sich so zu geben, wie man sich gerade fühlt. Wer von sich überzeugen will, der muss sich auf sein Gegenüber einstellen und Freundlichkeit und Optimismus ausstrahlen, denn unsere Stimmung wirkt ansteckend auf andere. Sich nicht zu verstellen ist ein Zeichen sozialer Ungeschicklichkeit und falsch verstandener Aufrichtigkeit. Aus seinem Herzen macht man, so man sich anpasst, deshalb noch lange keine Mördergrube. Der Soziologe Richard Sennett meint: «Zivilisiertheit ist ein Verhalten, das die Menschen voreinander schützt und es ihnen zugleich ermöglicht, an der Gesellschaft anderer Gefallen zu finden. Eine Maske zu tragen gehört zum Wesen von Zivilisiertheit. Masken ermöglichen unverfälschte Geselligkeit, losgelöst von den ungleichen Lebensbedingungen und Gefühlslagen derer, die sie tragen. Zivilisiertheit zielt darauf ab, die anderen mit der Last des eigenen Selbst zu verschonen.» (Richard Sennett. *Die Tyrannei der Intimität*, S. 27) Die Psychologen Peter Trower, Bridget Bryant und Michael Argyle haben eingehend untersucht, was Menschen, die als sozial geschickt und deshalb als attraktiv angesehen werden, von solchen unterscheidet, die über geringere soziale Fertigkeiten zu verfügen scheinen und wenig Sympathie erregen.

Diese Personen mit inadäquatem Sozialverhalten waren zum einen wenig ausdrucksstark; Mimik, Gestik und Tonfall waren eher monoton. Zum anderen neigten sie dazu, ihre persönlichen Probleme und ihre negative Stimmung zu sehr in den Vordergrund zu stellen.

Von der Höhle bis zur Chefetage: Wahlverwandtschaften pflegen

Das menschliche Gehirn beherbergt einen Geist aus dem Steinzeitalter, stellen die Evolutionspsychologen Leda Cosmides und John Toby fest. Die natürliche Selektion, die unser Gehirn entworfen hat, benötigt ungeheuer viel Zeit, um Organe von solcher Komplexität auszubilden. Die Umgebung, in der sich Menschen und auch der menschliche Geist entwickelt haben, unterscheidet sich maßgeblich von der modernen Umwelt. Denn die längste Zeit in der evolutionären Geschichte der Menschheit verbrachten die Menschen in Jäger- und Sammlergesellschaften. Das bedeutet, dass unsere Vorfahren in Gruppen von ein paar Dutzend Individuen lebten, die umherzogen und sich ihre tägliche Nahrung durch das Sammeln von Pflanzen und die Jagd von Tieren beschafften. Dieses Nomadenleben führte die Menschheit den überwiegenden Teil der letzten zehn Millionen Jahre. In dieser Zeit entwickelte die natürliche Selektion ganz allmählich das menschliche Gehirn, wobei Strukturen bevorzugt ausgebildet wurden, die der Lösung der täglichen Probleme unserer Jäger- und Sammler-Vorfahren dienten – Problemen wie etwa, einen Partner zu finden, Tiere zu erlegen, Bündnisse zu schließen, sich gegen Übergriffe von anderen zu verteidigen und Kinder aufzuziehen. Jene Menschen, deren geistige Ausstattung besser geeignet war, diese Probleme zu lösen, hinterließen mehr Kinder, und wir stammen von ihnen ab. Unsere geistig-seelische Ausstattung ist deshalb nicht darauf angelegt, den Herausforderungen moderner westlicher Gesellschaften zu begegnen, sondern immer noch – wegen des langsamen Fortschreitens evolutionärer Prozesse – darauf, jenen der Jäger-Sammler-Gruppen. Deshalb fällt es uns leicht, Phobien vor Spinnen und vor Schlangen zu entwickeln, die in unserer Gegenwart keine allzu große Bedrohung mehr darstellen, aber wir haben noch keine Furchtreaktionen vor Steckdosen oder Autos ausgebildet, die heutzutage ernsthafte Gefahrenquellen sind. Die geistigen Strukturen, über die wir verfügen, weil sie in der Vergangenheit Probleme effizient lösten, erzeugen also nicht unbedingt adaptives Verhalten in der Gegenwart. Wenn die Umgebung evolutionärer Anpassung früher eine andere war als heute, kann es zu Fehlanpassungen kommen.

So haben sich Motten noch immer nicht auf die Existenz von Kerzen und Glühbirnen eingestellt, die es, gemessen an der langen Zeit der Evolution dieser Tiere, erst seit kurzem gibt. Eine Motte ist darauf ausgelegt, ihre Flugbahn in der Nacht zu steuern, indem sie einen bestimmten Winkel zu einem leuchtenden Himmelskörper einhält. Ist die Lichtquelle jedoch zu nahe, dann führt dieses Verhaltensprogramm dazu, dass die Motte auf konzentrischen Kreisen hineinfliegt – ein unangepasstes Verhalten. Aber nicht was in der Gegenwart angepasst ist, erklärt den Aufbau und die Steuerungsmechanismen eines Organismus, sondern nur, was vergangenen Generationen Vorteile brachte. Die Diskrepanz zwischen der Umgebung evolutionärer Anpassung und gegenwärtiger Umgebung ist beim Menschen besonders groß. Das Leben in großen anonymen Verbänden, die Verfügung über mächtige Waffen, Empfängnisverhütung und Samenbanken sind Bedingungen, auf die sich einzustellen die genetische Evolution wenig Zeit hatte.

Was soziale Beziehungen betrifft, sind wir vermutlich immer noch daraufhin angelegt, in überschaubaren Gruppen zu leben. Die längste Zeit in der Geschichte der Menschheit wurde der Einzelne in eine bestehende Gemeinschaft hineingeboren, der er ein Leben lang angehörte; neben den Freunden existierten nur die Fremden als seine Feinde. Die Beziehungen der Menschen untereinander waren in den fundamentalen Institutionen von Blutsverwandtschaft und Religion fest verwurzelt und damit auch verbindlich geregelt. Jeder wusste, was er von jedem anderen zu erwarten hatte und was er jedem anderen schuldete. Das engmaschige Netz an gegenseitigen Verpflichtungen, auf das sich traditionelle Gemeinschaften gründeten, ließ dem Einzelnen zwar wenig Raum für jene Entscheidungsfreiheit und individualisierte Lebensführung, die wir heute als Grundrechte in Anspruch nehmen; der Zusammenhalt der Gruppe hatte unbedingten Vorrang vor den persönlichen Zielen und Wünschen ihrer Mitglieder. Dafür genoss der Einzelne jedoch den Schutz der Gemeinschaft, ohne die er nicht hätte überleben können.

Wir können heute dagegen kaum mehr auf soziale Beziehungen als quasi-natürliche Gegebenheiten unserer Existenz zurückgreifen. Jeder Einzelne muss sich seine persönliche soziale Welt selbst schaffen, und das notfalls immer wieder neu. Traditionelle Beziehungen, also Beziehungen, die als lebenslang angesehen werden können und deren grundlegende Voraussetzungen sich nicht ändern, existieren zwar weiterhin als Wunsch- und Leitvorstellungen in den Köpfen der Menschen, immer seltener jedoch in der Realität. Einsamkeit, soziale Isolierung, Verlassenheitsgefühle sind ein weitverbreitetes Problem im Zeitalter der Massengesellschaften. Mit dem Zerfall traditionsbestimmter Bindungen und Beziehungen haben die Menschen aber auch erstmals die Chance bekommen, als Einzelne, als Individuen zu agieren, von starren und einengenden Vorschriften und Verpflichtungen befreit, ihren ganz persönlichen Lebensentwurf zu verwirklichen. Es hängt heute weitgehend von uns selbst, unseren Fähigkeiten und Möglichkeiten, freilich auch von unseren Lebensumständen ab, mit wem wir es zu tun haben oder auch nicht mehr zu tun haben wollen – letztlich also: Wer wir sind.

Anders als unsere Vorfahren können wir das soziale Netz, in deren Mittelpunkt wir leben, weitgehend selbst gestalten. Sie sollten nicht nur darüber nachdenken, mit wem es lohnt, sich zu verbünden. Für Ihren Erfolg im Leben spielt es auch eine große Rolle, mit wem Sie sich vergleichen und vergleichen lassen. Unter Blinden ist der Einäugige bekanntlich König – wenn Sie sich aber ständig mit Menschen umgeben, neben denen Sie unvorteilhaft erscheinen, dann werden Ihr Ansehen und Ihr Selbstwertgefühl darunter leiden. Wenn Sie nicht Ski fahren können, es aber lernen wollen, so werden Sie an einem Anfängerkurs teilnehmen, und nicht an einem für Fortgeschrittene, der sie überfordert und Gefühle des Versagens in Ihnen weckt, weil Sie immer als Schlechtester abschneiden. Genauso sollten Sie in Ihren Freundes- und Bekanntenkreis nicht allzu viele Menschen aufnehmen, die Ihnen die Schau stehlen oder Sie notorisch in den Schatten zu stellen versuchen. Der Umgang, den Sie pflegen, sollte Ihnen den Raum gewähren, den Sie brauchen, um sich zu entfalten.

Von der Schmusedecke zum Mobile Phone

Im Prestigemodus herrscht eine entspannte Atmosphäre. Wenn Sie jedoch sehr empfindlich auf Reize aller Art reagieren und deshalb zu Ängstlichkeit neigen, müssen Sie sich ein Gefühl der Sicherheit selbst schaffen. An erster Stelle sind es andere Menschen, die einem den Rücken stärken können, weil man sich in ihrer Nähe geschützt und wohl fühlt. Jeder weiß, dass es einen gewaltigen Unterschied macht, ob man allein oder zu zweit auf eine Party geht. Einen ständig verfügbaren Begleiter haben die meisten Menschen allerdings nicht. Sie greifen stattdessen auf Ersatzobjekte zurück. Haben Sie schon einmal überlegt, warum Menschen Handys verwenden, auch wenn sie sich nichts zu sagen haben? Denken Sie an Ihre Kindheit zurück. Babys und Kleinkinder fühlen sich am wohlsten in der Nähe ihrer Mutter. Es fällt ihnen schwer, deren Abwesenheit über längere Zeit hinweg zu ertragen. Viele finden dann Trost in einer Schmusedecke oder bei einem Teddybär. Man hat diese weichen Gegenstände, an die sich das Kind klammert, Übergangsobjekte – einen Ersatz für die Mutter – genannt. Viele Eltern wissen, dass ihr Kind nur dann zufrieden im Bett liegt, wenn es sein Lieblingsstofftier im Arm hält. Und dass es völlig außer sich gerät, wenn dieses verlorengeht oder auch nur in die Waschmaschine gesteckt wird. Das Übergangsobjekt verschafft dem Kind die Illusion von Sicherheit und Geborgenheit. Und wird erst aufgegeben, wenn das Kind glaubt, alleine in der Welt bestehen zu können. Was hat das alles mit Mobiltelefonen zu tun? Handys sind kaum kuschelig weich. Und sie haben ihrem Sinn nach nur eine ganz bestimmte Funktion: nämlich zwei Menschen unabhängig von ihrem jeweiligen Aufenthaltsort miteinander kommunizieren zu lassen.

Viele Menschen gebrauchen ihre Handys jedoch vor allem als Übergangsobjekte. Das erkennt man daran, dass sie sich daran klammern wie das Kind an seine Schmusedecke und keinen Schritt außer Hause tun, wenn das Handy nicht dabei ist. Wer musste nicht schon einem Menschen zuhören, der mit abwesendem Blick an einer beliebigen Straßenkreuzung steht und seinem Handy anvertraut: «Ich bin jetzt gerade in der X-Straße.» Da es dem Gesprächspartner darüber hinaus nicht viel mehr zu sagen gibt, liegt die Vermutung nahe, dass der Handybenutzer nur darauf aus ist, sich der (unsichtbaren) Gegenwart zumindest eines Freundes zu versichern. Also vergessen Sie Ihr Handy nicht. Oder suchen Sie sich ein anderes Übergangsobjekt, das Ihnen Vertrauen in Sie selbst und in die Welt verleiht. Als Ersatzschmusedecke haben bisher Hut, Tasche, Stock, Schirm, Zigarre oder Zigarette, Puderdose, Taschentuch und vieles andere mehr hergehalten – der Kreativität sind keine Grenzen gesetzt.

Sich die Erfolgreichen zum Vorbild nehmen

Nach Ansicht der Anthropologen Joseph Henrich und Francisco Gil-White entwickelte sich der Prestigemodus im Zusammenhang mit der spezifisch menschlichen Fähigkeit, von anderen zu lernen, statt ausschließlich auf die eigenen Erfahrungen angewiesen zu sein. Diese Fähigkeit setzt voraus, dass man imstande ist, Individuen mit überdurchschnittlichen Kompetenzen zu erkennen, um sie dann als Modell für das eigene Verhalten zu nehmen.

Auch viele in Gruppen lebende Tiere können ihre Artgenossen im Hinblick auf ihren (Jagd-)Erfolg unterscheiden. Schnorrer können erfolgreiche Nahrungsmittelbeschaffer identifizieren und halten sich in deren Nähe auf, um von ihnen zu profitieren. Diese Schnorrer verstehen sich auch darauf, sich einzuschmeicheln. So pflegen manche Makaken bevorzugt das Fell von guten Nahrungsmittelbeschaffern, auch wenn diese eine unterlegene Position innehaben. Sie versuchen jedoch nicht, die Techniken zu imitieren, die zu großem Jagderfolg führen. Das macht offenbar nur der Mensch.

Eckart Voland, Professor für die Philosophie der Biowissenschaften, sieht in der Programmanweisung «Imitiere die Erfolgreichen» deshalb die wesentliche Grundlage menschlicher Kultur. Menschen mit hohem Prestige wirken anziehend auf andere, weil es von Vorteil ist, sie aus nächster Nähe beobachten zu können. Damit sie ihr Erfolgsgeheimnis preisgeben, empfiehlt es sich, ihnen gegenüber Ehrerbietung und Respekt zu zeigen. Der Vorteil eines solchen Verhaltens liegt auf der Hand: Es erspart dem Nachahmer unter Umständen unendlich lange, mühsame und risikoreiche Versuchs- und Irrtumsprozesse. Er kann sehr schnell und gefahrlos jene Verhaltensoptionen wählen, von denen er weiß, dass schon andere damit Erfolg hatten.

Wenn es Ihnen also bislang noch nicht gelungen ist, sich hervorzutun, so suchen Sie sich ein geeignetes Modell, an dem Sie sich orientieren können. Sie erkennen es an der Menge der Vorteile, die ihm freiwillig zugestanden werden, am Grad der Ehrerbietung, die andere ihm erweisen, und an der Bereitwilligkeit, mit der andere dem Modell unangenehme Verpflichtungen abnehmen. Individuen mit hohem Prestige sind einflussreich auch außerhalb des Gebietes, auf dem sie sich auszeichnen, das heißt, sie werden in jeder nur möglichen Hinsicht kopiert. So wirkt ein Fußballstar oder eine bekannte Schauspielerin stilbildend, weil nicht nur ihren jeweiligen Darbietungen Aufmerksamkeit gezollt wird, sondern auch solchen Nebensächlichkeiten wie ihrer Frisur oder ihrer Kleidung. Die Bewunderung eines Modells oder der Neid auf seine Position bewirken nichts! Sie müssen es sorgfältig beobachten und so lange nachahmen, bis sie selbst Nachahmer finden.

Ohne Niederlagen kein Erfolg

Nicht immer erreichen wir die Ziele, die wir uns setzen, um im Prestigemodus Anerkennung zu finden. Der konstruktive Umgang mit einer Niederlage besteht darin, sie als Möglichkeit zu nutzen, um unrealistische Ansprüche zu korrigieren und herauszufinden, was einem wirklich liegt. Niemand kann auf allen Gebieten Sieger sein. Aber vielleicht versucht er es gerade auf einem Gebiet, das er nicht beherrscht. So möchten viele Deutschlands Superstar sein, aber nur wenige sind dazu berufen. Wenn Sie in Ihren Bemühungen also immer wieder scheitern – dann ist es an der Zeit, sich neue Ziele zu suchen. Wunschvorstellungen und tatsächliche Talente stimmen nämlich nicht immer überein. Vielleicht verfolgen Sie Ziele, die gar nicht Ihre eigenen sind. Viele Menschen versuchen, die Erwartungen ihrer Eltern zu erfüllen, deren Träume zu realisieren. Stellen Sie sich den Träumen und Erwartungen anderer nicht länger zur Verfügung. Finden Sie heraus, was Ihnen leichter fällt als anderen, wofür Sie scheinbar mühelos Anerkennung bekommen. Hören Sie auf Ihr emotionales Erfahrungsgedächtnis, das Ihnen nicht nur Hinweise darauf liefert, was Ihnen schadet, sondern auch darauf, was Ihnen guttut.

Dieses Wissen ist zwar in jedem Menschen gespeichert,

aber nicht unbedingt auch jederzeit bewusst verfügbar. Solange die Inhalte des emotionalen Erfahrungsgedächtnisses aber noch nicht bewusst sind, können sie auch nicht für die bewusste Handlungsplanung eingesetzt werden. Der Gehirnforscher Antonio Damasio hat dargestellt, mit welchen Signalen sich das emotionale Erfahrungsgedächtnis – Ihr ‹Bauchgefühl› – bemerkbar macht. Jedes Ziel, das Sie ins Visier nehmen, erzeugt Vorstellungsbilder, und diese Vorstellungsbilder lösen Körperempfindungen aus, die Damasio «somatische Marker» genannt hat. Sie steuern Annäherungs- und Vermeidungsverhalten, indem sie gefährliche oder günstige Wahlmöglichkeiten ins rechte Licht rücken. Wenn eine Vorstellung mit einer negativen Empfindung gekoppelt ist, dann ist Vorsicht geboten. Wenn eine Vorstellung angenehme Gefühle auslöst, dann plädiert das emotionale Erfahrungsgedächtnis damit für Annäherung. Man kann sich das Ganze als ein automatisches System zur Bewertung von Vorhersagen vorstellen, das mögliche Szenarien der Zukunft beurteilt.

Somatische Marker sind bei allen Menschen ständig aktiv, aber nicht jeder ist geübt darin, sie wahrzunehmen. Dies erfordert eine Aufmerksamkeit, die manche Menschen erst lernen müssen, sich selbst zu schenken. Negative somatische Marker werden in der Regel besser wahrgenommen, weil es für das Überleben unserer Vorfahren viel wichtiger war, Gefahrensituationen schnell wahrzunehmen als vielversprechende Situationen. Im Prestigemodus ist es jedoch wichtig, positive Marker zu erkennen, die ihnen zeigen, welchen Weg sie einschlagen müssen, um Erfolg zu haben – wobei mit Erfolg in erster Linie Lebenszufriedenheit gemeint ist.

Die Zürcher Psychologen Maja Storch und Frank Krause gehen davon aus, dass die Wahrnehmung von somatischen

Markern den Zugang zum Selbsterleben eines Menschen erleichtert, insbesondere dabei hilft, wesentliche Bedürfnisse und Ziele zu identifizieren, die bislang bei seiner Lebensführung noch ungenügend berücksichtigt worden sind. Ein diffuses Gefühl der Unzufriedenheit und ein Mangel an Antriebskraft sind die Folge, wenn ein Mensch langfristig nicht im Einklang mit sich selbst handelt. Storch und Krause verwenden in ihrem Zürcher Ressourcenmodell einen Katalog von ansprechenden Bildern aus den verschiedensten Bereichen, um das Thema aufzuspüren, das gegenwärtig für einen bestimmten Menschen von zentraler Bedeutung ist. Unter allen Vorlagen soll diejenige ausgewählt werden, die einen positiven somatischen Marker auslöst. Anschließend wird untersucht, was diesem Gefühl zugrunde liegt. So können auch unbewusste Bedürfnisse aufgedeckt und in die bewusste Vorsatzbildung mit einbezogen werden. Ein ehrgeiziger Manager beispielsweise hat sich bewusst das Ziel gesetzt, seine Karriere noch effektiver voranzutreiben. Angesprochen fühlt er sich jedoch nicht vom Bild eines Menschen, der in der Chefetage konzentriert seiner Arbeit nachgeht, sondern vom Bild eines friedlichen Bergsees, der das lange vernachlässigte Bedürfnis nach Ruhe und Erholung symbolisiert. Wer solchermaßen versucht, sich selbst kennenzulernen, der vermag jederzeit notwendige Korrekturen seines Lebenswegs vorzunehmen.

Sich selbst auf Erfolg programmieren

Erfolg ist nicht allein das Resultat von Anstrengung und Leistung, sondern auch ein Kind der Zuversicht. Wer an sich glaubt, der erreicht seine Ziele mit größerer Wahrscheinlichkeit als einer, der schon vor dem ersten Schritt an sich zweifelt. Menschen, die einen unterstützen und fördern, können sehr hilfreich sein. Ihr Vertrauen in unsere Fähigkeiten stärkt unser Selbstbewusstsein. Menschen verstehen es jedoch auch, uns Steine in den Weg zu legen, unser Selbstvertrauen zu unterminieren und unsere Leistungsfähigkeit herabzusetzen. Deshalb sollten Sie sich nicht ausschließlich auf andere verlassen, sondern sich selbst auf Erfolg programmieren.

Wovon hängen Motivation und Leistungsfähigkeit ab? Sind sie allein das Ergebnis bewusster Willensakte oder beeinflussen unbewusste Verarbeitungsprozesse Intensität und Ergebnis unserer Bemühungen? Dieser Frage ist der Sozialpsychologe John Bargh in zahlreichen Experimenten nachgegangen. Er konnte zeigen, dass Emotionen, Einstellungen, Ziele und Absichten unbewusst aktiviert werden können und dass diese unbewusste Aktivierung nachweisbaren Einfluss darauf hat, wie Menschen denken und handeln. Man nennt diesen Vorgang ‹priming›, was so viel bedeutet wie ‹Bahnung›. In einem der bekanntesten Experimente luden Bargh und seine Mitarbeiter die Versuchspersonen zu einem Sprachtest ein. Aus vorgegebenen Worten sollten Sätze gebildet werden. Eine Gruppe von Versuchspersonen bekam Worte vorgelegt, die sich auf alte Menschen bezogen. Auf diese Weise wurde die Gruppe, ohne davon zu wissen, auf das Thema ‹Alter› geprimt, das heißt, entsprechende neuronale Netze (Assoziationen) wurden aktiviert. Die andere Gruppe bekam Worte zu neutralen Themen zur Satzergänzung. Beobachtet wurde von Bargh nun jedoch nicht, wie viele Sätze welcher Art gebildet wurden, sondern wie viel Zeit die Versuchspersonen benötigten, um nach Verlassen des Versuchsraumes den Korridor hinunter zum Ausgang zu gehen. Hierbei zeigte sich, dass die Gruppe mit dem Alters-Priming signifikant mehr Zeit brauchte als die Gruppe, die sich mit neutralen Wörtern befasst hatte. Ohne dass es den Versuchspersonen bewusst geworden war, hatte sich ein mit dem Begriff ‹Alter› verbundenes Stereotyp (langsames Gehen) in ihrem Verhalten durchgesetzt!

In einer anderen Untersuchung wurden die Probanden zunächst mit Worten konfrontiert, die Leistungsverhalten zum Inhalt hatten (Erfolg, bewältigen, erreichen etc.). In der anschließenden Wortsuchaufgabe schnitten sie signifikant besser ab als Personen ohne vorhergehendes Priming. Eine andere Gruppe von Versuchspersonen wurde auf Kooperation eingestellt (mit Worten wie fair, teilen, kooperieren) – sie verhielten sich anschließend bei einem Spiel kooperativer als die Vergleichsgruppe, obwohl ihnen der Zusammenhang nicht bewusst war.

Diese Art von unbewusster Bahnung kann nun im Dienste zielgerichteten Handelns eingesetzt werden. In Barghs Untersuchungen wurden Ziele aktiviert, indem Worte dargeboten wurden, die eng mit dem Zielbegriff assoziiert waren. Priming auf einen Zielzustand kann aber auch über Gegenstände erfolgen, die einen an die eigenen Zielsetzungen erinnern. So soll der Talisman Glück bringen, indem er uns Zuversicht vermittelt, wenn er in unser Blickfeld gerät. Dazu müssen wir ihn nicht einmal bewusst wahrnehmen. Bargh spricht in diesem Zusammenhang vom «automatisierten Willen». Er geht davon aus, dass es gerade in schwierigen Situationen günstig sein kann, von der bewussten Zielverfolgung auf eine automatisierte Zielverfolgung umzuschalten.

Das bedeutet konkret, dass Sie sich selbst mit Reizen versorgen sollten, die Hinweise auf Ihr Ziel darstellen. Solche Erinnerungshilfen können beispielsweise Musikstücke sein, mit Hilfe derer Sie sich in eine gewünschte Stimmung versetzen – Marschmusik diente immer dem Zweck, Menschen das Zweifeln und Zögern auszutreiben. Auch mit Hilfe gezielter Farbauswahl kann man sich ‹primen›. Es macht einen gewaltigen Unterschied für den Rest des Tages, ob Sie morgens eine knallrote Bluse oder einen Pulli in gedeckten Farben anziehen. Wer trauert, trägt schwarz: Auch das ist ein Priming. Der Trauernde wird ohne jede weitere Ermahnung dazu angehalten, Zurückhaltung zu üben. Worte sind das gängigste Mittel, sich selbst (und andere) zu beeinflussen. Die Stimme in Ihrem Kopf, die Ihnen sagt, dass Sie ein Versager sind, müssen Sie unbedingt ausschalten. An ihre Stelle sollten Sie ein Mantra setzen, das Sie zum Gewinner kürt. Die Regel lautet: Überzeugen Sie erst sich selbst von Ihren Qualitäten, dann können Sie auch andere von sich überzeugen!

4 Ausblick: Auf der Suche nach dem Glück

Die Natur hat uns mit zwei mächtigen Antriebssystemen ausgestattet: dem Bestrafungssystem, das uns auf Bedrohungen mit Angst, Flucht, Vermeidung oder Unterwerfung reagieren lässt. Und dem Belohnungssystem, das uns dazu motiviert, unsere Ziele zu verfolgen. Stoßen wir dabei auf Widerstand, so löst dies Ärger und Aggressionen aus. Wir werden auf diese Weise dazu angestachelt, Hindernisse aus dem Weg zu räumen und andere dazu zu bringen, sich unserem Willen zu beugen.

Das Belohnungssystem ist bei Falken stärker aktiviert, während Tauben bevorzugt den Impulsen des Bestrafungssystems folgen. Gene und frühe Umwelt machen uns zunächst zu dem, der wir sind. Wir können uns weder unsere genetische Ausstattung noch unsere Eltern aussuchen. Wir können also auch nicht darüber entscheiden, ob wir als Falke oder als Taube antreten. Es steht uns jedoch offen, das zu lernen, was uns noch fehlt, um eine mögliche Einseitigkeit auszugleichen. Die wesentliche Voraussetzung für Gesundheit und Erfolg im Leben besteht nämlich darin, sowohl die Strategien der Tauben als auch die der Falken zu beherrschen und an die jeweiligen Umstände angepasst einzusetzen. Erfolg um jeden Preis anzustreben kann ebenso nachteilige Folgen haben wie der eigenen Sicherheit stets höchste Prioritätsstufe einzuräumen. Man weiß heute jedoch, dass das Gehirn seine Struktur unaufhörlich verändert und dass wir diesen Prozess aktiv mitgestalten können. Für Funktionen, die wir oft benutzen, stellt das Gehirn mehr Gewebe und synaptische Verbindungen zur Verfügung, während Areale schrumpfen, die kaum genutzt werden. Wir sind als Erwachsene deshalb das, was wir häufig denken und tun. Folglich können wir uns verändern, indem wir neue Erfahrungen suchen und zulassen.

Tauben müssen lernen, dem Impuls zu widerstehen, im Konfliktfall zu fliehen, sich zu unterwerfen oder entsprechende Situationen ganz zu meiden, weil sie sonst keine adäquaten Bewältigungsmechanismen entwickeln können. Falken müssen dem Impuls widerstehen, ihre Interessen ohne Rücksicht auf Verluste und auf andere durchzusetzen, weil sie damit sich und anderen schaden können.

Wo bleibt nun das Glück? Angst und Aggression sind die treibenden Kräfte in unserem Leben. Unser evolutionäres Design hat uns darauf programmiert, das Glück zu suchen, aber nie dauerhaft zu finden. Wir sind nicht darauf eingerichtet, glücklich zu sein, sondern darauf, nach Sicherheit und Erfolg zu streben. Das Belohnungssystem, das von allem immer mehr und immer Besseres will, hat uns aus der Steinzeithöhle herausgetrieben und zur dominanten Spezies auf diesem Planeten gemacht. Es geht mit dem Glück jedoch nur vorübergehend eine stabile Verbindung ein, weil derjenige, der nie genug bekommen kann, häufig frustriert und verärgert ist, gleich was er schon erreicht hat. Das Bestrafungssystem stellt Sicherheit an erste Stelle, nicht Glück.

Den Impulsen, die uns zu steuern suchen, müssen wir aber nicht unbedingt nachgeben. Der Neokortex mit seinen Fähigkeiten zu Bewusstheit und Symbolisierung versetzt uns in die Lage, unsere Natur zu reflektieren und uns auch ein Stück weit von ihr zu distanzieren. Wenn wir gerade weder von Angst noch von Ehrgeiz getrieben sind, dann kommen wir dem Zustand, den man als Glück bezeichnet, vermutlich schon recht nahe.

Wahres Glück empfinden wir, wenn wir diese Momente mit anderen, die uns nahestehen, teilen können. Ich habe in diesem Buch zwar vornehmlich auf die Schattenseiten menschlicher Beziehungen hingewiesen. Es steht jedoch außer Frage, dass es unsere Mitmenschen sind, an die wir unsere größten Glückserwartungen stellen. Wenige Befunde sind so universell gültig und in Studien immer wieder belegt: Gute Freunde sind das Wichtigste im Leben, um glücklich zu sein. *Leistungsfähigkeit und aggressive Durchsetzungsbereitschaft sind zwar mit Erfolg verbunden; die Lebenszufriedenheit ist jedoch am größten bei jenen, die kooperativ eingestellt und ihren Mitmenschen zugewandt sind.*

Ich will nicht schließen, ohne noch einmal auf unsere nächsten Verwandten zurückzukommen. Robert Sapolsky hat die Lebenswege von männlichen Bonobos mit unterschiedlichem Temperament verfolgt. Die einen waren ruhige, gelassene Typen, die sich zwar nicht ans untere Ende der Hierarchie abdrängen ließen, aber auch nicht von dem Ehrgeiz beseelt waren, sich immer und überall durchsetzen zu müssen. Sie verbrachten viel Zeit mit der Pflege von Freundschaften (was vor allem bedeutete, dass sie das Fell ihrer Freunde pflegten und umgekehrt) und spielten gern mit dem Nachwuchs. Nette Jungs also. Die anderen Bonobos waren weit ehrgeiziger; sie kämpften unablässig um ihre Rangposition. Diese Affen waren im fortgeschrittenen Alter in einem besonders desolaten Zustand. Wer seine Zähne und seine Kraft verliert, der fällt bei Primaten die soziale Stufenleiter unweigerlich herab. Wer aber viel ausgeteilt hat, solange er noch obenauf war, der wird nun zusätzlich zur Zielscheibe von Racheakten der Jüngeren. Sie haben keine der Schikanen vergessen, denen sie ausgesetzt waren, und zahlen nun in gleicher Münze heim. Jene Affen aber, die in der Blüte ihrer Jahre vor allem nett gewesen waren, hatten auch im Alter noch genug Freunde, um einen angenehmen Lebensabend zu verbringen.

Literaturverzeichnis

R. Alexander: *Darwinism and human affairs.* Washington 1992.

W. Allman: *Mammutjäger in der Metro. Wie das Erbe der Evolution unser Denken und Verhalten prägt.* Heidelberg; Berlin 1999.

M. Argyle: *Körpersprache und Kommunikation.* Paderborn 1979.

M. Argyle and P. Trower: *Signale von Mensch zu Mensch. Die Wege der Verständigung.* Weinheim; Basel 1981.

R. Axelrod and W. Hamilton: *The evolution of cooperation.* Science, 211: 1390–1396, 1981.

C. Badcock: *Psychodarwinismus. Die Synthese von Darwin und Freud.* München 1999.

J. Bargh: *Social psychology and the unconscious: The automaticity of higher mental processes.* Hove, London 2006.

J. Barkow, L. Cosmides, and J. Tooby: *The adapted mind. Evolutionary psychology and the generation of culture.* Oxford 1995.

S. Baron-Cohen: *The maladapted mind. Classic readings in evolutionary psychopathology.* Hove 1997.

L. Barrett, R. Dunbar, and Lycett J.: *Human evolutionary psychology.* New York 2002.

J. Bauer: *Das Gedächtnis des Körpers. Wie Beziehungen und Lebensstile unsere Gene steuern.* München 2004.

J. Bauer: *Warum ich fühle, was du fühlst. Intuitive Kommunikation und das Geheimnis der Spiegelneurone.* Hamburg 2005.

L. Berkman and S. Syme: *Social networks, host resistance and mortality: a nine year follow-up study of Almeda County residents.* American Journal of Epidemiology, 109: 186–204, 1979.

J. Birtchnell: *How humans relate. A new interpersonal theory.* Westport 1993.

J. Birtchnell: *The two of me. The rational outer me and the emotional inner me.* London; New York 2003.

N. Bischof: *Das Rätsel Ödipus. Die biologischen Wurzeln des Urkonfliktes von Intimität und Autonomie.* München 2001.

D. Bjorklund and A. Pellegrini: *The origins of human nature. Evolutionary developmental psychology.* Washington 2002.

K. Björkqvist and P. Niemelä: *Of mice and women: Aspects of female Aggression.* San Diego 1992.

C. Boehm: Hierarchy in the Forest. *The evolution of egalitarian behaviour.* Cambridge; London 1999.

J. Bowlby: *Bindung: Eine Analyse der Mutter-Kind-Beziehung.* Frankfurt a. M. 1984.

J. Bowlby: *Trennung. Psychische Schäden als Folge der Trennung von Mutter und Kind.* Frankfurt a. M. 1986.

J. Bowlby: *Loss. Sadness and depression.* London 1998.

M. Brüne: *Textbook of evolutionary psychiatry. The origins of psychopathology.* Oxford 2008.

D. Buss: *Evolutionäre Psychologie.* München 2004.

D. Buss: *The handbook of evolutionary psychology.* Hoboken 2005.

A. Campbell: *A mind of her own. The evolutionary psychology of women.* Oxford 2002.

C. Cantor: *Evolution and posttraumatic stress: Disorders of vigilance and defence.* Hove 2005.

M. Chance: *Social fabrics of the mind.* Hove; London 1988.

A. Chasiotis: *Die Mystifikation der Homöostase. Das sozioemotionale Gegenseitigkeitsempfinden als grundlegende psychische Dimension.* Gestalttheorie 17: 88–129. 2, 1995.

A. Chasiotis: *Kindheit und Lebenslauf. Untersuchungen zur evolutionären Psychologie der Lebensspanne.* Bern; Göttingen 1999.

P. Chesler: *Woman's inhumanity to woman.* New York 2001.

J. Chisholm: *Death, hope and sex. Steps to an evolutionary ecology of mind and morality.* Cambridge 1999.

D. Conley: *The pecking order. Which siblings succeed and why.* New York 2004.

R. Conni: *Magnaten und Primaten. Über das Imponiergehabe der Reichen.* München 2004.

L. Cosmides and J. Toby: *The psychological foundations of culture.* In J. Barkow, L. Cosmides, and J. Toby, editors, *The adapted mind. Evolutionary psychology and the generation of culture.*, pages 19–136. Oxford 1992.

L. Cozolino: *Die Neurobiologie menschlicher Beziehungen.* Kirchzarten 2007.

A. Damasio: *Ich fühle also bin ich. Die Entschlüsselung des Bewusstseins.* München 2000.

A. Damasio: *Descartes' Irrtum. Fühlen, Denken und das menschliche Gehirn.* Berlin 2004.

C. Darwin: *Die Entstehung der Arten.* Ditzingen 1986.

C. Darwin: *Die Abstammung des Menschen.* Paderborn 2005.

R. Dawkins: *Das egoistische Gen.* Hamburg 1996.

S. Dickerson: *Emotional and physiological responses to social-evaluative threat.* Social Personality Psychology Compass, 2 (3): 1362–1368, 2008.

W. Eberwein, J. Tholen: *Manager-Mentalität. Industrielle Unternehmensleitung als Beruf und Politik.* Frankfurt a. M. 1990.

K. Eibl: *Animal poeta. Bausteine der biologischen Kultur- und Literaturtheorie.* Paderborn 2004.

P. Ekman: *Gefühle lesen. Wie Sie Emotionen erkennen und richtig interpretieren.* Heidelberg 2004.

S. Forward: *Liebe als Leid*. München 1988.

S. Freud: *Gesammelte Werke Bd. IXV*. Frankfurt a. M. 1971.

S. Freud: *Das Unbehagen in der Kultur* in: *Fragen der Gesellschaft, Ursprünge der Religion*. Frankfurt a. M. 1974.

S. Frey: *Die Macht des Bildes. Der Einfluss der nonverbalen Kommunikation auf Kultur und Politik*. Bern 2000.

H. Friedman, R. Riggio: *The effect of individual differences in nonverbal expressiveness on transmission of emotion*. Journal of nonverbal behavior, 6: 96–104, 1981.

M. Friedman and R. Rosenman: *Der A-Typ und der B-Typ*. Hamburg 1975

M. Gazzaniga: *Das erkennende Gehirn. Entdeckungen in den Netzwerken des Geistes*. Paderborn 1988.

G. Gigerenzer: *Bauchentscheidungen. Die Intelligenz des Unbewussten und die Macht der Intuition*. München 2007.

P. Gilbert: *Depression. The evolution of powerlessness*. Hove 1992.

P. Gilbert: *Human nature and suffering*. New York; London 1992.

P. Gilbert: *Overcoming depression. A self-help guide using cognitive behavioural techniques*. London 1997.

P. Gilbert: *Evolutionary theory and cognitive therapy*. New York 2004.

P. Gilbert and B. Andrews: *Shame. Interpersonal behaviour, psychopathology, and culture*. Oxford 1998.

P. Gilbert and K. Bailey: *Genes on the couch. Explorations in evolutionary psychotherapy*. Hove 2000.

K. Glantz and J. Pearce: *Exiles from eden. Psychotherapy from an evolutionary perspective*. New York; London 1989.

E. Goffman: *Wir alle spielen Theater. Die Selbstdarstellung im Alltag*. München 1969.

J. Goodall: *My life with chimpanzees*. New York 2002.

K. Grammer: *Signale der Liebe. Die biologischen Gesetze der Partnerschaft.* München 2002.

K. Grawe: *Neuropsychotherapie.* Göttingen 2004.

M. Gurven, K. Allen-Arave, K. Hill, and A. Hurtado: *It's a wonderful life: signaling generosity among the Ache of Paraguay.* Evolution and human behavior, 21: 263–282, 2000.

R. Hassin, J. Uleman, and J. Bargh: *The new unconscious.* Oxford 2005.

J. Henrich and F. Gil-White: *The evolution of prestige. Freely conferred deference as a mechanism for enhancing the benefits of cultural transmission.* Evolution and Human Behaviour, 22: 165–196, 2001.

D. Hiroto and M. Seligman: *Generality of learned helplessness in man.* Journal of Personality and Social Psychology, 31: 311–327, 1975.

M. Hirsch: *Schuld und Schuldgefühl: Zur Psychoanalyse von Trauma und Introjekt.* Göttingen 1997.

J. Hokanson: *Psychophysiological evaluation of the cartharsis hypothesis.* In: E. Megargee and J. Hokanson, editors, *The dynamics of aggression.,* pages 178–224. New York 1979.

S. Blaffer Hrdy: *Mutter Natur. Die weibliche Seite der Evolution.* Berlin 2000.

G. Hüther: *Bedienungsanleitung für ein menschliches Gehirn.* Göttingen 2005.

J. Kagan and N. Snidman: *The long shadow of temperament.* Harvard 2004.

J. Kaplan: *Status, stress, and atherosclerosis: the role of environment and individual behavior.* Annals of the New York Academy of Sciences, 896: 145–161, 1999.

H. Katschnig: *Appellative, manipulative und dissoziale Lebensstrategien – ein sozialpsychiatrisches Modell extrovertierten Verhaltens.* In: H. Katschnig, U. Demal,

u. a. editors, *Die extrovertierten Persönlichkeitsstörungen.*, S. 152–157. Wien 2000.

P. Keedwell: *How sadness survived. The evolutionary basis of depression.* Oxford; New York 2008.

H. Kellner: *Die Teamlüge.* Frankfurt a. M. 1997.

K. Kortmulder and Y. Robbers: *The agonic and hedonic styles of social behavior.* New York 2005.

J. Kuhl: *Motivation und Persönlichkeit. Interaktionen psychischer Systeme.* Göttingen 2001.

R. Kurzban and D. Houser: *An experimental investigation of cooperative types in human groups: A complement to evolutionary theory and simulations.* Proceedings of the National Academy of Sciences, 102 (5): 1803–1807, 2005.

R. Lazarus: *Stress and emotion. A new synthesis.* New York 1999.

H. Leymann: *Mobbing. Psychoterror am Arbeitsplätz und wie man sich dagegen wehren kann.* Hamburg 2002.

O. Lund, C. Tammes, C. Moestue, D. Buss, and M. Vollrath: *Tactics of hierarchy negotiation.* Journal of Research in Personality, 41: 25–44, 2007.

N. Machiavelli: *Discorsi. Gedanken über Politik und Staatsführung.* Stuttgart 1978.

M. McGuire and A. Troisi: *Darwinian Psychiatry.* New York 1998.

G. Maclay and H. Knipe: *Adam im Hühnerhof. Dominanzverhalten am Beispiel der menschlichen Hackordnung.* Frankfurt a. M. 1972.

D. Maestripieri: *Primate psychology.* Cambridge; London 2003.

M. Marmot: *Status syndrome. How your social standing directly affects your health and life expectancy.* London 2004.

A. Mazur: *Biosociology of dominance and deference.* New York; Oxford 2005.

B. Meschkutat, M. Stackelbeck, and G. Langenhoff: *Der Mobbing-Report. Repräsentativstudie für die Bundesrepublik Deutschland.* Bremerhaven 2002.

A. Miller: *Das Drama des begabten Kindes.* Frankfurt a. M. 1971.

G. Miller: *Die sexuelle Evolution. Partnerwahl und die Entstehung des Geistes.* Heidelberg; Berlin 2001.

A. Miller and S. Kanazawa: *Why beautiful people have more daughters. From dating, shopping, and praying to going to war and becoming a billionaire – two evolutionary psychologists explain why we do what we do.* New York 2007.

S. Minuchin, B. Rosman, and L. Baker: *Psychosomatische Krankheiten in der Familie.* Stuttgart 1981.

W. Muir and H. Cheng: *The effects of genetic selection for survivability and productivity on chicken physiological homeostasis.* Worlds Poultry Science Journal, 61: 383–397, 2005.

R. Nesse and G. Williams: *Why we get sick. The new science of Darwinian medicine.* New York 1995.

O. Neuberger: *Mobbing. Übel mitspielen in Organisationen.* München 1994.

D. Omark, F. Strayer, and D. Freedman: *Dominance relations: an ethological view of human conflict and social interaction.* New York; London 1980.

S. Pinker: *Das unbeschriebene Blatt. Die moderne Leugnung der menschlichen Natur.* Berlin 2003.

S. Platek, J. Keenan, and T. Shackelford: *Evolutionary cognitive neuroscience.* Cambridge 2007.

M. Power: *The cohesive foragers: human and chimpanzee.* In: M. Change, editor, *Social fabrics of the mind.*, pages 75–85. Hove, London 1988.

J. Price: *Alternative channels for negotiating asymmetry in social relationships*. In: M. Chance, editor, *Social fabrics of the mind.*, pages 157–190. Hove, London 1988.

J. Price and L. Sloman: *Depression as yielding behavior: an animal model based in schjelderup-ebbe's pecking order*. Ethology and Sociobiology, 8: 859–989,1987.

J. Reemtsma: *Im Keller*. Hamburg 1997.

M. Ridley: *Die Biologie der Tugend. Warum es sich lohnt, gut zu sein*. Berlin 1999.

G. Rizzolatti and C. Sinigaglia:. *Empathie und Spiegelneurone. Die biologische Basis des Mitgefühls*. Frankfurt a. M. 2008.

M. Rossano: *Evolutionary psychology. The science of human behaviour and evolution*. London 2002.

D. Rothen: *Hier stehe ich – rühr mich nicht an. Wie Frauen sich aus Gewaltbeziehungen befreien können*. Freiburg 1995.

J. Rüegg: *Gehirn, Psyche und Körper. Neurobiologie von Psychosomatik und Psychotherapie*. Stuttgart; New York 2006.

R. Sachse: *Histrionische und narzisstische Persönlichkeitsstörungen*. Göttingen 2002.

E. Sapir: *Die Sprache. Eine Einführung in das Wesen der Sprache*. München 1972.

R. Sapolsky: *Why zebras don't get ulcers: an upgraded guide to stress, stress-related diseases and coping*. New York 1994.

R. Sapolsky: *The trouble with testosterone and other essays on the biology of the human predicament*. New York 1998.

F. Schwab: *Evolution und Emotion. Evolutionäre Perspektiven in der Emotionsforschung und der angewandten Psychologie*. Stuttgart 2004.

T. Schjelderup-Ebbe: *Beiträge zur Sozialpsychologie des Haushuhns*. Zeitschrift für Psychologie, 88, 1922.

F. de Waal: *Unsere haarigen Vettern.* München 1982.

F. de Waal: *Our inner ape.* New York 2005.

J. Weiss: *Psychological factors in stress and disease.* Scientific American, 226: 104–143, 1972.

A. Whiten and R. Byrne: *Machiavellian intelligence II. Extensions and evaluations.* Cambridge 1997.

G. Wilkinson: *Reciprocal food sharing in the vampire bat.* Nature, 308: 181–184, 1984.

T. Wilson: *Strangers to ourselves. Discovering the adaptive unconscious.* Cambridge; London 2002.

D. Wilson: *Evolution for everyone.* New York 2007.

R. Wright: *The moral animal. Why we are the way we are.* London 2001.

F. Wuketits: *Warum uns das Böse fasziniert.* Stuttgart 2000.

F. Wuketits: *Was ist Soziobiologie?* München 2002.

A. Zahavi and A. Zahavi: *Signale der Verständigung. Das Handicap-Prinzip.* Frankfurt a. M.; Leipzig 1998.

P. Zimbardo: *Das Stanford-Gefängnis-Experiment: Eine Simulationsstudie über die Sozialpsychologie der Haft.* Goch 2005.

G. Zivin: *The development of expressive behavior: biology-environment interactions.* New York 1985.